LE SYNDICALISME DES TECHNICIENS

U. S. T.

LE SYNDICALISME DES TECHNICIENS

Prix : 5 Francs

PARIS

UNION DES SYNDICATS DE TECHNICIENS
9, rue N.-D.-de-Bonne-Nouvelle (2e)

SOMMAIRE

Nota. — Chacun des articles de syndicats ne doit pas être considéré comme un tout se suffisant à lui-même. Certaines questions essentielles sont traitées soit dans les chapitres généraux communs à tous les syndicats, soit plus spécialement dans le chapitre de tel ou tel syndicat.

Ainsi pour la question des amicales d'entreprise ou d'industrie on se reportera à l'article des agents de maîtrise, pour les amicales d'anciens élèves des écoles techniques et professionnelles à celui des ingénieurs ; les maladies professionnelles sont traitées au chapitre du syndicat des Techniciens des Industries chimiques.

PREFACE

Le monde entier se débat depuis deux ans dans une crise de « surproduction » sans précédent : plus de quatre millions de chômeurs en Amérique, trois millions en Allemagne, deux millions en Angleterre, des centaines de mille dans différents autres pays industriels, partout un fort contingent de techniciens sans travail. La France fait actuellement exception : en 1929 chômage nul, carnets de commandes pleins, production en augmentation sur les chiffres records de 1926, année de la grande inflation monétaire.

Ainsi la crise de mévente et de chômage de 1927-28 qui avait suivi la revalorisation du franc a été de courte durée... Elle a eu le temps, il est vrai, en provoquant la fusion de firmes concurrentes et en amorçant la formation de cartels, consortiums et trusts, de faire des victimes dans d'assez nombreuses entreprises (Fours à coke-Disticoke, Citroën-Schneider, Amilcar-Peugeot, Thomson-Alsacienne, R. B. F.-S. K. F, etc...), principalement parmi les vieux techniciens ingénieurs, contremaîtres, dessinateurs, etc...

Combien parmi ceux-ci, après avoir, d'année en année, puis de mois en mois, vu fondre le pouvoir d'achat de leurs salaires, attendant patiemment le retour de temps meilleurs et espérant toujours en la « bienveillance patronale », combien ont été en fin de compte irrémédiablement jetés sur le pavé avec des indemnités dérisoires !

A la lumière de ces faits, notre meeting de juin 1928 avait montré toute la duplicité de la propagande rationalisatrice et américaniste et avait appelé les techniciens salariés à l'action nécessaire : la défense collective contre la dévalorisation des salaires et contre les répercussions immédiates de la « rationalisation » sur leur sort. Quinze cents techniciens étaient venus à notre meeting et avaient unanimement décidé d'agir.

Une action d'ensemble immédiate n'avait cependant pas pu être envisagée, comme trop prématurée et trop difficile pour nos jeunes syndicats insuffisamment développés, et l'U.S.T. avait dû se contenter de recommander comme première étape la formation dans les entreprises de groupes de techniciens par catégories : groupes de dessinateurs, groupes d'ingénieurs, groupes d'agents de maîtrise, sur le modèle de ceux que le Syndicat des Dessinateurs organisait déjà depuis deux ans.

A la suite du meeting, des mouvements revendicatifs, guidés par nos syndicats, se sont produits dans diverses maisons et ont été suivis d'augmentations de salaires. Là où des « compressions du personnel » étaient en cours, la solidarité des techniciens de toutes catégories s'est exercée énergiquement et efficacement.

Pour dire la vérité complète, le succès numérique de notre meeting avait surpris les organisateurs eux-mêmes, les « pionniers » du syndicalisme des techniciens, et surpris à tel point que « l'exploitation » du succès ne fut pas à la hauteur de celui-ci. Les énergies nécessaires manquèrent. Du reste cela se passait au cours de la « période de vacances ».

Les Congrès de l'Union et du Syndicat des Dessinateurs, ainsi que les assemblées générales des autres Syndicats qui suivirent le meeting passèrent au crible les méthodes d'action, et aussi les méthodes d'inaction, employées jusque là et en tirèrent des directives pour les conseils syndicaux et pour le Comité exécutif de l'Union. Mais ce n'est véritablement qu'à partir de janvier 1929, après les déceptions du nouvel an, que ce travail de discussions donna tout son effet.

Pendant les six premiers mois de cette année, les techniciens des industries les plus diverses : électricité, automobile, aviation, téléphones, industries thermiques, etc... furent touchés dans des centaines de réunions organisées entreprise par entreprise à proximité de celles-ci.

Le meeting de mars 1929 des dessinateurs donna le jour à une pétition générale des dessinateurs de la région parisienne qui servit de moteur non seulement à leur propre mouvement, mais aussi par ses répercussions à celui des agents de maîtrise et des ingénieurs.

Si cette pétition ne réussit pas à englober dans le délai voulu les 5.000 dessinateurs de la région parisienne, elle *eut cependant pour effet d'ancrer le syndicat dans de nombreuses maisons jamais touchées auparavant, notamment dans les plus réfractaires, telles que Schneider, Renault, Citroën, et de développer les groupements d'entreprises déjà existants.*

Elle déclancha une action particulière des dessinateurs de toutes les maisons d'ascenseurs, première dans son genre.

Enfin elle entraîna le mouvement « tous techniciens » de la téléphonie qui débuta par la formation du groupement des Téléphones Thomson-Houston (260 syndiqués) et qui se poursuivit, après le meeting de juin de la téléphonie dans la plupart des autres entreprises de téléphones sous la forme d'une pétition syndicale des agents de maîtrise, dessinateurs et ingénieurs.

Cette pétition, qui a déjà permis d'obtenir des satisfactions plus ou moins importantes suivant les maisons touchées, n'aura comme la pétition générale des dessinateurs de la région parisienne, son plein effet qu'au cours des mois prochains, mais dès maintenant nous pouvons dire que plus de la moitié de l'effectif technique de l'industrie téléphonique est déjà syndiquée ; le marché de la « main-d'œuvre technique » de la téléphonie sera bientôt entre nos mains.

A condition toutefois qu'une action parallèle et concertée se développe dans les entreprises du Trust de la T. S. F., depuis peu étroitement lié à celui de la téléphonie. Cette action déjà amorcée peut être appuyée par l'aide que nous apportera le syndicat très actif des Officiers radiotélégraphistes de la marine marchande, déjà fort de six cents membres et affilié à l'U.S.T. depuis 1927.

En marge de l'action des trois syndicats les plus « anciens », « Ingénieurs », « Dessinateurs », « Agents de maîtrise », le Syndicat des Traceurs et Chefs d'équipe de la charpente, chaudronnerie et serrurerie, qui a adhéré à l'U.S.T. en octobre 1928 a mené une propagande opiniâtre et celle-ci vient d'aboutir dans de nombreuses maisons, après une action très énergique, à des augmentations atteignant jusqu'à 23 % du salaire.

Le Syndicat des Travaux Publics et du Bâtiment et celui des Techniciens des Industries chimiques n'en sont encore qu'à la phase de l'organisation de la propagande : ils ont établi leurs cahiers de revendications généraux et cet hiver verra sans aucun doute un départ effectif de leur action.

Ainsi nos syndicats acquièrent successivement une ex-

périence et une force que possédait seul le Syndicat des Dessinateurs. Quant à celui-ci, il est lui-même passé à une nouvelle étape de son développement tant par le nombre de ses adhérents que par la maturité, la discipline de son action.

Le mouvement syndical des techniciens reste malgré tout encore très limité. Alors que le Syndicat des Dessinateurs progresse à pas de géant dans les principales maisons de la région parisienne et de la province, les ingénieurs et agents de maîtrise ne viennent que lentement. Plus isolés, investis d'une petite part de l' « autorité » patronale qui ne leur profite guère du reste, plus attachés à leur place, peut-être en raison de leur spécialisation et aussi des « possibilités d'avancement », ils n'ouvrent les yeux que contraints et forcés à l'extrême par l'égoïsme tour à tour muet, hypocrite ou cynique du patronat.

En raisonnant froidement, matériellement, tous les techniciens comprendront que cet égoïsme est nécessaire à la poursuite du bénéfice patronal. Et ils lui opposeront leur égoïsme tout aussi nécessaire, mais celui-là à la défense et à l'amélioration de leurs propres conditions d'existence; un égoïsme qui ne peut avoir de force que s'il est collectivement organisé.

Notre syndicalisme est la lutte collective des techniciens salariés pour leur existence de plus en plus précaire. Cette brochure doit décider les techniciens à venir au syndicalisme.

Elle paraît dans un moment très particulier : tandis que dans le reste du monde le chômage croît de mois en mois, en France il est actuellement inexistant, la production est en plein essor.

La stabilisation légale, habilement accomplie, a laissé les prix de vente français, encore pour quelque temps, sensiblement au-dessous des prix mondiaux.

Le marché, actuellement, est favorable à tous les techniciens.

Mais combien de temps cette situation durera-t-elle encore? Et en supposant qu'elle se prolonge, faut-il que, confiants dans la « loi de l'offre et de la demande » qui cette fois se retourne contre les patrons, faut-il que les techniciens attendent passivement que leurs salaires augmentent?

Non, il faut qu'ils se groupent, qu'ils agissent, pour la revalorisation de leurs salaires, tant en la réclamant collectivement aux dirigeants de l'industrie, qu'en faisant un usage judicieux du service de placement syndical.

Actuellement déjà, à fonction égale, notre capacité d'achat est tombée en moyenne au-dessous des deux tiers et pour certains d'entre nous au-dessous de la moitié de l'avant-guerre. Et le prix de la vie ne cesse pas d'augmenter, la situation est de plus en plus intenable pour l'ensemble des salariés. Même les statistiques patronales de l'Usine et de la Journée Industrielle accusent pour 1928 une forte baisse de la consommation des produits agricoles dans le pays, mais par contre une exportation accrue.

Aussi de nombreux mouvements ouvriers se déclenchent dans toutes les industries et sont suivis pour la plupart d'un relèvement des salaires.

L'augmentation des loyers et le paiement des dettes de guerre aidant, les prix de vente mondiaux seront atteints par ceux de l'industrie française et la crise mondiale touchera la France.

Déjà l'exportation des produits fabriqués a sensiblement baissé en 1929, tandis que leur importation augmente considérablement.

Bientôt les « questions sociales » prendront pour nous toute leur acuité : remaniement profond et application immédiate des assurances sociales, en particulier aux vieux techniciens, réduction de la journée de travail pour supprimer le chômage, réforme des prud'hommes, etc....

Dans des conditions économiques beaucoup plus difficiles qu'actuellement nous devrons lutter effectivement sur le terrain social tout en continuant à lutter dans les entreprises. Que pourrons-nous face aux organisations patronales de toutes espèces, que pourrons-nous sur les pouvoirs publics, si nous ne possédons nous-mêmes une puissante organisation syndicale?

Il n'y a pas de temps à perdre.

Il faut qu'enfin les techniciens des ateliers, comme ceux des bureaux et des laboratoires et comme ceux des chantiers comprennent qu'ils doivent agir immédiatement pour la revalorisation des salaires et le renforcement des syndicats. Remuons-nous ! Diffusons cette brochure ! Que dans chaque entreprise chacun de nous en place à tous ceux qu'il connaît. Sans distinction de catégorie ou de « hiérarchie ». Pas d'étroit corporatisme ! Développons le syndicalisme de tous les techniciens!!

P.-S. — Quelques mots d'excuses.

La brochure, promise pour le mois d'avril, paraît avec un retard de près d'un an. La raison : toutes les forces absorbées par l'action.

Un avantage : des expériences essentielles pour trois de nos syndicats : les Agents de Maîtrise, les Ingénieurs, les Traceurs.

Ajoutons que malgré sa publication tardive, cette brochure a été écrite trop vite. Elle doit être critiquée par tous les camarades.

Elle servira de base à une nouvelle brochure qui pourra paraître après le prochain congrès de l'U.S.T.

Les organisations économiques et syndicales du patronat

I. — LES ORGANISATIONS ÉCONOMIQUES

UN PEU D'HISTOIRE

L'ancêtre de l'entreprise industrielle fut la manufacture, où des ouvriers de différents corps de métiers travaillaient côte à côte. Avec la machine à vapeur apparut notre usine moderne. Puis à travers tout le xix° siècle, la concurrence industrielle provoquant d'incessants progrès techniques, il fallut des capitaux de plus en plus grands pour se procurer l'outillage nécessaire.

C'est ainsi que les progrès de la technique créèrent les grosses entreprises et éliminèrent de plus en plus les petites. Ce processus de concentration fut encore activé par les crises économiques. Comme chaque industriel cherchait à produire le maximum afin de gagner le maximum, des crises de « surproduction » survinrent périodiquement et seuls les plus forts s'en tirèrent, sinon indemnes, du moins vivants. Les plus faibles, ceux qui ne pouvaient pas disposer de fonds de réserve ou de crédits, succombèrent et leurs dépouilles enrichirent les vainqueurs. Plus tard, en dehors des périodes de crise même, de véritables guerres s'engagèrent entre de grosses entreprises. Certaines se liguèrent entre elles pour en supprimer d'autres, employant les armes de toutes espèces, jusqu'aux plus « déloyales » : vente à perte, entente pour empêcher le ravitaillement en matières premières, spéculations massives sur les actions, sabotage de la production par corruption du personnel, etc. Ces groupes furent « les trusts », dont les premiers apparurent en Amérique vers 1880. Les trusts arrivèrent ainsi à monopliser pour un temps la production de branches entières, ce qui leur permit d'imposer leurs prix dans ces branches. Grâce à leur puissance financière, ils purent se garantir de la concurrence étrangère par l'instauration de forts tarifs douaniers.

L'INDUSTRIE FRANÇAISE

En France comme partout ailleurs, l'industrie a subi pendant et depuis la guerre un essor considérable, dont les causes essentielles furent successivement : les fructueuses fournitures de l'armée et la disparition de la concurrence allemande, la reconstruction des régions libérées, enfin le développement des débouchés extérieurs grâce à la baisse relative des salaires, résultat de la dévalorisation continue du franc.

Des fabrications se sont pour ainsi dire créées, telles que l'industrie chimique, l'aviation, la T.S.F. ; ou formidablement développées : l'automobile et les pneumatiques, la construction électrique, etc...

La formation des trusts, quoique seulement à son début, paraît devoir se précipiter pour la raison que la France s'industrialise en pleine crise mondiale de « surproduction » d'une acuité sans précédent, et alors que la trustification est très avancée dans d'autres pays.

LA CONCENTRATION

Sa première phase : élimination des petites entreprises et concentration de la production entre quelques grosses, est déjà terminée dans de nombreuses branches. En voici des exemples :

En tête bien entendu la sidérurgie, du reste unifiée par des comptoirs de vente;

Puis la chimie où il ne reste plus guère en présence que Kuhlmann, Saint-Gobain, Alais-Froges-Carmargue et Poulenc-Rhône.

L'industrie automobile où Citroën, Peugeot et Renault détiennent les 7/10 de la production française, tandis que les 3/10 restants proviennent de 80 autres marques dont certaines sont contrôlées par une de ces trois firmes;

Dans la grosse construction électromécanique, la concurrence se limitait dernièrement à trois groupes :

1° Le Consortium Alsthom-Schneider-Jeumont (liés pour toutes les fournitures de traction électrique) avec domination de l'Alsthom, filiale de la gigantesque General Electric

Company d'Amérique et alliée de toutes les Thomson-Houston d'Europe et de l'A.E.G. allemande ;

2° La Compagnie Electromécanique, filiale de la Westinghouse d'Amérique et de la grosse firme suisse Brown-Boveri ;

3° Les Constructions Electriques de France, filiale de la société anglaise Dick Kerr.

Dans les téléphones, autre trinité, en apparence du moins : en tête le trust américain, l'International Telegraph and Telephone Corporation, qui s'est intégré le Matériel Téléphonique, les Téléphones Thomson-Houston, et qui a pris de fortes participations à la Société Industrielle des Téléphones.

Puis la société suédoise Ericsson ;

Enfin le groupe des Etablissements Grammont et de la Compagnie Générale de Télégraphie et Téléphonie (trust franco-allemand Siemens-Berliner).

Du reste ces trois groupements ne semblent pas entièrement indépendants les uns des autres, puisque deux de leurs sociétés composantes : la S.I.T. d'une part et Grammont d'autre part ont créé avec l'Alsacienne une société d'études et de liaisons téléphoniques et télégraphiques. (S. E. L. T.).

Dans l'industrie meunière, le nombre total de moulins en activité est tombé de moitié par rapport à l'avant-guerre et tous les grands moulins électriques modernes qui ont remplacé les « antiques » moulins à vent, à eau ou à vapeur sont depuis peu aux mains d'un quasi-trust, auquel n'échappent plus que les « Grands Moulins de Corbeil ».

LES ENTENTES

Depuis la stabilisation de fait du franc nos industriels sont en difficulté, se trouvant avec un appareil de production hypertrophié en face d'un marché extérieur et intérieur restreint. Du 1er octobre 1926 au 31 mars 1927, il a été enregistré en moyenne par mois 300 à 400 faillites et 100 à 200 liquidations, dont les plus connues sont celles d'Amilcar et de De Dion.

Dès lors, assagis, les anciens adversaires se tendent la main et concluent des ententes sous des formes diverses :

a) Pour les fabricants d'articles identiques ou similaires se répand de plus en plus la simple entente commerciale portant sur les prix : ne pas vendre au-dessous d'un minimum fixé.

Exemples : produits chimiques, matériaux de construction.

b) La mise en commun des services commerciaux sous la forme d'un « comptoir de vente » unique, qui reçoit les commandes et les répartit entre les entreprises alliées suivant un programme de « contingentement » tenant compte de leurs capacités respectives de production. Exemples : soie artificielle, compteurs électriques, etc...

Des « comptoirs de vente » déjà assez anciens dans la sidérurgie se sont depuis fin 1926 agglomérés avec des organismes correspondants d'Allemagne, de la Belgique et du Luxembourg et ont constitué de formidables comptoirs continentaux : le Cartel des Rails et surtout le Cartel de l'Acier, dont le rôle est de répartir la production entre les comptoirs nationaux.

c) La mise en commun des fabrications, c'est-à-dire en somme la fusion complète :

Exemples les plus récents : achat des roulements à billes R.B.F. par S.K.F.; groupement des usines de construction électromécanique de l'Alsacienne et de la Thomson-Houston, sous le contrôle financier d'une société « nouvelle » l'Alsthom.

d) Certains véritables « trusts » sont déjà formés : le Cartel des Ciments; la Compagnie des Lampes (Mazda, etc., succursale du trust américain des lampes) qui contrôle la fabrication de toutes les lampes électriques, les autres sociétés de lampes étant de simples filiales qui ne subsistent que pour laisser croire à la concurrence (la Compagnie des lampes a du reste passé une entente avec la Société hollandaise Philipps pour le marché français);

La Société française Radio joue le même rôle pour la T.S.F., elle contrôle complètement la Compagnie Générale de T.S.F., la Radio-Maritime, la Radio-France et la Radio-Technique.

⁂

Il est évident que ces ententes, étapes successives sur le chemin du monopole industriel national et international, mettent les constructeurs associés en meilleure posture, puisqu'elles ont pour effet toutes de maintenir les prix de vente en supprimant la concurrence, et certaines d'entre elles de diminuer en outre les prix de revient en abaissant les frais généraux (publicité, agents commerciaux, stocks, services d'études, personnel de direction et de maîtrise) et en permettant par la répartition des fabrications d'augmenter les séries.

Il s'opère en plus de ces « concentrations horizontales » au sein d'une même industrie, des « concentrations verticales » qui empiètent sur plusieurs industries techniquement liées, et qui présentent aussi des avantages commerciaux.

Exemples récents : fusion Kodak-Pathé en mars 1927; également constitution fin 1927 du consortium d'équipements des centrales électriques, consortium qui contient :

L'U.D.E., la société des chaudières Babcock et Wilcox, la Thomson-Houston, l'Alsacienne, Schneider, Delas, Delle, etc., etc.

Enfin l'achat de Citroën par Schneider est une forme de concentration verticale : la pénétration de l'industrie mécanique par l'industrie lourde, productrice de fer et disposant d'immenses capitaux.

Du reste toutes ces ententes ne sont que la partie visible de la concentration industrielle. La partie « cachée » connue par le lecteur attentif et méthodique des journaux financiers est bien plus importante. Ainsi il ne faudrait pas s'imaginer que des groupes tels que le trust des lampes, l'Alsthom, les compagnies de tramways, les sociétés de production et distribution d'électricité, etc... soient des organismes industriels indépendants; en réalité, ils sont liés par des « participations » réciproques; par la communauté des administrateurs qui en résulte; par la banque qui les finance tous.

II. — LES ORGANISATIONS SYNDICALES

Nous venons de voir comment la lutte pour l'existence des entreprises amène progressivement la concentration industrielle qui est à la fois une trêve et une lutte sur une échelle plus vaste, jusqu'au moment où un organisme unique trustant toute une industrie vient supprimer la concurrence dont il est né (1).

----

(1) Nous verrons dans le chapitre Rationalisation que :

1° si dans le cadre d'un pays les trusts, suppriment la concurrence en imposant leurs prix et en asservissant les consommateurs, sur le plan international la concurrence entre groupements de trusts des différents pays ne fait que s'exacerber ;

2° l'évolution de la technique rend précaire l'existence des trusts nationaux en poussant la formation de nouveaux trusts concurrents.

Mais le tableau de cette lutte serait inexact, si nous ne le complétions en signalant le rôle de précurseurs des trusts joué depuis très longtemps par certains des syndicats patronaux constitués, sous l'abri de la loi de 1884, pour la défense des intérêts professionnels des adhérents.

Tels furent les Comités des Forges, des Houillères, des Armateurs, au sein desquels les industriels concertèrent souvent leur action en faveur de mesures protectionnistes, ou même pour « forcer » les prix de vente. Des syndicats d'industrie eurent ainsi à s'opposer les uns aux autres : dans un camp industries ayant besoin de la protection douanière pour se développer à l'intérieur des frontières, dans l'autre camp industries exportatrices hostiles à la hausse des tarifs douaniers par crainte de mesures de représailles de la part des pays industriels étrangers.

Cette lutte entre « individus » patrons et entre clans patronaux sur le marché des produits, fut accompagnée d'une lutte entre classes sociales sur le marché du travail : avec la concentration industrielle apparurent progressivement les syndicats ouvriers dont la puissante action pour l'amélioration des conditions de travail (salaires, durée de la journée du travail, législation sociale) est étudiée plus loin.

Le rôle essentiel des syndicats patronaux fut la coordination de la lutte contre les syndicats ouvriers. A l'heure actuelle les patrons possèdent des syndicats qui contrairement à nombre de syndicats ouvriers ne sont ni morcelés, ni embryonnaires.

Le patronat tout entier est groupé depuis 1919 dans la Confédération Générale de la Production Française (C.G.P.F.), 1919, année même de l'apparition des premiers syndicats des techniciens. Ce seul rapprochement donne la mesure de notre retard.

La C.G.P.F. comprend essentiellement 26 groupements professionnels (Bâtiment, Métaux, etc...) constitués chacun de chambres syndicales nationales et de chambres régionales. Aux premières sont confiées les questions techniques et sociales intéressant l'ensemble d'une corporation dans le pays : expansion commerciale, taxes douanières, législation ouvrière, etc... Aux secondes, qui sont les véritables syndicats de défense patronale, est réservée l'action locale pratique : salaires, grèves (caisses d'assurance contre les grèves), apprentissage, etc...

La double action des syndicats patronaux sur le marché des produits et sur le marché du travail nous est apparue d'une manière particulièrement frappante au cours de la hausse rapide du prix de la vie en 1926 ! à ce moment les chambres syndicales lancèrent à leurs adhérents des instructions pour l'application des prix de vente à échelles et les mêmes chambres syndicales répondirent par une fin de non recevoir aux demandes d'échelle mobile des salaires qui leur furent faites la même année par les syndicats de techniciens.

Signalons pour compléter notre analyse un phénomène accessoire mais non dépourvu d'intérêt : de même que dans chaque grosse société « anonyme » quelques actionnaires importants sont les maîtres absolus de l'affaire, dans les syndicats règnent les représentants des grosses sociétés, des trusts, pliant l'ensemble du syndicat à leur discipline.

Ainsi la pénétration réciproque des organisations économiques et syndicales du patronat accélère encore la concentration de l'ensemble de l'économie du pays.

III. — LA POSITION SOCIALE DES TECHNICIENS

Quel a été le rôle des techniciens au cours de cette longue évolution économique?

Rôle capital dans la production, dans le progrès technique, maintenant comme par le passé.

Mais position sociale combien transformée!

De chef d'entreprise, patron ou directeur, quant à l'ingénieur, de « précieux collaborateur direct » quant au dessinateur et l'agent de maîtrise, les techniciens sont devenus dans leur ensemble de simples salariés se comptant par dizaines et par centaines dans les entreprises.

De plus, la crise d'après-guerre leur a fait subir une gêne croissante et une insécurité inconnue jusqu'alors.

Le syndicalisme des techniciens salariés est la conséquence fatale de ces conditions.

Il se développe en présence d'organisations patronales arrivées à un degré de puissance considérable, nanties d'une expérience acquise dans la lutte contre les ouvriers.

Ses débuts sont durs.

Organisations économiques et syndicales du patronat se répartissent automatiquement les rôles; tandis que les trusts en formation, pratiquent en don de joyeux avènement l'allongement de la durée de travail (Babcock-La Courneuve) et la « compression » du personnel technique ancien et « trop payé » souvent suivie d'embauche à tarif réduit (Citroën, Alsthom, etc...); les syndicats patronaux se chargent de leur côté de mettre à l'index les « fortes têtes » qui s'avisent de protester avec indignation contre les scandaleuses conditions de ces licenciements.

Les trusts créent les « usages » défavorables aux techniciens; les syndicats les enregistrent et les font sanctionner par les tribunaux.

D'une façon générale, possédant l'argent, « nerf de la guerre », le patronat acquiert une emprise prépondérante sur la presse et par suite sur l'opinion, ainsi que sur les pouvoirs publics.

Que peuvent les techniciens salariés en face de cette force?

La comprendre. Echapper à son influence « spirituelle ». Prendre une conscience claire de leur propre situation sociale. Se grouper, agir, en tirant au fur et à mesure les leçons de leur action.

Un court historique de l'U. S. T.

Guerre mondiale de quatre ans dont la cause profonde reconnue maintenant par tous les économistes sérieux, fut la concurrence des grands groupes capitalistes d'Europe. Enrichissement des maîtres du charbon, du fer et autres fournisseurs des armées.

Mais en fin de compte désorganisation et abaissement de la production européenne au bénéfice de la production des Etats-Unis.

Dans toute l'Europe Orientale et Centrale bouleversements sociaux sans précédents. Crises de la démobilisation et de la vie chère, immenses mouvements revendicatifs des ouvriers du monde entier. Conquête de la loi de huit heures.

Il a fallu tout cela pour qu'en 1919 quelques « hauts techniciens » français, épris de justice sociale et pénétrés de l'idée de la solidarité de tous les salariés, se mettent en avant et créent l'Union Syndicale des Techniciens de l'Industrie, du Commerce et de l'Agriculture.

Pendant de longues années celle-ci se ressentit des conditions extraordinaires qui avaient préparé sa venue. Bien que théoriquement composée de syndicats professionnels (ingénieurs, directeurs et chefs de service commerciaux et administratifs, agents de maîtrise, etc...) ce furent surtout les vastes études économiques et sociales qui passionnèrent ses adhérents ou plutôt les plus actifs d'entre eux.

Etudes de la reconstruction des régions libérées, dont les conclusions CONCRÈTES, présentées au ministère compétent, furent rejetées parce que contraires aux intérêts des seigneurs du Bâtiment.

Etudes de l'abaissement du prix de la vie par la nationalisation des grandes centrales, des compagnies de transport, des établissements de crédit. Collaboration avec les syndicats ouvriers dans un organisme d'études, le Conseil économique du Travail.

Propagande sur le « rôle social du technicien » qui tient toutes les manettes de la production et que sa fonction appelle à réorganiser l'anarchique société de fond en comble.

Pendant que ces études se faisaient et se heurtaient sans issue à l'égoïsme organisé du patronat, le prix de la vie augmentait lentement d'abord, puis de plus en plus vite. Et peu à peu les adhérents de l'Union et surtout les nouveaux se désintéressaient des commissions d'études et se tournaient vers des problèmes pressants : ceux de leur propre défense professionnelle.

En 1925, la section des dessinateurs se formait au Syndicat des Ingénieurs; quelques mois après, dans le courant de 1926 elle se constituait en syndicat. Celui-ci devenait rapidement le plus actif de l'Union, le seul ayant une action syndicale directe.

Par leur action, par leurs succès, par certains de leurs échecs aussi, les dessinateurs montrèrent le chemin aux autres techniciens. Tous les syndicats de l'Union, les uns après les autres, se sont tournés, après les premiers tâtonnements, vers l'action sous la forme la plus concrète; les revendications professionnelles dans les entreprises.

Leur développement a été considérablement aidé par l'apparition successive des journaux de syndicats : *le Dessinateur, la Vie de l'Ingénieur, l'Agent de Maîtrise, le Technicien du Chantier.*

Les syndicats sont venus peu à peu à une vie administrativement autonome, dirigée avec pleine initiative par les conseils syndicaux respectifs. Les organismes centraux de l'Union, tels que le Comité exécutif, la Commission de propagande, etc..., se bornèrent de plus en plus à un rôle de liaison, de régulation, d'entr'aide.

Cette évolution a été encore accélérée par la consécration officielle qu'elle a reçue aux congrès de juin 1927, de juin 1928 et au Conseil fédéral de décembre 1928.

L'Union est actuellement une fédération de syndicats de techniciens. Elle ne possède plus d'adhérents individuels.

Peut s'affilier à l'Union tout syndicat de techniciens et cadres de la production et des échanges, pourvu qu'il ne recrute que des *salariés* ou assimilables.

Cette dernière disposition de nos statuts montre, on ne peut mieux, l'orientation très nette de défense professionnelle de l'Union. En effet, tant qu'il ne s'agissait que de défense générale du sort des techniciens, tellement générale qu'elle en était presque abstraite, l'Union pouvait recruter des techniciens petits-patrons sentimentalement sympathisants à ses buts, et il n'y avait guère de crainte que les gros industriels ou leurs représentants directs s'y fourvoient, la presse étant pour eux un moyen suffisamment puissant pour nous combattre.

Au contraire, l'activité nouvelle des syndicats de l'U.S.T. leur interdit de recruter des patrons même petits, même « libéraux », sous peine de voir ses efforts consciemment ou inconsciemment freinés.

En somme, la position de technicien salarié impose un sens d'action que le patron peut comprendre mais non partager.

Au demeurant la distinction entre petits et gros patrons est chose impossible, sinon en fait, du moins en droit; et après discussion le congrès de l'Union a conclu que la défense des intérêts des techniciens salariés exige l'organisation de syndicats ne renfermant que des salariés.

Le Congrès a attribué une importance presque égale à l'évolution qu'avaient subie les syndicats. Il a conclu à la nécessité d'organiser séparément les catégories distinctes mais solidaires afin de les mettre à même de formuler en toute indépendance leurs revendications respectives, d'employer chacune les moyens d'action qui lui conviennent le mieux, d'organiser la propagande respective de la profession, quitte à relier les efforts parallèles tant dans le cadre général de l'U. S. T. que sur la base même des entreprises.

L'application de ce point de vue conduit à la subdivision des syndicats en sections groupant des sous-catégories et à la transformation éventuelle des sections en nouveaux syndicats.

C'est ainsi qu'en 1928 la section des Chimistes du Syndicat des Ingénieurs est devenue le Syndicat des Techniciens des Industries chimiques dès qu'elle a été assez forte pour mener une vie tout à fait autonome.

La même année il a été créé une nouvelle section au Syndicat des Ingénieurs, celle des « chefs de service et directeurs », dans le but de pouvoir grouper les ingénieurs de la grosse industrie séparément de leurs chefs (ou du moins de ceux des chefs qui acceptent de venir à l'U.S.T.).

Citons pour compléter l'historique de l'U.S.T., l'affiliation en 1927 du Syndicat des Officiers radiotélégraphistes de la marine marchande et en septembre 1928 celle du Syndicat des Traceurs et Chefs d'équipe de la Charpente, Serrurerie et Chaudronerie.

L'Union des Syndicats de Techniciens comprend donc

actuellement huit syndicats en comptant celui des chefs de services commerciaux et administratifs.

Celui-ci, dernier vestige du passé, n'a pas pour le moment encore suivi l'évolution de l'ensemble de l'Union ; il se compose d'excellents syndicalistes spécialisés dans le rôle de... fidèles cotisants.

Passons la parole successivement à tous les syndicats, en la donnant pour commencer au Syndicat des Dessinateurs, non seulement parce qu'il a droit à la première place, mais aussi parce que son expérience est la plus longue, la plus complète.

SYNDICAT NATIONAL
DES DESSINATEURS
DE L'INDUSTRIE

SOMMAIRE : Historique.

Notre Syndicat.

Où en sommes-nous ?

Nos services.

Notre presse.

Perspectives.

LE SYNDICAT DES DESSINATEURS

Le mouvement syndical des dessinateurs est à la base même du syndicalisme des techniciens. Il en constitue l'origine directe en tant que première manifestation et l'origine indirecte par le rayonnement de son action.

Une étude du syndicalisme des techniciens ne peut être sérieuse sans quelques recherches historiques sur les débuts déjà lointains du syndicalisme des Dessinateurs.

Historique

« Amicalisme »

Il fut un temps où les dessinateurs jouissaient d'une situation privilégiée. Ils étaient les « chers collaborateurs » de leurs patrons... Le syndicalisme ne paraissait pas s'imposer... Quelques ancêtres parmi nous se souviennent non sans amertume de cette ère idyllique. Ere idyllique dont il ne subsiste aujourd'hui que certaines habitudes d'esprit et traditions qui gênent encore notre action et notre recrutement.

Le développement et la concentration de l'industrie modifièrent rapidement le caractère des relations entre patrons et dessinateurs, faisant apparaître peu à peu une contradiction d'intérêts. Ce fut la conscience confuse de cette contradiction qui poussa les dessinateurs à se grouper dans les premières amicales. Ces organisations tentèrent à force d'obséquiosité et de servilité, de redonner aux dessinateurs une situation bien perdue.

L'importance numérique des amicales s'accrut cependant. Les patrons s'en émurent. Ils s'y intéressèrent, les contrôlèrent ou les firent contrôler. Quelques manifestations éphémères furent les résultats pratiques de l'amicalisme qui devint ce qu'il est de nos jours : un instrument plus ou moins camouflé de la domination patronale.

LES PREMIERS SYNDICATS

Les progrès considérables de l'industrie qui marquèrent les débuts du vingtième siècle, provoquèrent une nouvelle orientation de notre mouvement corporatif.

Dans les constructions navales, industrie très évoluée pour l'époque, les commandes affluèrent au moment de l'Exposition Universelle de 1900. *Les Chantiers de la Loire* à Saint-Nazaire, tout particulièrement favorisés, imposèrent des heures supplémentaires dans leurs bureaux d'études, mais en diminuèrent les tarifs.

Pour la première fois dans notre histoire corporative, 28 dessinateurs indignés ripostèrent en déposant un cahier de revendications.

Cette première démarche aboutit à une fin de non-recevoir. Toujours unis, les 28 dessinateurs poursuivirent la direction devant la Justice de Paix. *Les Chantiers de la Loire* furent condamnés devant cette juridiction et durent s'incliner. Les dessinateurs, quoique victorieux, ne surent et ne purent s'entendre pour constituer un syndicat.

« Tout rentra dans l'ordre ».

La Direction des *Chantiers de la Loire* ne se tint pas pour battue et se servit de tous prétextes pour congédier successivement les plus « réfractaires ».

Sans cohésion ni expérience, et par suite facilement découragés, les dessinateurs dans leur ensemble ne réagirent pas contre les renvois. Le mouvement de 1900 se soldait ainsi par le *statu quo* du tarif des heures supplémentaires et l'avortement de l'action syndicale.

Succès sans lendemain, c'était en définitive un échec.

Echec local, mais leçon pour quelques-uns, qui devinrent les pionniers du syndicalisme et dont certains sont encore de fidèles militants.

Pendant cinq ans, la propagande syndicale se heurta à une profonde apathie.

Ce fut en 1905 seulement, aux mêmes *Chantiers de la Loire*, mais cette fois à Nantes, que les dessinnateurs réussirent enfin à créer leur premier syndicat.

L'expérience antérieure malheureuse leur avait montré les dangers de l'isolement. C'est pourquoi ils furent amenés à rechercher aussitôt l'appui d'une organisation syndicale puissante. La seule qui existât à cette époque était la C. G. T. Mais leur rattachement aux syndicats ouvriers, s'il leur assurait une aide précieuse, rendit par contre le recrutement d'autant plus difficile que les dessinateurs n'étaient pas accoutumés à l'idée de l'organisation syndicale.

D'ailleurs, du fait même que le pouvoir d'achat de leurs salaires était sensiblement plus élevé qu'à notre époque, beaucoup d'entre eux ne ressentaient pas le besoin de la défense professionnelle.

Cependant, petit à petit, des noyaux se constituèrent à Saint-Nazaire, à Bordeaux, à Dunkerque, à Rouen, au Havre, à Port-de-Bouc et plus généralement dans toute l'industrie navale.

LA GREVE DE 1906

En 1906, aux *Chantiers de la Loire* encore, éclate un nouveau conflit dans les bureaux de Nantes où les salaires sont les plus bas de toute la Société.

La situation financière de celle-ci est par contre florissante. Aussi dès les premières revendications du personnel, la direction temporise ; quelques gratifications dérisoires sont accordées.

L'unanimité des 44 dessinateurs décide alors l'envoi d'une pétition qui est remise le 23 janvier 1906. Cette pétition vise à l'augmentation générale des salaires, au paiement au mois et à l'institution d'un congé annuel de 12 jours. Le 2 février seulement la direction accorde officieusement les vacances et la mise au mois, mais tergiverse pour l'augmentation des salaires.

Elle veut gagner du temps en vue de la mise en chantier d'une commande urgente (la construction de la motrice du paquebot « Europe »). Une seconde entrevue n'apporte aucun résultat.

L'énervement croît parmi les dessinateurs. Le directeur tombe diplomatiquement malade et ses successeurs justifient par cette maladie la rupture des pourparlers en cours.

L'effervescence s'étend ; les dessinateurs nazairiens assurent leurs collègues nantais de leur appui moral (appui moral seulement car il y a peu de travail à Saint-Nazaire).

La grève est votée à Nantes par 23 voix contre 13 ; les anti-grévistes ne veulent pas préciser leur conduite ultérieure, empêchant ainsi le déclenchement d'une grève immédiate. On attend.

Le 30 mars (9 semaines d'attente !) la Direction fait des propositions ultimes qui comportent : la mise au mois, une répartition arbitraire des augmentations visant à la division des pétitionnaires. La grève est votée par 15 voix contre 8 aux bureaux des machines. *Les 15 premiers dessinateurs grévistes quittent le travail le 2 avril 1906.* Une lettre adressée ce jour à la Direction des Chantiers, redonne les motifs du conflit et précise pour la troisième fois les termes du cahier de revendications.

La presque totalité des dessinateurs des Machines sont en action cependant que le bureau des Coques reste aux planches et prend contact avec la Direction.

Des augmentations parcimonieuses et inégales sont les seuls résultats de cette première entrevue.

La direction tente de remplacer les grévistes par les dessinateurs des Coques ; ceux-ci s'y refusent et déclarent se joindre à leurs camarades si satisfaction n'est pas donnée aux revendications communes.

Le 11 avril, la direction reçoit enfin les délégués du Comité de grève, et fait preuve en cette occasion d'une intransigeance plus apparente que réelle en menaçant les grévistes de renvoi s'ils persistent dans leur attitude jusqu'au 17 avril.

Le Juge de Paix de Nantes est alors choisi par les dessinateurs pour arbitrer le conflit. La direction ne se fait pas représenter à l'audience. La grève continue de plus belle.

C'est seulement au dix-huitième jour de grève que les Chantiers se ravisent. Un arbitrage « providentiel » du Préfet a lieu.

Les dessinateurs obtiennent la mise au mois, le congé annuel de 12 jours et des augmentations graduelles, le paiement des 2/3 du mois d'avril (10 jours de grève payés), pas de sanctions pour faits de grève, la reprise du travail fixée au 20 avril.

C'était un succès considérable par l'importance des améliorations immédiates, par la conquête historique d'une plus grande stabilité d'emploi, enfin par sa portée syndicale.

Du reste il profita progressivement à l'ensemble des dessinateurs des Constructions navales. Le patronat craignant l'extension aux autres établissements déjà « gangrenés » préférait céder sans lutte nouvelle. Le syndicat n'en affermit pas moins son influence sur les Chantiers Navals.

*
* *

Les militants syndicalistes songèrent alors à élargir les cadres étroits du recrutement et tentèrent de gagner Paris au mouvement syndical.

Les dessinateurs parisiens relativement bien payés restèrent insensibles aux avances des propagandistes et le syndicat ne put jamais établir une base sérieuse dans la région parisienne.

Le Congrès tenu à Rouen en 1912 aurait dû donner un regain d'activité à l'organisation, mais 1914 vint sans que rien d'important ne se fut passé pendant ces deux années.

PENDANT LA GUERRE

La guerre modifia profondément le caractère de l'activité industrielle ; elle détermina d'autre part des conditions économiques et psychologiques bien peu favorables au syndicalisme en général et le mouvement des dessinateurs disparut pour plusieurs années.

Cependant, parallèlement au grèves ouvrières en 1917, l'ascension constante du prix de la vie imprima au syndicalisme des dessinateurs une activité sporadique et très limitée dans la région parisienne.

Incapables de constituer leur propre syndicat, les dessinateurs adhérèrent assez nombreux au syndicat ouvrier de leur industrie, et notamment à la Fédération des Métaux.

On peut signaler en 1917 le mouvement *Delaunay-Belleville* groupant ouvriers et dessinateurs sur un même programme revendicatif. Ce mouvement n'apporta que très peu d'avantages en raison du peu d'énergie des intéressés.

Le mouvement *Hennebique* (béton armé) se termina dans des conditions plus désavantageuses encore pour les mêmes raisons.

APRES LA GUERRE

Ce fut surtout la crise de réadaptation d'après-guerre de l'économie du pays qui causa la recrudescence considérable de tout le mouvement syndical. Pendant les années 1919 et 1920 cette recrudescence se répercuta vivement dans notre corporation, ce fut l'époque florissante du Syndicat Parisien des Dessinateurs de la Métallurgie (C. G. T.), du Syndicat Autonome Fives-Lille, etc...

En 1920, au Congrès de Marseille, la Fédération des Dessinateurs comptait plus de 2.000 adhérents.

Le relèvement général des salaires d'une part, et le désintéressement des dessinateurs à l'égard des problèmes politiques qui dominaient le mouvement ouvrier, d'autre part, enfin le ralentissement de celui-ci après son échec de 1920 arrêtèrent l'activité de la Fédération des Dessinateurs qui se désagrégea progressivement. A Paris les mêmes causes provoquèrent l'effondrement rapide du Syndicat des Dessinateurs de la Métallurgie dont la direction s'était du reste montrée insoucieuse, sinon incapable de constituer une armature de militants.

Indépendamment de ces deux organisations, des mouvements limités à une seule entreprise n'eurent qu'une durée éphémère. Exemple typique : le syndicat autonome Fives-Lille qui, à peine constitué en 1919, fut désagrégé par l'emploi simultané des méthodes d' « avancement » et de répression.

De 1922 à 1925, c'est la crise d'inflation permanente et croissante ; le coût de la vie accélère son ascension. L'inflation avilit le pouvoir d'achat des salaires, mais elle favorise en contre-partie l'exportation, et par là l'activité économique du pays. Elle assure tout compte fait des superbénéfices au patronat.

Cette crise atteint son point culminant en 1926.

Notre Syndicat

ANNEE 1925-26

Dès 1925, une poignée d'entre nous s'émeut et comprend avec clairvoyance les causes de la déchéance matérielle qui atteint la corporation.

Devant l'étroite solidarité patronale, cette poignée veut construire l'Union de tous les dessinateurs, sachant que la défense collective est l'unique sauvegarde de nos intérêts. Ces quelques camarades cherchent tout naturellement un appui près des techniciens syndicalistes et l'Union syndicale des Techniciens, seule organisation ayant à l'époque un caractère réellement syndical leur apporte son concours.

Par la suite, certains partisans favorables à l'une ou l'autre des tendances du mouvement syndical ouvrier ont pu s'étonner que nous ne nous fussions point réfugiés dans le giron de l'une ou l'autre de ces tendances. Mais une courte expérience de notre mouvement nous a démontré rapidement à tous le bien-fondé de notre présence au sein de l'Union syndicale des Techniciens, dont les adhérents avaient des revendications plus spécialement proches des nôtres et dont l'absence de couleur politique était pour nous une garantie de succès.

Après avoir élaboré un cahier de revendications sur la base d'une sérieuse enquête des salaires d'avant-guerre, nos camarades se mettent avec ardeur au travail de propagande et de diffusion dans les bureaux.

Des dizaines de réunions sont faites dans la région parisienne qui aboutissent à la constitution de groupes syndicaux dans quelques grosses firmes (*Citroën, Peugeot, Thomson-Houston, Stein, Dalbouze et Brachet, Hotchkiss, Chantiers de la Loire, Talbot, Marinoni*, etc...)

Cette première année de propagande apporte des améliorations sérieuses dans la plupart des maisons touchées par notre recrutement.

Le point culminant de cette activité syndicale est marqué par la grève *Thomson-Houston* (Juillet 1926).

Malgré l'effort considérable accompli, la faiblesse de nos moyens et de nos effectifs en militants limite toujours la profondeur du mouvement. Dans l'ensemble les esprits sont toujours réfractaires à la discipline nécessaire pour réaliser une organisation rationnelle.

NOTRE CAHIER DE REVENDICATIONS

(Année 1925-1926).

1° Rajustement des salaires de base au niveau d'avant-guerre ;

2° L'échelle mobile selon modalités permettant un rajustement à chaque décalage de 5 % du coût de la vie ;

3° L'augmentation régulière des salaires compte tenu de la valeur professionnelle.

4° Suppression du travail à l'heure ;

5° Congé annuel de trois semaines ;

6° Semaine de 44 heures ;

7° Jours de maladie payés.

LA GREVE THOMSON-HOUSTON

Au cours des démarches multiples auprès de la Direction générale, les délégués du Syndicat mandatés par les dessinateurs de trois usines de la région parisienne de la Thomson pour défendre le cahier de revendications ci-dessus, se heurtent au mépris absolu de la Direction.

Las d'attendre le bon plaisir patronal, les dessinateurs de l'usine de Saint-Ouen décident de manifester vigoureusement. Dans le calme, avec une discipline parfaite, tous participent à des grèves de bras croisés courtes et répétées.

Sous cette pression énergique, la direction accorde une augmentation uniforme des salaires pour l'ensemble du personnel payé au mois de tous les services et usines de la T. H. Mais elle décide une retenue de représailles sur la première augmentation des dessinateurs de Saint-Ouen. Ceux-ci refusent collectivement le règlement de leurs salaires en fin de mois et projettent d'assigner la T. H. aux Prud'hommes.

La direction profite de ces incidents pour tenter de rompre la cohésion des dessinateurs. Elle lève la retenue en faveur d'un certain nombre des dessinateurs les plus qualifiés pour lesquels l'action juridique tombe de ce fait. A l'égard des autres, elle maintient la brimade sous peine de renvoi avec signification d'un très court délai pour acceptation. Une réunion est faite d'urgence qui décide en principe la résistance à outrance à une majorité relative. Au lendemain de la réunion le mouvement est brisé ; 16 dessinateurs demeurent intransigeants et cela contre l'avis plus souple du Conseil syndical. Ils sont donc renvoyés et intentent une action, heureuse aux Prud'hommes, malheureuse en appel.

Ce fut en définitive une dure leçon pour le syndicat.

L'erreur fondamentale dans cette action fut un manque de souplesse évident du délégué syndical qui surestima les possibilités des dessinateurs.

La réunion qui précéda la dernière et malheureuse manifestation des « seize » fut d'ailleurs très confuse. La forte opposition qui s'y manifesta eut dû provoquer une retraite provisoire. Quant à l'attitude des « irréductibles », elle fut courageuse, mais elle fut aussi dangereusement indisciplinée. Les prévisions pessimistes, mais justes du Conseil syndical et ses propositions de retraite momentanée ne furent pas comprises.

La leçon du mouvement fut une leçon de souplesse et de discipline syndicale. Cependant, il faut préciser qu'en plus du succès de force du début, le mouvement ne fut pas inutile. Il se continua sous la forme d'une grève perlée pendant plus de deux mois à Saint-Ouen. Et les dessinateurs de la T. H. purent enfin obtenir des augmentations de salaires très importantes.

DES COMITES INTER-GROUPES

La propagande, le recrutement et l'action syndicale ayant de toute évidence leur efficacité maximum sur le lieu de travail, le principe du groupement par bureau, par entreprise, fut admis à l'origine de notre syndicat.

Le terme même de « groupe d'entreprise » est encore actuel (groupe Stein ; groupe Thomson, etc...).

Les inter-groupes, organes de liaison entre les groupes d'entreprise d'une même localité industrielle (arrondissement de Paris ou commune importante de la banlieue par exemple) avaient été créés pour la décentralisation et le développement de la propagande et du recrutement. Des délégués choisis dans chaque bureau d'entreprise constituaient les comités inter-groupes.

Le principe des inter-groupes d'usines était excellent et correspondait bien à nos forces numériques réduites du moment. L'extrême jeunesse du syndicat, l'inexpérience des syndiqués, en un mot le manque d'idéologie et de conscience syndicaliste dans notre profession, furent des obstacles qui empêchèrent cependant le fonctionnement d'inter-groupes. On pourrait ajouter à ces difficultés une répartition parfois maladroite et regrettable de ces inter-groupes.

Depuis, nous avons renoncé à l'idée même de l'organisation sur la base locale, sauf dans des cas tout à fait particuliers. L'expérience nous a montré que dans chaque région industrielle, c'est sur la base du groupement par entreprises et par industrie que se trouvait réalisé rationnellement le maximum de nos possibilités de recrutement et d'action.

ANNEE 1927

En 1927, le franc se stabilisait à 0,20, après une revalorisation rapide dans le second semestre 1926. La stabilisation et le resserrement de la production qui la suivit, firent apparaître des dangers de chômage d'autant plus sensibles que les patrons amorcèrent la « Rationalisation » de la production.

C'est dans ces conjonctures que le syndicat se livra à une enquête approfondie sur la situation matérielle du personnel technique des firmes de la région parisienne. Cette enquête justifia pleinement nos craintes et le syndicat prit toutes dispositions utiles pour parer à l'éventualité du chômage dans notre corporation.

L'assemblée générale du 2 avril 1927 confirma les directives arrêtées le 12 décembre 1926 quant à la création d'une caisse de chômage et prit des mesures en vue de la réalisation de la motion ci-dessous votée également le 12 décembre 1926 :

> Les dessinateurs réunis en Assemblée générale, prennent l'engagement de faire la propagande nécessaire pour imposer au patronat la réduction collective des heures de travail, au cas de restriction de la production et afin d'éviter le chômage si préjudiciable à tous, chômeurs ou non chômeurs.

La plateforme sur laquelle a été menée cette propagande a été exprimée dans une affiche du syndicat dont voici les parties essentielles :

...DANS LES BUREAUX

« **Suppression des heures supplémentaires et abrogation** de toutes les **dérogations** autorisées par la loi.

« **En cas de réduction de la production** pour l'ensemble d'une entreprise **pas de licenciements individuels ;** répartition du travail entre tous les dessinateurs avec **traitement proportionnel** et garantie d'un **salaire minimum correspondant** aux 5/8 du **salaire mensuel actuel** (primes et gratifications comprises).

« Ce minimum de 5/8 ne sera en aucun cas **inférieur** à une somme **mensuelle de 750 francs.**

« Pour les dessinateurs dont le salaire mensuel ne **dépasse pas 750 francs, maintien** de **ce salaire** quelle que soit la réduction des heures de travail.

« Dans les cas de réduction de production dans un ou quelques services d'une entreprise, répartition des dessinateurs dans les services en pleine activité.

« Nomination d'un **Comité de défense** contrôlant l'embauche et la débauche, les salaires et la réglementation du travail....

...AUPRES DES POUVOIRS PUBLICS

« Création d'un Comité de dessinateurs chômeurs.

« **Liaison** des chômeurs et de ce Comité avec les **organisation ouvrières** de chômeurs.

« **Inscription sans difficultés** des chômeurs de toute **nationalité** sur les listes de fonds de chômage.

« **Indemnités payées par les pouvoirs publics** égales au minimum nécessaire pour subvenir aux besoins du chômeur et de sa famille soit : 25 francs par jour.

« **Moratorium des loyers et des impôts** pour les chômeurs totaux ou partiels, **soins gratuits** aux chômeurs malades sur présentation de leur carte de chômage.

« **Maintien** du droit à la **carte d'abonnement** hebdomadaire sur les réseaux de chemins de fer pour tous les **chômeurs.**

« **Diffusion et défense** des revendications des chômeurs par l'Union Syndicale des Techniciens dans les organisations des **techniciens** et auprès des **pouvoirs publics.**

« Le chômage total par licenciements crée la concurrence de la « faim » et provoque la baisse générale des salaires.

« Le syndicat tolère le chômage partiel avec traitement proportionnel parce qu'il ne veut sous aucun prétexte de licenciements mais là n'est pas la justice.

« La hausse des salaires fut toujours très inférieure à la hausse des prix de vente et les entreprises possèdent aujourd'hui de ce fait des réserves considérables composées de salaires impayés. Ces réserves devraient logiquement retourner aux salariés leur assurant ainsi un traitement intégral dans un moment de crise.

« Là serait la justice.

« Que nos camarades veillent donc. Contraints à un recul stratégique ils réoccuperont vite leurs anciennes positions, les dépasseront s'ils ont confiance et perfectionnent la seule arme de défense qu'ils possèdent, **l'union** par le syndicat.

« Nos directives peuvent paraître inutiles à certaines catégories de dessinateurs qui ne sont pas jusqu'ici touchées par la crise. Ces dessinateurs ne se désintéresseront pas des directives syndicales, mais bien au contraire, les diffuseront dans les bureaux voisins, le patronat se servant des offres nombreuses des chômeurs pour diminuer les salaires ou changer éventuellement le personnel en activité. »

« ...Le Syndicat des Dessinateurs de l'Industrie vous appelle à l'Union,

« Contre les licenciements, contre les réductions de salaires, contre les longues journées de travail, pour les chômeurs,

« Défendons tous ensemble notre droit à la vie...

Le Conseil Syndical.

A un an et demi d'intervalle, cette affiche nous apparaît quelque peu naïve dans son ensemble.

Pessimiste par suite d'un manque de documentation, quant à la conjoncture économique, mais combien optimiste en ce qui concerne la valeur des moyens préconisés ! Depuis nous avons vieilli et nous comprenons à fond dans quelle mesure les problèmes soulevés dépassaient notre force de l'époque et débordaient du cadre de notre organisation de techniciens, se liant à l'ensemble de la lutte sociale des salariés dont les aspects essentiels sont indiqués dans les derniers chapitres de cette brochure.

La « Rationalisation » qui avait pour but de maintenir les débouchés par la diminution des prix de revient se manifesta pour nous surtout sous la forme d'atteintes directes à notre niveau d'existence et à nos conditions de travail :

Institution du travail à la prime (*Thomson-Houston, Citroën*), des primes d'exactitude (*Donnet, Société d'Utilisation des Combustibles*), multiplication des heures supplémentalres ; récupération des jours de fête ; campagne pour la réduction du congé annuel (*Chambre syndicale patronale du Bâtiment*), licenciements perlés et massifs suivant les entreprises, servant parfois simplement à spéculer sur la panique qu'ils produisaient (*T.-H., Citroën*), paiement à l'heure (*Citroën, Peugeot*), réduction du délai-congé de 1 mois à 15 jours, allongement de la durée d'essai de un mois à trois mois et même à six mois : amendes, brimades, instauration du système des « fiches » par des « chefs du personnel » recrutés parmi les officiers supérieurs en retraite.

Enfin, s'étayant sur cet ensemble, la résistance générale du patronat à la hausse des salaires, résistance encore facilitée par la campagne de presse formidable autour d'une baisse imaginaire du prix de la vie qui, comme chacun sait, s'était limitée à un maquillage des étiquettes dans nombre de grands magasins et à la falsification systématique de « l'indice officiel » du coût de la vie (l'indice a été abaissé de 20 % de fin 1926 à fin 1927).

Mais notre syndicat ne se contentait pas d'enregistrer ces attaques. Il agissait. *Citroën* ayant congédié tout le personnel d'un service important de son usine, l'Union syndicale des Techniciens édita une affiche inspirée par notre syndicat et qui par son grand succès gêna la manœuvre patronale.

A la *Thomson-Houston*, où il existait une Caisse de Retraites depuis 1924, on licenciait les vieux techniciens suffisamment à temps pour ne pas avoir à leur accorder la retraite ; nos camarades réagirent et appuyèrent la constitution d'une « Fédération des Assurés », dont la propagande énergique bien qu'éphémère, mit un terme à ces renvois.

Dans ces conditions difficiles notre action pour la revalorisation des salaires et par suite le développement des effectifs de notre syndicat étaient forcément très gênés. Dans la région parisienne le seul mouvement important fut celui de la Société « *Le Matériel Téléphonique* ». Les très mauvais salaires des dessinateurs de cette maison et l'activité de nos militants nous permirent d'y constituer un puissant groupe. Une grève des bras croisés appuyant la délégation du syndicat obligea la direction à accorder des augmentations de salaires.

Au Havre, de jeunes stagiaires constituèrent avec la collaboration et l'initiative dévouée des dessinateurs havrais, une section dont les effectifs s'accrurent rapidement et dont les premières actions revendicatrices améliorèrent sensiblement le sort très précaire des dessinateurs de la région.

Un enseignement important à tirer de l'analyse qui précède :

Quels que soient le courage et la ténacité des militants syndicalistes convaincus, il est difficile, très difficile, de créer, de développer une organisation syndicale agissante au cours d'une période de dépression économique, c'est-à-dire au moment même où les salariés ont le plus besoin de leur organisation.

Voilà pourquoi en cette année 1929-30, de grande production, nous devons songer que 1930 sera peut-être déjà une année maigre, la crise mondiale du chômage venant s'installer en France et non pas seulement nous effleurer comme en 1927 ; nous devons sans perdre de temps, agir pour conquérir le maximum d'avantages et pour ancrer solidement notre syndicat dans l'ensemble de l'industrie du pays.

*
* *

Déjà, à la fin de l'année 1927 et surtout au début de l'année 1928, la conjoncture économique en France s'était sensiblement améliorée et parallèlement notre syndicat avait pu envisager une action immédiate.

Il procéda donc à la mise au point du cahier de revendications.

ANNEE 1928

NOTRE CAHIER DE REVENDICATIONS

Reconnaissance du Syndicat ;

Rajustement des salaires sur la base de ceux alloués en 1914, c'est-à-dire pour les diverses catégories ;

SALAIRES MINIMUM

Dessinateurs d'études, 1.900 francs.

Dessinateurs mixtes, 1.700 francs.

Dessinateurs calqueurs, 1.300 francs.

Dessinateurs débutants, 800 francs.

Incorporation de l'indemnité de vie chère dans le salaire;

Paiement des heures supplémentaires avec plus-value de 100 p. 100 ;

Semaine de quarante-quatre heures ;

Vingt et un jours de congé par an sans condition minimum de présence ;

Annulation des contrats dont les clauses sont contraires aux lois et usages ;
Signature d'un contrat-type.

NOTRE ACTION

Sur la base de ces revendications une action d'une envergure jusqu'alors inconnue fut préparée. Le développement de notre recrutement permit de porter notre effort dans les industries thermique et électrique. Six maisons furent particulièrement touchées.

Les dessinateurs des Sociétés Stein, Disticoke, S. U. C. Babcock et Wilcox pour les Industries thermiques, les dessinateurs du *Matériel Téléphonique* et de la *Thomson-Houston* pour l'Industrie électrique, déposèrent leurs cahiers de revendications par l'intermédiaire des délégués du Conseil syndical. Malgré l'intransigeance arrogante des directions, qui provoquèrent d'ailleurs en réaction les grèves nécessaires de nos camarades, des améliorations furent obtenues.

Augmentation des salaires, tarif des heures supplémentaires majoré, réglementation des vacances, hausse des tarifs d'embauche, tels furent les fruits de cette action.

Les tentatives d'intimidation et les pressions illégales du patronat ne firent cependant pas défaut, à tel point que chez Stein nos camarades surpris par une mise en demeure à caractère d'ultimatum connurent un instant de défaillance favorisée par l'attitude antisyndicale de quelques éléments. Notre Conseil syndical sut enrayer rapidement, par des mesures tactiques adroites, les manœuvres patronales.

La pression illégale de la maison Stein eut son épilogue dans un procès perdu par M. Stein au bénéfice du syndicat (dommages-intérêts).

Au Matériel Téléphonique, nos militants résistèrent à la défection de deux chefs de groupes ; chez *Disticoke et à la Thomson,* ils surent faire face aux directeurs eux-mêmes, déjouer toutes les provocations par leur sang-froid et leur courage.

Lors d'un voyage de nos délégués à Bruxelles, ceux-ci transmirent par la Fédération des dessinateurs belges, une mise en garde du Conseil syndical aux dessinnateurs de la « *Bell Telephon* » d'Anvers, pour appuyer le mouvement du « *Matériel Téléphonique* », à Paris.

Pendant le cours de cette année 1928, la rationalisation patronale accentuait ses effets par une concentration de plus en plus importante dans l'industrie. Cette concentration se traduisant pour les dessinateurs par des bouleversements dans les contrats établis, des compressions de personnel et des suspensions. A l'occasion de la concentration *Delaunay-Belleville et Babcock*, notre syndicat ralliait l'ensemble du personnel Delaunay, organisait la résistance au licenciement projeté ; des délégations reçues par les directions Babcock et Delaunay obtinrent entière satisfaction et le transfert donna lieu à des augmentations de salaires.

Le syndicat demeura très attentif aux conséquences de la concentration Thomson-Alsacienne. Les bruits les plus divers, voire les plus fantaisistes ne laissèrent pas de donner quelques inquiétudes à ce sujet. Nos camarades furent d'ailleurs dûment mis en garde contre le pessimisme qu'on voulait ainsi leur communiquer.

En province, notre syndicat ne resta pas inactif dans la mesure où cela fut possible.

Au Havre, une action ferme et méthodique engagée par nos militants Havrais pour la revalorisation des salaires inscrivit une fois de plus d'importants succès à l'actif de notre syndicat.

Le compte rendu de nos travaux en 1928 serait incomplet si nous n'indiquions la part importante que nous prîmes à la préparation et au succès du « Grand Meeting des Techniciens de la région parisienne » (près de 1.500 auditeurs), organisé par notre Union.

Ce meeting, manifestation la plus importante qu'on ait connue dans nos mouvements professionnels, fut la première étape vers un groupement général de tous les techniciens.

Nous indiquons ci-dessous l'évolution de deux actions syndicales, qui caractérisent plus particulièrement le développement de notre organisation au cours de l'année 1928.

SUR DEUX ECHECS

Après une intervention syndicale heureuse auprès de la direction, le groupe « Stein » s'est développé et affermi. Confiant en l'homogénéité de ce groupe, le Conseil syndical engage les dessinateurs dans une action revendicative.

Mais, suivant une méthode admise chez Stein, l'initiative des pourparlers est laissée à des individualités surestimées et insuffisamment contrôlées. La direction paralyse ces individualités et fait ensuite une pression officielle sur chaque syndiqué, obligeant nos camarades à rendre leur carte sous peine de renvoi.

Le mouvement est brisé. On doit regretter que le Conseil syndical n'ait pas suffisamment surveillé la marche du mouvement.

Il y a eu trahison nette de deux délégués, mais il faut ajouter que les antécédents du groupe ne permettaient pas d'augurer une déliquescence si brutale. C'est là que nous avons subi la première offensive patronale brusquée. Des manœuvres identiques voire plus violentes (voies de fait sur notre délégué) ont réussi presque simultanément à la S. U. C. mais ce dernier groupement était neuf et numériquement faible. Le secrétariat est intervenu cependant immédiatement pour enrayer les tentatives patronales visant à la généralisation de cette offensive en conseillant une inertie et un effacement collectifs et provisoires qui firent avorter ces tentatives.

SUR UN SUCCES

Après des interventions réitérées des délégués syndicaux auprès de la Direction des Etablissements « Disticoke » et après le refus systématique de donner suite à ces interventions les dessinateurs engagèrent plusieurs grèves des bras croisés forçant ainsi la direction à accorder en février une augmentation générale mensuelle de 50 francs, venant s'ajouter aux augmentations de janvier ; une majoration de 50 p. 100 du prix des heures supplémentaires de jour et de 100 p. 100 du prix des heures supplémentaires de nuit.

La direction de *Disticoke* impuissante contre les dessinateurs français, exerça le chantage à l'expulsion sur les dessinateurs étrangers solidaires. Ces chantages furent l'occasion de manifestations spontanées, des Français en faveur des étrangers visés par la direction. Deux camarades étrangers furent cependant congédiés.

Les dessinateurs résolurent spontanément de résister par la force au cas où la Direction donnerait suite à sa menace d'appeler la police.

Le Conseil syndical, tout en approuvant ces manifestations de solidarité, dut intervenir énergiquement pour modérer les plus combattifs, préférent sacrifier son « prestige » à la sécurité des camarades étrangers et se laissant guider par le souci de conserver au mouvement son caractère unanime et d'éviter de le conduire dans un impasse.

Les deux camarades étrangers furent donc soutenus pécuniairement et le syndicat leur retrouva rapidement un emploi.

Notons avec satisfaction que ceux-là mêmes qui durent

se plier à la discipline, sont demeurés pour le syndicat des militants fidèles et dévoués.

NOTRE PREMIER CONGRES

Notre premier Congrès s'est tenu les 8 et 9 décembre 1928.

Les délégués nombreux de la région parisienne et de la province ont étudié le développement de notre activité syndicale sous toutes ses formes, ils ont jeté les bases solides d'une organisation viable et forte.

Les interventions clairvoyantes des militants ont permis de tirer les leçons nécessaires des mouvements heureux ou malheureux des deux années précédentes.

Les conclusions fondamentales de ce congrès ont en quelque sorte déterminé une doctrine syndicale de notre organisation.

On a pu dire à la tribune de ce congrès :

> « Notre jeune syndicat a réalisé de telles expériences qu'on peut et qu'on doit affirmer ici l'expression de notre future action.
>
> « Après les tentatives conciliatrices du début et les échecs qui en sont issus, nous avons été conduits constamment à combattre le patronat qui n'a jamais cédé que devant la force à nos revendications, même les plus modestes.
>
> « C'est dans un esprit de lutte contre le patronat que doivent être maintenant dirigés nos efforts si nous voulons sincèrement défendre les intérêts des dessinateurs. »

Le Congrès a élaboré le cahier de revendications de l'année 1929 et s'est prononcé pour l'adoption de tous les moyens possibles d'action, y compris la grève pour l'aboutissement de ce cahier de revendications.

Le Congrès a donné des indications précises pour le perfectionnement des services créés par notre syndicat dans le cadre de l'U. S. T. :

La presse, le service de placement, le service juridique, la caisse de solidarité et de chômage.

Le Congrès peut compter enfin comme une manifestation internationale très intéressante par l'intervention du délégué de la fédération des techniciens belges qui vint apporter à la tribune les enseignements de dix années d'action syndicale en Belgique.

APRES LE CONGRES

Dès la clôture de notre premier congrès l'action syndicale reprend dans la région parisienne.

Un meeting est décidé pour mars 1929.

Chaque adhérent du syndicat sent combien la réussite de ce meeting peut conditionner notre développement ultérieur.

Pendant trois mois, la propagande va bon train, grâce à la large collaboration d'un grand nombre de dessinateurs.

Le succès que nous avons obtenu a bien compensé l'effort fourni.

NOTRE MEETING

(MARS 1929)

1.000 dessinnateurs ont assisté à notre meeting.

Les délégués du syndicat brossent à larges traits la situation du moment.

Notre position devant la baisse du pouvoir d'achat des salaires, la rationalisation et tous les problèmes qui intéressent les dessinateurs est applaudie.

Pour donner une base à la propagande ultérieure, le syndicat propose le lancement d'une pétition générale de tous les dessinateurs de la région.

La proposition est acceptée dans l'enthousiasme.

Après les interventions des représentants des principaux syndicats de l'U. S. T. les débats sont clos sur une motion de confiance au syndicat qui fut votée par acclamations.

MOTION

Les Dessinateurs de la région parisienne réunis le 20 mars 1929 à plus d'un millier dans la grande Salle des Sociétés Savantes,

Après avoir entendu les exposés des représentants du Syndicat National des Dessinateurs de l'Industrie et de l'Union des Syndicats de Techniciens (U. S. T.) et après en avoir discuté :

1° Approuvent l'organisation immédiate par les soins du Syndicat d'une pétition générale des Dessinateurs dans toutes les entreprises de la région parisienne, pétition ayant pour objectif essentiel la revalorisation des salaires au taux d'avant-guerre, avec application du coefficient 7 ;

2° Donnent pour base à cette pétition le cahier de revendications générales du Syndicat ;

3° Chargent la direction syndicale de centraliser les pétitions et d'en faire parvenir les reproductions, à la fin d'avril, aux directions respectives des entreprises, aux Chambres syndicales patronales et à la Confédération Générale de la Production Française (C. G. P. F.) ;

4° Font entière confiance au Conseil en accord avec l'ensemble des Dessinateurs de chaque entreprise, pour le succès complet de la pétition ;

5° S'engagent à faire autour d'eux la propagande la plus large pour renforcer le Syndicat des Dessinateurs et l'U. S. T. ;

6° Décident que le présent ordre du jour sera envoyé à toute la presse pour insertion.

APRES LE MEETING

Immédiatement après le meeting, notre organisation se trouve en face d'une responsabilité écrasante.

Confiance oblige, malgré le nombre relativement peu élevé de militants que nous possédons, nous entreprenons dans toute la région une large « campagne » de signatures pour la pétition générale.

En trois mois nous organisons des centaines de réunions à proximité des bureaux et des usines.

Les dessinateurs, non contents de donner leurs signatures, s'intéressent plus directement que par ce geste à la vie du syndicat, questionnent nos militants pendant les réunions et les bulletins d'adhésions arrivent nombreux au siège du syndicat.

Ainsi, nous avons assisté pendant les quelques mois qui ont suivi le meeting de mars 1929 à un véritable éveil de la conscience collective des dessinateurs de la région parisienne.

De nombreuses réunions de « groupes d'entreprises » qui ont lieu à la place des réunions de « propagande » envisagées en premier lieu, absorbent toute l'activité des militants. L'action syndicale par firme se substitue peu à peu à la « protestation générale » prévue.

Certains camarades, dont la bonne foi est évidente, reprochent encore à l'heure actuelle au Conseil syndical de n'avoir pas tenu la promesse faite aux dessinateurs de la région parisienne :

« Nous nous étions engagés à remettre la pétition « fin avril », nous aurions dû nous cantonner dans le respect de la parole donnée.

« Si nous n'avions pas assez de militants pour organiser en même temps la propagande pour la pétition générale et l'action syndicale nous devions choisir la pétition.

« Qui sait, si en nous laissant absorber par l'action syndicale, nous n'avons pas discrédité le Syndicat aux yeux de la collectivité. »

— Nous pensons que c'est là une manière bien simpliste, bien protocolaire, de poser une telle question. Le Conseil syndical a été évidemment soucieux lui aussi de la parole donnée.

Mais entre le respect de celle-ci et le respect de l'intérêt collectif, il a choisi ce dernier.

L'étape actuelle de notre développement confirme déjà que le conseil syndical a sagement agi.

NOTRE ACTION APRES LE MEETING

Nous ne prétendons pas donner ici un historique complet et détaillé, un « rapport moral » de notre activité depuis notre meeting jusqu'à la période actuelle. Un livre n'y suffirait pas.

Nous nous contenterons donc de rappeler seulement quelques « mouvements » caractéristiques avant de terminer par un examen de notre situation du moment.

A LA BABCOCK (La Courneuve)

A l'issue du mouvement Delaunay-Belleville, après fusion des services Babcock et Delaunay, l'idée syndicale se propage à la Courneuve.

Les salaires y sont particulièrement bas.

Une tentative de réunion, bien amorcée, échoue sur une manœuvre patronale, dont quelques chefs de groupe se font les exécuteurs inconscients.

Un peu plus tard, la semaine de 48 heures est introduite, à la profonde indignation des dessinateurs qui, depuis des années, travaillaient 44 heures par semaine.

Appuyé sur son petit groupe de syndiqués, le Conseil syndical organise une réunion à la Courneuve.

Une convocation est distribuée posant comme but l'envoi d'une pétition : contre l'introduction de la semaine de 48 heures, pour le payement des heures supplémentaires éventuelles au tarif majoré, et surtout pour la revalorisation des salaires.

La réunion s'annonce comme un succès... mais la direction « opère ».

Un des chefs de groupe du bureau le capitaine de l'équipe de football « de la maison », lance le jour même une pétition qui propose simplement le rajustement des salaires proportionnellement au temps de travail, c'est-à-dire l'acceptation de la semaine de 48 heures.

Résultat : désorientés, les dessinateurs qui préfèrent « tenir que courir » signent la pétition patronale... la semaine de 48 heures est introduite. La Direction exerce une pression ouverte sur les dessinateurs. Elle en congédie deux. Le mouvement avorte.

Deux tentatives d'action syndicale, deux manœuvres patronales, deux échecs. Pas d'augmentations de salaires.

Le syndicat peut aisément démasquer la trame des combinaisons directoriales, et le Conseil organise une troisième réunion.

Elle paraît enfin devoir réussir. Mais deux heures après la distribution des tracts syndicaux, des augmentations providentielles de 100 à 150 francs sont « accordées ».

La réunion échoue.

La plupart des dessinateurs de la maison ne semblent pas encore avoir compris.

CHEZ SCHNEIDER (15e arrondissemnt)

Dans cette maison règne un état d'esprit tout à fait défavorable au syndicalisme (éducation professionnelle de firme, souvenir du Creusot). Cependant, les salaires y sont très bas, particulièrement pour les exécutants et calqueurs; les dessinateurs d'études eux-mêmes ont des salaires très dévalorisés par rapport à ceux d'avant-guerre.

Une réunion est organisée par un comité dé dessinateurs syndiqués. Elle a un succès considérable et inédit dans les annales Schneider (plus de 60 présents). Les représentants du Syndicat y font adopter, dans l'enthousiasme, le point de vue officiel du Syndicat. Les dessinateurs de Schneider, autrefois si réfractaires, acceptent le principe de se grouper sous le signe du Syndicat.

Mais le mouvement tombe, faute de militants, les meilleurs ayant quitté à cette époque la firme pour des raisons diverses, en dehors de tout contrôle du Conseil syndical.

A LA COMPAGNIE DES TELEPHONES
THOMSON-HOUSTON
(C. T. T. H.)

Jusqu'en mars 1929 pas un dessinateur syndiqué dans cette maison, qui pourtant en employait plus de cinquante, et qui faisait partie de la Thomson, devenue l'Alsthom, berceau du Syndicat.

La passivité prolongée des dessinateurs de la C. T. T. H. paraît tenir essentiellement à leur isolement par petits services ou bureaux contenant chacun cinq ou six techniciens: ingénieurs, dessinateurs, agents techniques.

Le 3 mars 1929, un dessinateur de la C. T. T. H. (usines

des Favorites) assistant par hasard à l'Assemblée générale de tous les techniciens de l'Alsthom, apprend qu'un meeting des dessinateurs va avoir lieu le 20 mars.

Il s'y rend avec un autre camarade de l'usine.

Deux dessinateurs du siège (Vaugirard) touchés par un annuaire d'anciens élèves assistent également au meeting.

Leur propagande réveille celle des chefs monteurs déjà adhérents depuis le meeting de juin 1928 auquel quelques-uns d'entre eux avaient assisté grâce à une convocation envoyée par erreur.

Ici se termine la part du hasard, qui nous a pour une fois singulièrement aidé.

Deux réunions successives groupent 130 puis 200 techniciens de la maison.

Pour la suite de l'histoire, y compris le rôle « indiscipliné » que les dessinateurs ont joué dans le mouvement intertechniciens de la C. T. T. H., en poussant le « freinage de la production » jusqu'à l'arrêt complet du travail... voir le chapitre « Syndicats de métier et syndicat d'industrie ».

DANS LES ASCENSEURS

Une réunion de propagande, la délégation syndicale reçue, puis évincée, chez *Roux-Combaluzier*. C'est le début du « mouvement des ascenseurs ».

Forts de nos expériences précédentes, les dessinateurs de chez *Roux-Combaluzier* songent à réaliser le maximum de leurs possibilités d'action avant d'agir pour imposer leurs revendications.

Les dirigeants des maisons d'ascenseurs sont étroitement groupés dans leur section syndicale patronale.

Il faut donc atteindre les patrons sur leur propre terrain. Une campagne de propagande (maisons d'ascenseurs) qui touchera tous les dessinateurs de toutes les maisons est ouverte et donne bientôt de magnifiques résultats.

Quelques semaines après le début de l'action chez *Roux-Combaluzier*, les dessinateurs des firmes *Edoux-Samain, Otis-Pifre, Houplain, Roux-Combaluzier*, sont syndiqués à 90 p. 100.

L'action collective débute par une remise simultanée de toutes les pétitions à la Chambre syndicale patronale et à toutes les directions.

Tandis que chez *Houplain*, le patron accorde immédiatement une augmentation de 250 francs, les autres directions résistent.

Les difficultés commencent pour nous.

Les patrons rompus à la lutte syndicale avec leurs ouvriers organisés de vieille date, tiennent en échec nos camarades inexpérimentés à l'aide de manœuvres et d'expédients (promesses, manifestations patriarcales, appels à la rupture avec notre syndicat).

Mais leurs victoires ne sont que passagères, la solidarité des dessinateurs est inébranlable.

Les dirigeants de l'industrie des ascenseurs s'en rendent compte avant que les décisions de nos camarades (utilisation de moyens de pression collectifs) soient appliquées.

Les augmentations sont accordées dans chaque maison. Le bilan provisoire se solde par les améliorations suivantes :

Roux-Combaluzier .... 100 fr.
Edoux-Samain .... 150 fr.
Otis-Pifre .... 100 fr.
Houplain .... 250 fr.

En outre, les dessinateurs de la maison *Edoux-Samain* ont obtenu que soit porté de 10 à 15 le nombre de jours de vacances payés.

A la S. E. V. F. — G. R. E.
(Société d'électrification des voies ferrées — Grands réseaux électriques)

Par la violence de la réaction patronale suivant immédiatement le dépôt du cahier de revendications, le « mouvement des Grands Réseaux » restera un mouvement « type » dans nos annales.

Voici les faits :

Munis d'une pétition revêtue des signatures de tous les dessinateurs de la maison, les délégués syndicaux se présentent au directeur. Celui-ci au lieu d'examiner les revendications, se contente d'insulter les délégués et les seules promesses qui lui viennent devant l'exposé de la situation précaire des dessinateurs de la S. E. V. F. — G. R. E. sont des velléités de répression.

Le soir même de la visite des délégués cinq dessinateurs sur les dix-sept signataires sont congédiés.

La riposte ne tarde pas et le lendemain, après consultation du Service de Placement, tous les dessinateurs remettent leur démission.

La direction battue cherche alors à manœuvrer et propose le *statu quo*, mais 14 dessinateurs sur 17 maintiennent leurs prétentions.

C'est la rupture définitive.

La direction de la S. E. V. F. — G. R. E. a payé cher son intransigeance par la désorganisation de son bureau. Quant à nos camarades, l'ordre du jour voté à l'issue de la dernière réunion de leur groupe, montre qu'avec l'appui du syndicat, ils ne perdirent rien... au contraire.

ORDRE DU JOUR

Les anciens dessinateurs de la S. E. V. F. G. R. E. se sont réunis le mardi 25 juin, à 9 heures du soir, en réunion générale, au siège du syndicat. Ils se sont félicités d'avoir trouvé du travail aussi vite et à des prix aussi avantageux ; certains réalisent, en effet, un bénéfice mensuel de 500 francs, et, pour les autres, le gain variant de 400 à 100 francs. En résumé, l'incident survenu à la S. E. V. F. G. R. E. a été salutaire aux dessinateurs qui ont quitté ladite société et ils peuvent en tirer les enseignements suivants :

1° Que l'intransigeance de la direction de la S. E. V. F. G. R. E. a été et est encore néfaste à la bonne marche de ses travaux, puisqu'elle a dû engager de nouveaux dessinateurs non au courant et à des tarifs supérieurs à ceux ci-avant pratiqués ; d'où rendement inférieur et prix de revient plus forts.

2° Que les trois dessinateurs qui avaient suivi le mouvement et qui ont aussitôt abandonnée la lutte en retournant à la S. E. V. F. G. R. E., et en envoyant leur démission au syndicat, sont les moins favorisés puisque certains ont été repris aux mêmes prix ; que leur manque de volonté sera certainement exploité par la direction qui saura les remercier en temps voulu quand certains de leurs collègues seront aptes à les remplacer.

Et ils ont clos la réunion sur un blâme à l'adresse des défaillants.

CHEZ GNOME ET RHONE

Après une réunion de propagande à la sortie des usines, une pétition est organisée et circule dans tous les bureaux.

Mais le patron, par l'intermédiaire de quelques « dévoués », fait répandre parmi les dessinateurs les bruits les plus pessimistes et même les plus tendancieux. Après avoir été presque unanimement signée la pétition est en fin de compte détruite.

Une réunion est tout de même décidée pour remettre les choses au point. Après explications le cahier de revendications pour les dessinateurs de Gnôme et Rhône est définitivement établi. Il portait entre autres points :

Assainissement des bureaux de dessin.

. . ..

Le lendemain de la réunion, les peintres faisaient irruption dans les bureaux d'études.

Depuis dix années, nos camarades avaient en vain individuellement réclamé sur ce point.

A LA S. I. T.
(Société Industrielle des Téléphones)

Des dessinateurs d'études à 1.000 et 1.100 francs par mois... Les chefs de groupe : 1.300 francs maximum, l'un d'eux : 900 francs (neuf cents francs !).

Une plaisanterie ?...

Non ; ces tarifs étaient appliqués à la S. I. T.

Vexations, brimades, provocations...

Ce sont les seules réponses de la direction aux revendications qui lui furent présentées.

On comprend facilement que nos camarades aient dans ces conditions manifesté énergiquement leur mécontentement.

Le 27 septembre après-midi, à la suite d'une brimade touchant particulièrement un d'entre eux, les dessinateurs quittent le travail et adressent à leur direction la lettre ci-dessous que les délégués syndicaux lui présentent le 28 septembre au matin.

28 septembre 1929.

Monsieur le Directeur de la Société Industrielle des Téléphonnes,

Monsieur le Directeur,

Les dessinateurs de la Société Industrielle des Téléphones (usine rue des Entrepreneurs) nous ont chargés de vous demander une entrevue, afin d'étudier avec vous une solution satisfaisante au présent différend.

Ils vous rappellent à ce sujet leur pétition adressée en juillet, par laquelle ils indiquaient les améliorations qu'ils désiraient obtenir, en tout premier lieu une augmentation de 400 francs.

Ils regrettent que la Direction n'ait pas jugé utile d'entendre leurs délégués syndicaux régulièrement mandatés et qu'elle n'ait donné aucune suite à la pétition, si ce n'est une succession de mesures répressives :

Réglementation plus stricte des bons de sortie ;

Suppression de la tolérance de cinq minutes à l'entrée en usage dans toutes les maisons ;

Non paiement des absences, même pour cause
de maladie, disposition contraire aux usages ;

Suppression totale des augmentations accordées
habituellement à cette époque ;

Pression systématique sur la plupart des dessinateurs tendant à les amener à renoncer a l'organisation syndicale, pression qui est absolument contraire à la loi de 1884 sur les syndicats.

Du reste, c'est précisément l'affiliation des dessinateurs au syndicat qui a été donnée comme motif de l'ensemble des mesures précitées.

Les dessinateurs de la S. I. T. dont les salaires
dérisoires sont les plus bas de toutes les entreprises de téléphonie pensent qu'une telle situation
ne peut plus se prolonger.

Ils espèrent que, comprenant leur légitime mécontentement la direction donnera une suite favorable à leur pétition et abrogera définitivement les
mesures coercitives.

Ils soulignent que c'est précisément l'emploi de
ces mesures qui les contraint à user d'un moyen
extrême pour obtenir d'être écoutés.

Mandatés par eux pour exposer leurs desiderata et en discuter, nous vous demandons donc une
entrevue.

Veuillez agréer, Monsieur le Directeur, l'expression de notre entière considération.

La direction a refusé même la lecture de cette lettre.

Compte tenu de leurs salaires dérisoires, de l'intransigeance qu'on leur opposait les dessinateurs de la S. I. T.
ont rompu les ponts.

Ils ont collectivement remis leur démission.

Nos camarades ont trouvé, grâce à notre service de placement, des emplois plus rémunérateurs que ceux qu'ils
occupaient à la S. I. T.

Retenons à ce propos du mouvement de la S. I. T., cette
note du Conseil syndical qui fut publiée en son temps dans
notre journal d'octobre 1929.

NOTE DU CONSEIL SYNDICAL

Devons-nous considérer le « vidage » d'un bureau comme un moyen d'action syndicale ?

Répondons catégoriquement : Non !

Le « vidage » total d'un bureau, malgré son apparence de mouvement collectif, n'est qu'une survivance des méthodes d'action d'autrefois. C'est une
somme de mouvements individualistes. Sans plus.

Que gagnons-nous à employer cette méthode ?
Rien en définitive, puisque le patron se trouve libre ensuite de reconstituer son bureau avec un
nouveau personnel de son choix.

Pour nous, tout est à recommencer : la propagande, le moment propice à l'action à retrouver.

Si, au contraire, les dessinateurs obtiennent par leur action dans un bureau, des avantages, des améliorations ,ils acquièrent du même coup l'expérience qui crée les militants.

Nous ne devons pas négliger cela. Pour les intéressés. Pour l'ensemble des dessinateurs auquel ils appartiennent.

Le vidage d'un bureau ne peut servir qu'à utiliser d'un seul coup toutes les offres du bulletin de placement. Ce qui n'est pas un résultat bien souhaitable. Notre service de placement a d'autres tâches à remplir que celle qui consiste à montrer sa force en... s'affaiblissant.

C'est dans la maison même que nous devons nous efforcer d'obtenir des améliorations de nos conditions de vie. Nous avons pour cela des moyens multiples auxquels le patron ne peut pas résister s'ils sont intelligemment et collectivement employés.

De cette manière on fait monter le niveau des salaires que la situation soit favorable ou non.

Il y a toujours un minimum de commandes à exécuter. Ne l'oublions pas.

Nous avons cru devoir poser ce principe et le démontrer afin que nos camarades qui seront « enthousiasmés » par l'audace des dessinateurs de la S. I. T. ne pensent pas que « tout le monde devrait en faire autant ».

Les dessinateurs de la S. I. T. étaient dans une situation bien particulière :

1° Leurs salaires étaient ridicules (moyenne des dessinateurs d'études, 1.000 à 1.100 francs).

2° Leur patron s'est montré à leur égard d'une insolence sans pareille.

Leur geste ne se justifie donc qu'en tant que cas d'espèce.

3° Nous sommes dans une période exceptionnelle.

Dans tous les autres cas, restons forts, unis DANS LA MAISON.

CHEZ GRAMMONT (Régina)

En même temps que les agents de maîtrise de leur firme, nos camarades déposent leur cahier de revendications.

Entrevues avec la Direction. Refus d'augmenter les salaires.

A nos délégués syndicaux, la direction déclare en substance :

« Le marché de la téléphonie est déjà difficilement tenable pour nous à cause de nos concurrents puissants. Nous ne pouvons donner satisfaction aux revendications des techniciens, si justifiées soient-elle à leurs yeux, sans risquer des catastrophes. Il n'y a pas de sentiments à introduire dans la discussion en l'état actuel des choses. Si vous êtes assez forts pour imposer les salaires que vous réclamez à tous les constructeurs, nous (*Régina-Grammont*) comme les autres, seront bien forcés de vous donner satisfaction. »

Cependant la direction redoute la solidarité de tous les techniciens de la Maison et accorde à nos camarades des augmentations variant de 50 à 150 francs par mois.

AU MATERIEL TELEPHONIQUE
(*Les Laboratoires Standards*)

Le 28 juin, les dessinateurs des L. L. S. présentaient une pétition à la direction par l'intermédiaire du Syndicat. Le chef de service responsable accueille les desiderata, promet de les appuyer et demande d'attendre le retour de vacances du directeur qui répondra.

Le 23 juillet (le directeur est rentré depuis huit jours) les dessinateurs confirment leur première lettre.

La délégation syndicale est évincée.

Le 25 juillet, le chef de service dit aux dessinateurs que leur lettre ne sera prise en considération que si elle ne porte pas l' « en-tête » syndicale.

D'accord avec le syndicat les dessinateurs acceptent la proposition, envoient une troisième lettre et demandent une réponse dans un délai de trois jours.

Pas de réponse.

Quelques jours après, nos camarades envoient une délégation syndicale, en l'appuyant par une arrivée en retard collective d'un quart d'heure. La délégation est reçue par le directeur.

Celui-ci proteste de sa « bienveillance », reconnaît que les revendications sont justifiées, mais refuse de donner une réponse.

Une deuxième manifestation reste sans résultat.

La période des vacances arrive, le mouvement ralentit faute... de combattants.

Le directeur triomphe sans modestie.

Les délégués sont, paraît-il, de la « graine de syndicat », et il a suffi, dit-il en parlant des dessinateurs, de les « mater » un bon coup pour les faire taire.

Ces paroles sont rapportées à nos camarades. Résistant à toute provocation, ils décident de se concerter plus avant et d'employer d'autres moyens de pression.

Une délégation est une fois de plus évincée.

Nous sommes au début d'octobre.

Un incident va venir changer la face des choses.

Chez lui, un dessinateur fait un projet d'article pour notre journal, l'apporte au bureau et le laisse sur une planche par inadvertance. Un chef de groupe trouve le manuscrit, le confisque, pendant l'absence du propriétaire et le remet au directeur.

Quelques jours après l'auteur de l'article est remercié.

Une délégation vient protester contre cette violation de la loi de 1884 sur le droit syndical et demande la réintégration du dessinateur congédié. La demande est repoussée.

Le 1er octobre à 2 heures, 57 dessinateurs refusaient de passer la grille et restaient dans la rue.

La délégation retourne aux L. L. S. Sans plus de succès.

A l'assemblée générale qui se tient pendant cette demi-journée de grève, le dessinateur congédié, nullement désireux d'être réintégré dans de telles conditions et sûr de trouver mieux immédiatement avec l'aide du syndicat, demande lui-même qu'on arrête là la manifestation de solidarité en sa faveur.

Décision est prise de continuer, sous une autre forme, l'action pour la revalorisation des salaires.

Le lendemain, les dessinateurs reprennent le travail.

La direction des L. L. S. devant la solidarité agissante des dessinateurs ne songe même pas à prendre une mesure disciplinaire. Toutefois, elle envisage des moyens susceptibles de garantir la bonne marche de ses affaires contre l'action syndicale des dessinateurs qui lui porte un préjudice considérable pendant son développement et lui en portera un bien plus grand si elle aboutit.

Des annonces paraissent dans les journaux appelant les dessinateurs aux L. L. S. En vain, les dessinateurs en téléphonie sont syndiqués en grosse majorité et refusent d'aller « doubler » leurs camarades en lutte.

La direction fait alors une démarche auprès du secrétariat de la S. A. E. E. N. A. M. (Amicale des Gadz-arts) pour demander des jeunes ingénieurs.

Mis au courant en temps voulu de cette démarche nous allons à notre tour à l'Amicale des Gadz'arts afin de placer le Secrétaire devant ses responsabilités et nous lui expliquons quel rôle iraient jouer aux L. L. S. les jeunes gadz' arts qui y seraient envoyés par ses soins.

« Au syndicat des dessinateurs appartiennent aussi bien les dessinateurs gadz'arts que les autres. C'est l'intérêt général de la corporation que défendent les dessinateurs en lutte aux L. L. S. Si votre amicale a, elle aussi, le souci des intérêts des gadz'arts salariés, vous n'avez pas le droit d'envoyer actuellement qui que ce soit aux L. L. S. »

Le Secrétaire de l'Amicale refuse de prendre position.

Notre délégué avant de se retirer se voit forcé de menacer le Secréta're de mettre publiquement tous les gadz'arts au courant de son attitude, s'il envoie des « jeunes » se faire inconsciemment les auxiliaires de la direction des L. L. S. contre nos camarades.

Aucun gadz'arts n'a été présenté par l'Amicale.

La direction était définitivement battue.

Solidarité, ténacité dans l'action, vigilance ont permis à nos camarades des L. L. S. d'obtenir en fin d'année des augmentations de salaires allant jusqu'à 400 francs par mois avec une moyenne de 300 francs, alors que les années précédentes la moyenne des augmentation atteignait seulement 100 à 150 francs.

Notons que les calqueurs n'obtinrent en moyenne que 100 francs d'augmentation. La direction a bien montré par là sa volonté d'ébranler le bloc des dessinateurs « toutes catégories ».

Mais il y a loin de la coupe aux lèvres. Et aux L. L. S. comme ailleurs, même après les manœuvres de dernière heure, la solidarité... continue. Pour le plus grand bien de tous.

Où en sommes-nous ?

NOTRE DEVELOPPEMENT SUR LE PLAN NATIONAL

Né en 1925 dans la région parisienne, le Syndicat des Dessinateurs de l'industrie devient chaque jour davantage un syndicat national.

De nombreux adhérents individuels dans tous les coins du pays, des sections constituées et agissantes au Havre, à Lyon, à Troyes, à Lille, a Valenciennes, à Maubeuge, telle est notre situation actuelle.

Pour ceux qui ne comprendraient pas tout le prix que nous mettons à notre développement sur le plan national, énumérons les quelques raisons primordiales qui nous ont toujours poussé à agir dans ce sens.

CONSIDERATION DE SOLIDARITE EN PREMIER LIEU

Le syndicalisme chez les dessinateurs n'est pas un phénomène né du seul courage des précurseurs de 1900 ni de la volonté de la poignée de militants qui en 1925 jetèrent les bases matérielles de notre organisation. Ceux-ci en furent seulement les pionniers dont la clairvoyance permit d'organiser solidement un courant profond de mécontentement, un besoin de se défendre qui s'empara des dessinateurs las d'assister passivement à une dévalorisation de plus en plus accélérée de leurs salaires.

Pour cette raison on doit admettre que si nous n'avions pas immédiatement cherché à rayonner » en province, de nombreux syndicats seraient nés parallèlement un peu partout où le besoin s'en faisait sentir. L'action discordante de tous ces syndicats eût été en définitive beaucoup moins efficace, on le conçoit aisément, que l'action large et concertée d'un unique syndicat national.

Si la région parisienne s'est développée seule pendant un moment, cela tient simplement à ce que l'action syndicale y était relativement plus aisée que partout ailleurs. Le nombre considérable de firmes établies dans cette région permettait de faire les premières expériences avec un minimum de « risques ». Mais on peut remarquer dans l'historique de notre développement que le plus grand rayonnement possible de notre syndicat a toujours été une de nos principales préoccupations.

Seul le manque de militants susceptibles de se déplacer nous empêche encore à l'heure actuelle de faire la propagande nécessaire pour avoir une section dans toutes les régions industrielles du pays.

CONSIDERATIONS TACTIQUES :

Les concentrations financières qui sont la caractéristique de notre époque font qu'à l'heure actuelle les grosses entreprises (Sociétés anonymes importantes, Trusts, Consortiums) ont des usines et des bureaux d'études répartis dans tous le pays.

Rien ne serait plus aisé à un dirigeant de firme en butte à notre action syndicale dans une région déterminée que de se tirer d'affaire en faisant exécuter provisoirement ses études et ses plans dans une autre usine de ses établissements (1).

Nous devons donc mettre toutes les chances de notre côté au cours d'une action syndicale en entraînant avec nous les dessinateurs de toutes les usines d'une même firme.

Notre expérience de trois années nous a démontré que les dirigeants de l'industrie n'hésitaient pas à opposer au cours du développement d'un mouvement les formes de coalitions les plus étendues à notre solidarité.

Dans la téléphonie, dans l'électricité par exemple, nous nous sommes trouvés face à face avec non seulement les directions des firmes, mais encore nous avons dû tenir compte de la solidarité des patrons dans leurs Chambres Syndicales.

Au cours d'une action syndicale dans la région troyenne, nous avons été mis en présence d'une véritable « cabale » montée contre nous par une entente entre les Chambres Syndicales Patronales de Lille, Troyes et Paris.

A toutes ces formes de résistance que déploient les pa-

---

(1) Cette prévision se vérifie actuellement : Dans le Nord, en particulier, on exécute des plans qui l'étaient précédemment à Paris.

trons contre nous, nous devons opposer des formes d'action adéquates.

A la résistance nationale, le bon sens nous commande de toujours opposer l'action nationale dans la mesure de nos moyens.

CONSIDÉRATIONS DE STABILISATION
DES RÉSULTATS ACQUIS

Supposons qu'une action syndicale systématique apporte aux dessinateurs d'une certaine région des résultats suffisamment sensibles pour créer un déséquilibre général entre leurs salaires et ceux des dessinateurs des autres régions de France. Les patrons n'hésiteraient pas dans un tel cas à faire concurrencer les dessinateurs bien payés par d'autres qui se déplaceraient à des prix relativement bas.

Nous devons parer à cette éventualité en assurant la stabilité des avantages acquis par une action concertée dans tout le pays.

N.-B. — Ce qui est vrai sur le plan national l'est aussi sur le plan international. Ce phénomène de « circulation » s'est même trouvé vérifié il y a quelques années où de nombreux dessinateurs étrangers sont venus travailler en France. Aussi à la xénophobie — égoïste à faux, démagogique, et au demeurant, inutile — nous avons susbtitué la solidarité de tous les dessinateurs sans distinction de nationalité.

On a vu par les résultats acquis que c'est encore nous qui avons eu raison contre les premiers. Les salaires de tous ont monté.

Région Parisienne

La région parisienne jouit de cette particularité que la « circulation » des dessinateurs de bureau à bureau y est rendue commode par la multiplicité des firmes. De ce fait l'organisation des groupes d'entreprises est souvent précaire.

Il est donc très difficile de garder au Syndicat des effectifs d'adhérents et même de militants dont la stabilité soit absolue et il s'ensuit que si, d'une part, l'action syndicale s'accommode de certaines facilités, elle se complique d'autre part de la difficulté de créer des mouvements d'ensemble dont l'organisation demande toujours une nouvelle et longue préparation.

DANS LES INDUSTRIES ELECTRIQUES

L'industrie électrique a vu naître notre syndicat.

Nos camarades des industries électriques ont vécu tous

les efforts, toutes les erreurs aussi, de notre organisation qui cherchait à ses débuts la voie devant la mener à son stade actuel de développement.

Est-ce l'effet du hasard ?

Sans méconnaître toute l'importance du rôle qu'ont joué les initiateurs du mouvement, il est nécessaire de souligner que les entreprises de construction électro-mécanique sont parmi les plus grosses dans la Région Parisienne.

Donc nombre relativement élevé de techniciens et en particulier de dessinateurs. Nombre d'autant plus élevé que la production en série est pratiquement inexistante dans la grosse et moyenne construction électro-mécanique. L'étude tient une place particulièrement importante.

D'autre part, salaires depuis la guerre d'autant plus bas que la concentration financière de l'industrie électrique a généralisé l'entreprise du type « administration », à direction distante, omnipotente et... techniquement impuissante.

Groupés par dizaines dans de vastes bureaux les dessinateurs ont entre eux des contacts permanents qui développent l'esprit de solidarité, l'esprit collectif, et dans de telles conditions, la propagande syndicale donne toujours des résultats rapides.

Rien d'étonnant donc à ce que, après avoir mesuré depuis trois ans la valeur de l'action syndicale, les dessinateurs de l'électricité en ayant la possibilité permanente, réagissent collectivement contre toutes les atteintes (vie chère, rationalisation) qui sont faites à leurs conditions de vie ou de travail.

L'habitude d'employer cette méthode est devenue aujourd'hui dans certaines firmes comme l'Alsthom, une sorte de « tradition » nouvelle qui s'implante chaque jour davantage dans la maison. Bien entendu la résistance patronale à l'action des dessinateurs ne s'éteint pas pour cela. Elle change simplement de forme, dans le but d'être toujours efficace suivant les circonstances.

Ainsi, à l'Alsthom, par exemple, il y a seulement trois années, la direction refusait purement et simplement de recevoir les délégués syndicaux mandatés par le personnel. Sa seule réponse aux revendications qui lui étaient présentées consistait en des menaces de répression et l'action concertée de nos camarades devait se manifester concrètement et énergiquement pour leur faire obtenir satisfaction.

Aujourd'hui, plus rien ne subsiste de cette ancienne pratique de la direction.

Les délégués syndicaux sont reçus. Dans quels buts ? Non dans celui d'accorder ouvertement une satisfaction même minime, nous le voyons au cours du mouvement actuel de l'Electricité. La Direction reçoit les délégués syndicaux simplement pour essayer de les « rouler » à l'aide de conditions incompatibles avec l'intérêt collectif et en remplaçant dans la discussion d'élémentaires vérités de fait par des sophismes plus ou moins grossiers. N'y parvenant pas, elle ne se tient pas pour battue. L'opération qui ne réussit pas sur les délégués syndicaux est tentée sur les dessinateurs eux-mêmes — et la Direction fait demander des délégués du personnel.

Malheureusement pour l'Alsthom, les dessinateurs fortifiés par trois années d'expérience, guidés par leurs militants, refusent catégoriquement les propositions directoriales.

Et la Direction craignant que sa défaite devienne trop évidente a tout de même la ressource de masquer sous la façade des augmentations ordinaires de fin d'année, des augmentations de salaires allant jusqu'à 300 francs par mois (l'année précédente les mêmes augmentations atteignaient péniblement... 75 francs).

L'exemple des dessinateurs de l'Alsthom fait peu à peu école chez tous les dessinateurs de l'industrie électrique. Le dernier mouvement parti de cette firme a déjà gagné les principales maisons de la région et du pays : Alsthom (Lesquin, Paris, Neuilly, Saint-Ouen) — C. E. M. (Compagnie Electro-Mécanique, Paris, Bourget, Lyon, Le Havre) — F. L. E. (Force et Lumière Electrique) — F. A. C. E. J. (Forges et Ateliers de Constructions électriques de Jeumont, Plaine Saint-Denis et Jeumont) — C. E. E. M. (Compagnie d'Entreprises Electro-Mécaniques), et en gagnera d'autres d'ici peu. Déjà des manifestations ont eu lieu menées par les dessinateurs de quelques-unes de ces firmes agissant d'accord avec l'ensemble de leurs camarades.

Bientôt le mouvement Alsthom, devenu aujourd'hui le mouvement des industries électriques prendra vraisemblablement et suivant les circonstances, un caractère encore plus cohérent.

Les résultats matériels immédiats que ce mouvement d'ensemble rapportera aux dessinateurs de l'électricité seront sans doute très importants. Mais c'est là seulement le présent.

Pour l'avenir, nous retiendrons, comme conquête essentielle de notre premier mouvement de l'électricité la création d'une Section groupant au sein du syndicat tous les dessinateurs de l'industrie électrique.

De quoi attendre les événements, sinon avec confiance,

du moins avec la certitude de pouvoir agir efficacement s'ils apportent, comme c'est probable, de nouvelles atteintes à nos conditions de vie.

DANS LES INDUSTRIES THERMIQUES

Nous plaçons sous le titre « Industries Thermiques » les firmes s'occupant de la construction, de l'exploitation et de l'entretien des usines à gaz, des fours à coke, des foyers, chaufferies, centrales thermiques, etc...

La moindre installation thermique exige l'utilisation de multiples « corps de métiers » (charpente, chaudronnerie, fumisterie, mécanique, électricité, maçonnerie, etc...). Cela explique que la plupart des firmes se limitent au rôle d' « ingénieurs-conseils ».

Ce rôle limité leur permet de concentrer facilement leurs bureaux d'études dans la région parisienne, centre d'affaires.

Les industries thermiques emploient des dessinateurs de toutes catégories (charpentiers, mécaniciens, etc...), mais ayant cependant tous une spécialité commune par maison (fours à coke, fours à gaz, foyers automatiques, etc...)

De ce fait une interdépendance très caractéristique s'établit dans chaque « spécialité » entre patron et dessinateurs; ces derniers se sentant en conséquence tout particulièrement « attachés ».

Cela explique le peu de vie apparente des groupes syndicaux, cependant nombreux, existants dans les industries thermiques. Obligés par leur situation même à plus de prudence, nos camarades doivent simplement rester unis pendant les périodes calmes et ils n'agissent que dans les périodes particulièrement favorables à l'action. Pour que l'action soit permanente dans les industries thermiques comme ailleurs, il faudra encore un certain temps avant que la défense collective étant devenue une « tradition » les patrons ne puissent plus se livrer à une répression quelconque sur un groupe de dessinateurs sans provoquer automatiquement une réaction collective.

Déjà dans certains groupes une telle « tradition » s'établit ; mais nous n'avons pas le droit de faire une généralité de quelques cas. Notons toutefois que cette « marche en avant » nous rassure pleinement sur l'avenir du syndicat dans les industries thermiques.

Aussi devons-nous activer l'action syndicale spontanée dans les différentes firmes en remplaçant systématiquement les mouvements isolés par une action concertée dans l'ensemble de l'industrie, paralysant ainsi toute possibilité de circulation de dessinateurs entre bureaux, et par suite, toute possibilité de répression patronale.

DANS LA TELEPHONIE

C'est dans l'industrie téléphonique que nous possédons la plus forte proportion d'adhérents. C'est aussi dans cette industrie que l'action syndicale a été menée avec le plus de ténacité.

Déjà fortement « rationalisée » du moins en ce qui concerne les plus grosses maisons du marché, l'industrie téléphonique a pris toute son extension dans la région surtout depuis l'introduction en France du « Téléphone Automatique ».

Comparable en cela à l'industrie électrique, elle occupe un nombre considérable de techniciens.

Les salaires payés à ces techniciens sont encore actuellement les plus bas de la région parisienne, ce qui explique toute la persévérance dans l'action déployée par nos camarades de la téléphonie. De nombreux résultats ont été acquis. Cependant le bloc « tous techniciens » reste compact au sein de l'U. S. T. et l'expérience aidant nous pouvons affirmer que loin de se désagréger, il est destiné à gagner sous peu la totalité des maisons de téléphones.

DANS L'AUTOMOBILE

Nos effectifs encore peu nombreux sont composés d'adhérents isolés, appartenant à toutes les firmes de la région, mais nous n'avons pas de groupes réellement vivants.

A cela deux raisons :

1° Une circulation intense et permanente des dessinateurs ;

2° Un appareil de protection formidable opposé à nos moyens de propagande (arrestations de nos distributeurs de tracts, lacération de nos affiches, surveillance de nos salles de réunion).

La suppression de ce dernier obstacle se fera au fur et à mesure et en conséquence du développement de nos forces dans l'Automobile. Quant au premier, nous ne pouvons que le constater, en chercher les causes, et y adapter notre action.

L'industrie automobile (la plus forte de la région parisienne avec l'industrie électrique), est une industrie « rationalisée ». Dans l'industrie automobile (une des plus « concurrencées » par la production étrangère), les dessinateurs, plus que n'importe où ailleurs font partie du « matériel humain » productif, et à une phase « rationalisatrice » dans une usine fait suite immédiatement une compression du personnel. Si on veut bien noter que ces phases sont nombreuses, on comprendra qu'un grand nombre de dessinateurs de l'automobile vivent dans l'incertitude absolue du lendemain. Il y a là une pénible contradiction.

D'une part les dessinateurs en automobiles sont les plus directement intéressés à l'action syndicale et d'autre part, ils sont ceux qui ont le plus à redouter « individuellement » le début de son développement.

Nous devons donc faire dans l'industrie automobile une véritable propagande à l'adhésion « en masse ».

Pour cela, seuls les moyens matériels nous ont manqué jusqu'à présent.

DANS LES ASCENSEURS

La fabrication et l'installation des ascenseurs n'est pas à proprement parler une branche d'industrie. Toutefois dans la région parisienne, l'usage de plus en plus courant d'appareils élévateurs dans les immeubles, garages, etc..., a fait de leur fabrication une spécialité qui a ses dirigeants, ses ouvriers, ses techniciens propres.

La formation de groupes syndicaux dans les firmes d'ascenseurs remonte à juin 1929, date du mouvement qui engloba 90 p. 100 des dessinateurs de cette spécialité.

Depuis, les groupes ont toujours gardé une vie active et le « Comité des Ascenseurs » chargé de la liaison entre tous les groupes assure régulièrement sa fonction.

DANS LA MECANIQUE

Sous la dénomination « Mécanique Générale » se rangent les fabrications les plus diverses (turbines à vapeur, machines à écrire, machines-outils, etc...).

Dans cette branche d'industrie, la plus étendue de toutes, nous avons à toucher un grand nombre de maisons, et ce une par une.

Il ne semble pas qu'il existe de grands consortiums, mais une poussière d'entreprises petites et moyennes à côté de quelques grosses firmes concurrentes, du reste liées à tel ou tel groupement financier de la sidérurgie.

Aussi, mise à part l'automobile-aviation, la mécanique générale ne présentera pas de sitôt en elle-même une base pour un mouvement d'ensemble.

Notre section mécanique générale a pourtant une raison d'être : elle correspond à la catégorie très large des dessinateurs mécaniciens qui peuvent circuler d'une spécialité à l'autre de la grosse mécanique sans qu'un réapprentissage leur soit à chaque fois nécessaire.

Elle correspond au demeurant à la Chambre syndicale patronale de la Mécanique générale.

Aussi contrairement aux formes de propagande « massive » à employer dans l'industrie automobile, nous devrons faire dans la mécanique un travail de pénétration persévérent dans un ordre d'urgence que détermineront à la fois la situation des dessinateurs intéressés et les possibilités matérielles du syndicat.

Actuellement, nous avons de nombreux adhérents individuels dans les plus grosses firmes de Mécanique générale; quelques groupes sont même aujourd'hui formés.

Grâce à cet appui, le temps que nous passerons à la propagande se trouvera considérablement réduit. Cela nous fait croire que sous peu la section « Mécanique Générale » sera constituée en force au syndicat.

DANS LES INDUSTRIES CHIMIQUES

Un vaste mouvement revendicatif a lieu actuellement (novembre-décembre 1929) parmi les dessinateurs des industries chimiques. Notons que l'extrême jeunesse du Syndicat dans les firmes d'industries chimiques nous fait rencontrer d'énormes difficultés dans certaines maisons où les manœuvres patronales jettent le trouble parmi les dessinateurs inexpérimentés.

Ainsi, dans une maison, les pétitions syndicales sont, en pleine action, transformées en pétitions non syndicales et des délégués du personnel remplacent les délégués syndicaux. Par contre dans une autre usine de la même firme les dessinateurs d'accord avec leur syndicat et se fiant à son expérience maintiennent leur position.

Actuellement l'action se déroule incohérente pour l'ensemble. Nous ne nous rebutons pas pour cela, au contraire, et nous pensons que, soit échec par individualisme, soit victoire à l'aide de l'expérience syndicale, quel que soit le résultat, celui-ci ne peut qu'ouvrir les yeux à l'ensemble des dessinateurs des industries chimiques et les conduire sur le chemin du syndicat.

DANS LA CHARPENTE
Appareils de levage, manutention

Jouissant avant-guerre d'une situation privilégiée, les dessinateurs en charpente métallique sont encore actuellement les mieux payés de la corporation.

Rien d'étonnant donc à ce qu'ils aient marqué un certain retard à venir à nous.

A l'heure actuelle, notre section « Charpente » se constitue solidement — nul doute que d'ici peu son action la mette « au diapason » de toutes les autres sections de notre organisation.

Notons que notre propagande dans la « charpente » s'est compliquée d'une concurrence active de quelques champions de l' « Amicalisme ». Demandons à ces derniers de lire attentivement toute cette brochure et ils s'apercevront très vite à quel point leur position était contraire à l'intérêt collectif. Il leur suffira d'opposer notre « rapport d'activité à tous les rapports d'...inactivité de l' « Amicale des Dessinateurs en charpente » (dont le siège se trouve à la Chambre Syndicale patronale de la charpente), pour saisir toute la grandeur de l'erreur amicaliste.

Région Hâvraise

Créée en juillet 1927, la Section havraise du Syndicat des Dessinateurs a connu pendant ses trois années d'existence les phases de développement les plus diverses :

Essor rapide à sa naissance, période de stagnation, nouveau démarrage à l'heure actuelle.

Pour bien comprendre les raisons de ce manque de continuité dans le développement, il faut retenir la présence particulière à la région havraise de facteurs qui ont, soit d'une manière permanente, soit à une époque déterminée, considérablement gêné le recrutement et l'action du syndicat.

Le caractère de la résistance patronale

Aussitôt après la formation de la Section havraise, l'action syndicale commence dans la région. La section prend une importance numérique considérable et des augmentations de salaires notables sont obtenues.

Impuissants à vaincre un mouvement en plein essor, les patrons ne s'attardent pas aux méthodes habituellement employées pour semer la division parmi les adhérents. Mais comme il faut d'autre part détruire quand même le syndicat, ils cherchent à attaquer les militants responsables : mise en scène de dénonciations policières, insinuations et affirmations patronales sur une soi-disant affiliation politique du syndicat.

Mais grâce à la netteté absolue et à la clarté des discussions qui ont eu lieu au cours d'une assemblée générale spécialement convoquée et réunissant la quasi-unanimité des adhérents, rien ne subsiste dans l'esprit de ceux-ci de toute cette machination. Par contre, en ce qui concerne l'ensemble des dessinateurs non syndiqués de la ville, il faudra encore un certain temps pour effacer la trouble impression que les patrons ont réussi à leur communiquer.

Pendant de longs mois, la situation numérique du syndicat au Havre sera stationnaire et l'action syndicale se trouvera considérablement ralentie.

Cependant, nos camarades ne restent pas pour cela inactifs et renforcent leur organisation intérieure.

A l'exemple de Paris, il créent et perfectionnent sans cesse leurs services de presse, de placement, leur service juridique et regroupent peu à peu autour d'eux les dessinateurs de la région. Les moyens d'action qu'ils emploient pendant toute cette période sont, d'une part, l'utilisation systématique du placement et, d'autre part, des lettres syndicales à la Chambre Syndicale patronale et aux directions des firmes intéressées (lettre à Beliard et Crighton, C. E. M., chantiers Aug. Normand, etc...) non revêtues des signatures des dessinateurs.

Aujourd'hui l'insuffisance de ces méthodes est clairement comprise par nos camarades. Les patrons havrais, eux-mêmes, ont montré qu'ils ne sont pas décidés à satisfaire les demandes de leurs dessinateurs à partir du moment même où ils les formulent et encore moins par le fait même qu'ils les expriment. Tout au contraire, ils ne se déterminent à céder que du jour où la solidarité unanime de tous les dessinateurs devient manifeste à leurs yeux et où la crainte d'être battus leur conseille de ne pas attendre une défaite qui deviendrait par trop évidente. Par ailleurs, une action menée d'une façon aussi réduite laisse des répits aux patrons pour tenter de désolidariser les dessinateurs les uns des autres et aboutir en fin de compte à la dissociation du mouvement.

Les difficultés assez grandes d'application au Havre des méthodes d'action employées dans des centres plus importants ont seules empêché pour le moment nos camarades d'y recourir. Le peu de bureaux d'études existant dans la région, la situation isolée de cette région, nécessitent évidemment l'utilisation de ces méthodes seulement dans la mesure où elles apportent une aide précieuse pour le succès de l'action. Il n'y a pas de doute que les dessinateurs havrais sauront faire leur profit des expériences tentées et réussies par leurs camarades des autres régions.

En novembre dernier, notre section a pris l'initiative d'organiser au Havre un meeting tous techniciens.

Ce meeting a déjà porté ses fruits. Il a permis de constituer la section havraise du Syndicat des Agents de maîtrise et cela est d'un bon augure pour l'action future au Havre.

L'action syndicale des dessinateurs reprend depuis peu au Havre avec une ardeur puisée dans cinq longs mois d'inaction.

Dans les chantiers maritimes et dans l'industrie électrique cette fois sur la base même des entreprises, des mouvements ont eu lieu ou sont engagés qui ne peuvent manquer de se terminer sous peu par des résultats sensibles.

Région Lyonnaise

La section lyonnaise du Syndicat des Dessinateurs existe depuis plus d'une année. Cependant, au cours de ses premiers mois d'existence elle n'a pas eu une activité considérable.

Les raisons d'une aussi longue léthargie méritent d'être expliquées dans ce chapitre parce qu'elles procèdent surtout des défauts de notre organisation.

En effet, alors qu'entre toutes les « Sections » régionales du syndicat a toujours existé une liaison constante, les relations entre la Section lyonnaise et les autres avaient été plutôt occasionnelles.

Question de longue distance en premier lieu. De plus manque de militants actifs dans la région lyonnaise.

En résumé, faute syndicale indéniable, mais qui trouve sa justification dans le manque de moyens matériels de notre organisation pour établir un contact à l'époque où il aurait été le plus indispensable, afin d'éviter le ralentissement de l'action syndicale dans la région lyonnaise.

Au cours du dernier Conseil Fédéral de l'U. S. T. nous avons sincèrement donné libre cours à notre propre critique sur la « léthargie » de la section lyonnaise. Et de cette critique est sorti un plan de liaison entre les différentes sections du syndicat que nous parvenons aujourd'hui à suivre à la mesure de nos possibilités.

Les résultats d'une liaison réelle entre la section de Lyon et l'ensemble du Syndicat commencent à se faire jour actuellement. Alors qu'il y a quelques mois nos camarades lyonnais agissaient de leur propre initiative, les expériences faites au Havre, dans le Nord, à Paris et ailleurs, et dont ils profitent couramment aujourd'hui leur permettent d'organiser la propagande et l'action avec un maximum de profit.

Aux réunions de commissions, aux « permanences » périodiques très espacées, à la propagande exclusive par la presse se sont substituées peu à peu les réunions d'entreprises, les mouvements largement concertés dont la technique ne comporte aucune sorcellerie mais exige cependant une certaine expérience que nos camarades lyonnais ont acquise aujourd'hui par une liaison systématique avec l'ensemble des militants de tout le pays et qu'ils peuvent continuer grâce à leurs propres expériences.

L'action à Lyon se poursuit à l'heure actuelle sur un plan de propagande générale qui s'est déjà traduit par un plan d'action syndicale dans l'industrie électrique, en attendant qu'il soit possible d'en faire autant dans toutes les industries de la région.

Région Troyenne

C'est dans des conditions assez particulières que s'est effectué le développement de notre syndicat dans la région troyenne.

Alors que dans toutes les autres régions où nous sommes aujourd'hui « installés » notre organisation à servi de base à la propagande et à l'action des autres syndicats de l'U. S. T. (des agents de maîtrise en particulier), à Troyes, au contraire, c'est l'inverse qui s'est produit.

Ce fait particulier à Troyes s'explique très simplement. Tandis que dans la majorité des industries les dessinateurs sont groupés dans leurs bureaux et les agents de maîtrise disséminés dans tous les coins des ateliers, dans l'industrie de la Bonneterie (la seule industrie troyenne), il n'y a que quelques dessinateurs d'études ou d'entretien et par contre un nombre relativement grand d'agents de maîtrise.

L'action à Troyes

Depuis sa création en juin 1920, notre section troyenne du Syndicat a mené en accord avec celle des agents de maîtrise une action vigoureuse pour la revalorisation des salaires qui sont dans cette région particulièrement bas.

Si cette action fut heureuse pour nos camarades agents de maîtrise qui ont déjà obtenu des résultats sensibles dans la plus grosse firme de la région (à la Société générale de Bonneterie), il n'en fut pas de même pour les dessinateurs qui n'obtinrent aucune amélioration sensible.

Nous ne devons pas nous étonner de ce fait. En effet, rien n'était plus logique de la part de la Direction de la S. G. B., contrainte d'augmenter les salaires des techniciens, que d'essayer du même coup de briser la solidarité « tous techniciens » si dangereuse pour elle. Malheureusement pour la direction, cette première manœuvre ne réussit qu'à... renforcer l'esprit de lutte des dessinateurs et des... Agents de maîtrise qui, aussitôt après l'action syndicale à la S. G. B., s'occupèrent activement d'étendre leur mouvement à toutes les firmes de la région troyenne.

Quelques mois après, une action concertée entre tous les techniciens de la S. G. B. et de la maison Lebocey était décidée.

Les patrons troyens s'émurent du fait et une rencontre des délégués de la Chambre Syndicale Patronale et de l'U. S. T. fut décidée.

Au cours de cette entrevue, les délégués patronaux, tour à tour provocants et cauteleux, cherchèrent par tous les moyens à démontrer à nos délégués syndicaux la valeur de leur force ou de leur « bienveillance ».

Mais il fut impossible d'obtenir d'eux une réponse ferme quant aux revendications déposées. Les patrons troyens espéraient encore une problématique déconfiture du syndicat.

Ce sont les techniciens de leurs firmes qui leur ont répondu sur ce point sous forme d'une manifestation collective aux portes des usines.

Le patronat se sentant alors battu, avant de céder veut jouer sa dernière carte et répand parmi nos camarades le traditionnel cliché : « Votre syndicat fait de la politique. »

Agrémentée des affirmations les plus tendancieuses, les plus mensongères, cette déclaration suscite une certaine émotion parmi les techniciens. Un délégué de l'U. S. T. se rend en toute hâte à Troyes et au cours d'une réunion, n'a aucune difficulté à faire la preuve de la duplicité patronale.

Les techniciens présents votent dans l'enthousiasme une motion de confiance à leurs syndicats.

Malheureusement tous les techniciens ne sont pas présents (35 sur 74 agents de maîtrise assistaient à la réunion) et il est impossible de reprendre l'action dans des conditions numériques aussi faibles. A l'heure actuelle les militants de l'U. S. T. s'efforcent de battre le rappel des égarés. Des nouvelles rassurantes nous parviennent chaque jour à ce sujet.

D'ici peu, instruits définitivement par la valeur des déclarations et des buts poursuivis par la Chambre Syndicale, les techniciens troyens reprendront l'action pour le plus grand intérêt commun.

Le Nord

Inexistante, il y a seulement quelques mois, notre section régionale du Nord est devenue aujourd'hui une des plus actives du syndicat. Son développement numérique en particulier a pris par sa soudaineté un caractère qui ne laisse pas d'être impressionnant. Le nombre de nos adhérents dans le Nord, de quelques unités en juillet dernier, passait rapidement à 450 en août,, 1.000 en octobre, et depuis novembre nos sections de Lille, Valenciennes et Maubeuge comptent plus de 1.200 adhérents.

Aussi bien pourrions-nous ici constater simplement le fait dans son ensemble et nous contenter de la valeur de propagande qu'il représente en soi. Cependant de la même manière que nous justifions par ailleurs certains de nos échecs, sous prétexte qu'il est éloquent dans sa simplicité, pitre sous prétexte qu'il est éloquent dans sa simplicité un un exposé en chiffres de notre situation dans le Nord. Quelques explications feront mieux comprendre notre formidable développement dans une région qui compte parmi les plus industrielles du pays.

C'est pendant la période des vacances (en juillet dernier) que fut décidée la campagne de propagande qui amena parmi nous, au syndicat, les dessinateurs du Nord.

Contrairement à l'opinion de ceux qui croient que « faire de la propagande » consiste simplement à écrire et à crier le plus grand nombre de fois possible les raisons du syndicalisme, l'organisation d'une campagne de recrutement n'est pas aussi simple qu'on ne l'imagine d'ordinaire.

Ainsi, par exemple, pour la région du Nord, pouvions-nous opérer comme pour la région parisienne ?

Pour ceux qui seraient tentés de répondre oui, faisons ici un petit tableau comparatif des circonstances dans lesquelles nous allons être amenés à agir en juillet dernier dans le Nord et à Paris.

A Paris, le Syndicat est connu de la majorité des dessinateurs. Dans le Nord, il était pratiquement inconnu de tous.

A Paris, les dessinateurs « circulent » entre les nombreu-

ses firmes de la région. Dans le Nord, les dessinateurs hésitent à quitter la maison qui les emploie.

Question de sentiment ? Non, mais dans le Nord, chaque dessinateur a des attaches dans tel ou tel coin de la région. Ces attaches sont parfois familiales, plus souvent elles sont « créées » par le patron qui « loue » à prix modérés aux dessinateurs de son usine, des logements dont il est propriétaire.

De plus, les transports en commun, qui facilitent les déplacements journaliers dans la région parisienne ne peuvent exister dans une région qui, comme le Nord, s'étend de Lille à Maubeuge sur plus de 100 kilomètres.

Les patrons du Nord organisent avec facilité une résistance solidaire à la « circulation » des dessinateurs entre les bureaux, tandis que cette circulation ne peut être entravée que beaucoup plus difficilement dans la région parisienne en raison du nombre considérable de bureaux d'études qu'elle comporte.

A Paris, aucune profonde tradition syndicaliste chez les dessinateurs ; dans le Nord, au contraire, le syndicalisme existe à l'état de vague conscience chez un grand nombre de dessinateurs.

Le premier syndicat de Dessinateurs ne s'est développé ni à Paris ni dans le Nord (on a lu d'autre part que ce sont surtout les chantiers navals qui ont fait les premières expériences). Le second syndicat agissant à la remorque du mouvement ouvrier a évolué dans des circonstances si peu normales (guerre, scission C. G. T. — C. G. T. U.) qu'il n'a laissé que peu de traces dans l'esprit de la majorité des dessinateurs de la région parisienne et aucune chez les dessinateurs du Nord qui ne l'ont même pas connu.

Par contre tandis qu'à Paris l'éloignement d'un grand nombre de bureaux d'études des ateliers supprime tout contact entre dessinateurs et ouvriers, dans le Nord l'inverse est le plus souvent constaté. De plus, le mouvement ouvrier est plus traditionnel, plus fort dans le Nord que dans n'importe quelle autre région du pays. Rien d'étonnant donc à ce que, à défaut de tradition, une vague conscience syndicaliste existe parmi les dessinateurs du Nord qui ont suivi pas à pas toute l'activité des organisations ouvrières et ont noté les améliorations que celles-ci ont conquises par l'action syndicale.

A Paris, les dessinateurs subissent des conditions de vie précaires (salaires dévalorisés de 30 % environ). Dans le

Nord, c'est une dévalorisation de 50 % qu'on enregistre en moyenne. Alors qu'avant la guerre la capacité d'achat des salaires était pour les dessinateurs sensiblement égale dans les deux régions.

Voici comment nous avons tenu compte de ces circonstances : Après que nos camarades du Syndicat belge eurent donné le premier assaut avec notre aide dans la région de Jeumont et qu'un travail de propagande individuelle mais systématique eût été accompli pendant quelque semaines par une poignée de « convaincus » à Lille, nous organisâmes une tournée en motocyclette dans toute la région de Lille à Maubeuge. Trois camarades de Paris y passèrent une semaine de leurs vacances annuelles : chaque jour, recherches de salles de réunions, quatre distributions de tracts, un meeting mot d'ordre : *adhésion en masse au syndicat.*

Aujourd'hui, le Syndicat des dessinateurs est solidement implanté dans le Nord. L'action syndicale déjà commencée ne tardera pas à y porter ses fruits.

L'ACTION DANS LE NORD

L'action syndicale a débuté dans le Nord après que furent réalisées les quelques tâches d'organisation indispensables et qui, grâce à l'expérience de Paris, furent réduites au minimum.

Après le dépôt des pétitions dans chaque firme, les dessinateurs entrèrent dans l'action proprement dite.

Malgré la « jeunesse » de nos sections, elles ont connu des actions syndicales viriles qui sont caractéristiques de cette région. Au début de notre propagande, nous avons déjà signalé des conditions particulières d'exploitation et qui sont rappelées plus haut. La résistance patronale à l'action des dessinateurs est marquée de ce fait que ceux-ci sont réellement considérés par les patrons comme des salariés d'une essence peu différente de ceux des ateliers. Comme tels ils ne sont pas traités d'une autre façon que ceux-ci. Il ne faut pas oublier que le Nord est le siège d'un syndicalisme patronal militant et que toute initiative patronale depuis les « primes de fidélité » jusqu'aux maisons ouvrières est le résultat d'un programme préconisé et défendu par les chefs les plus haut placés des consortiums du Nord. Aussi le mépris et l'ignorance voulus montrés à l'égard du syndicat ont provoqué à diverses reprises de véritables démonstrations.

Aux Etablissements Delattre et Frouard

En novembre dernier, les 70 dessinateurs de la maison Delattre et Frouard faisaient déposer leur cahier de revendications à la Direction, par l'intermédiaire d'une délégation syndicale.

Le délégué reçu par trois directeurs, essaie en vain d'exposer le bien-fondé des « desiderata » qu'il soumet. La Direction refuse systématiquement la discussion et ne veut donner aucune réponse.

Une assemblée de tous les dessinateurs, réunie peu après, décide d'appuyer le mandat du délégué syndical par la présence de 8 dessinateurs de la Maison et d'employer des moyens de pression (freinage de la production) si cette méthode ne donne pas de résultats.

La délégation, constituée ainsi qu'il en avait été décidé, se présente de nouveau à la Direction Delattre et Frouard et se voit opposer un nouveau refus de discuter.

Passons sur les détails de l'entrevue, si on peut la nommer ainsi. Elle se termine dans la cour de l'usine où les dessinateurs assemblés attendent.

Témoins de l'insolence avec laquelle leur Directeur traite le délégué syndical, tous les dessinateurs forment alors un cercle sympathique autour de lui.

Le Directeur, aveugle de colère, ne ménage pas ses déclarations et à l'une d'entre elles, reçoit une cinglante réponse.

« Mes dessinateurs n'ont pas besoin de se syndiquer. » Le délégué syndical s'adresse alors au 70 dessinateurs :

« Camarades, répondez vous-mêmes. Avez-vous besoin du Syndicat ? » Un oui unanime, sonore, instantané de tous les présents, vient enlever au Directeur ses dernières illusions.

Les dessinateurs veulent à tout prix une réponse immédiate et soutenant de leur présence le délégué syndical exigent de celui-ci qu'il ne quitte pas l'usine avant d'avoir obtenu une déclaration positive de la Direction.

Mais le patron menace de prévenir la police. Le délégué syndical, pour éviter les incidents que voudrait provoquer la Direction, se retire en recommandant aux dessinateurs d'appliquer rigoureusement la décision prise.

Le freinage à la production, systématiquement organisé, porte un rude coup à la Direction qui, impuissante à réagir devant l'inébranlable solidarité des dessinateurs, doit subir la volonté de son personnel.

Enfin, après plusieurs manifestations de force (arrivées

en retard collectives) et un refus de tous les dessinateurs de souscrire à une collecte organisée parmi tout le personnel de l'usine, pour offrir un cadeau à l'un des Directeurs à l'occasion de son départ de Ferrière la fin de décembre arrive. Une augmentation générale de 200 francs par mois en moyenne vient terminer provisoirement l'action.

A la Compagnie Fives-Lille

La venue d'une délégation syndicale à la Cie Fives-Lille signifia la déroute totale de la Direction affolée qui avait omis de penser à la puissance que représente une masse de 250 dessinateurs syndiqués. Signalons pour commencer que la délégation fut suivie par un « indicateur » qui rentré à l'usine derrière elle n'eut évidemment aucun stage à faire dans la salle d'attente pour être mis en présence de la Direction. Aussi le matin un refus de discuter le cahier de revendications nous fut opposé par celle-ci.

Avant la rentrée de 14 heures les abords de l'usine présentaient un aspect inaccoutumé : un commissaire de police, 2 autocars remplis d'agents, une voiture de dépôt ; toutes forces de police qui furent d'ailleurs éloignées quelques minutes après devant le non-fondé évident de leur présence sur les lieux. En plein air la réunion se tint et l'assemblée de tous les dessinateurs syndiqués décida de présenter à nouveau la délégation et de marquer la démonstration par un retard de 10 minutes. A l'heure dite la délégation se représenta et les dessinateurs restèrent en tenue de ville dans les couloirs de l'immeuble en attendant la réponse de la Direction. *Près de trois quarts d'heure furent employés* activement à obtenir la promesse de la direction de recevoir nos délégués. Celle-ci ne voulut point fléchir et encore moins se montrer. C'est alors que la démonstration dut se terminer ce jour-là sans résultat appréciable... en supposant que l'on ne compte pas pour un premier résultat cette magnifique démonstration de solidarité de 250 dessinateurs.

Dès le soir, les manœuvres se succèdent. Mais les dessinateurs éclairés par l'expérience du syndicat résistent efficacement et ne donnent aucune prise aux tentatives tardivement... bienveillantes de la Direction. Tentatives qui avaient pour unique but de dissimuler le rapport de forces fondamental sous une façade de considérations... sentimentales.

Mais par la suite, une longue et adroite propagande antisyndicale est faite parmi les dessinateurs, par des éléments quelque peu pusillanimes, influencés par des déclarations

« menaçantes » de la Direction à l'égard des « meneurs ».

La solidarité du début de l'action se trouve de ce fait provisoirement ébranlée.

Les augmentations de fin d'année sont distribuées de la manière la plus discordante.

*
**

Il faut opposer le mouvement Fives-Lille au mouvement Delattre et Frouard pour comprendre à quel point les dessinateurs de Fives-Lille ont commis une faute grave par inexpérience. Chez Delattre et Frouard, où la solidarité ne s'est pas un seul instant ébranlée, les augmentations furent absolument générales.

Nos camarades de Fives-Lille, qui n'ont pas profité suffisamment de l'expérience syndicale, devront à leurs dépens profiter de la leçon des faits.

Quelques démonstrations spontanées

Enfin quelque temps après, le refus de recevoir des délégués syndicaux provoque dans diverses maisons une cessation totale du travail. Aux établissements Sculfort, à Maubeuge, les dessinateurs firent grève une demi-journée, et aux Forges de Recquignies, ils partirent une heure plus tôt.

Toutes ces démonstrations ne sont pas restées sans effet. Elles sont une première « habitude » prise par les dessinateurs ; marquons d'ailleurs qu'elles ne devaient pas manquer de se produire, suscitées par l'attitude malveillante et même provocante des directions d'usines.

*
**

Ainsi qu'on peut le voir par la brève inumération de quelques mouvements qui ont déjà eu lieu dans le Nord, l'action syndicale dans cette région a pris un caractère particulièrement viril.

Dans le Nord, la force patronale permet aux dirigeants de l'industrie de n'avoir plus besoin de voiler, sous de fallacieuses déclarations de principes, l'identité de situation sociale des dessinateurs et des ouvriers.

Pour ces raisons, les patrons du Nord ne s'embarrassèrent pas, au début de notre action, de considérations « diplomattiques » et y résistèrent, au contraire, de front et en force, comme ils le font avec les ouvriers.

De cette identité de résistance est née naturellement l'identité de réaction des dessinateurs avec celle des ouvriers.

A vrai dire, les patrons qui n'en espéraient pas tant

ont été surpris de cette entente concertée et agissante des dessinateurs de la région.

Ausssi essaient-ils à l'heure actuelle de changer de méthode. Sur leur vrai visage de « seigneurs » qu'ils ont montré jusqu'à présent ils tentent aujourd'hui de mettre un masque plus séduisant. Comme nos camarades, ils veulent profiter eux aussi des leçons qui leur viennent de la Région Parisienne où les patrons ont montré à l'égard de notre action une attitude plus souple et plus adroite.

Ainsi, dans un récent banquet qui se tint à l'occasion de la Saint-Eloi à Lille les industriels du Nord, dans leurs discours, firent une petite place aux dangers que représente pour eux notre activité. « *Il nous faut — dit l'on d'eux — montrer à l'égard de nos dessinateurs plus de bienveillance* », etc., etc.

La déclaration est habile, mais ne trompera personne. Elle vient trop tard.

Les dessinateurs du Nord, comme les autres, savent bien aujourd'hui que c'est seulement leur action qui leur fera obtenir ce que la « bienveillance » patronale leur a refusé jusqu'à aujourd'hui.

Forts de leur expérience, de leurs succès, de leurs erreurs aussi, ils construiront, à côté de la force patronale agissante, une autre force syndicale non moins agissante.

Aux appels attendrissants à une « collaboration » « à simple effet », ils opposeront le bloc de leurs énergies intelligemment dirigées et tôt ou tard, plus tôt que tard, ils imposeront leur volonté de la même manière que les patrons ont imposé la leur. Par la force.

Nos Services

Notre syndicat ayant été le premier à entrer en activité a été évidemment le premier à posséder divers services annexes à la propagande et à l'action tels que le service de placement et le service juridique. Ces services ont été rapidement utilisés non seulement par les dessinateurs mais aussi par les autres techniciens et nés de nos mains ils sont maintenant organismes de l'Union des Techniciens. La menace de chômage qui a pesé pendant une époque sur l'ensemble des techniciens a déterminé le syndicat des dessinateurs, comme nos lecteurs l'ont lu, à fonder une *Caisse de chômage*, alimentée par certaines ristournes des cotisations des adhérents. L'utilisation de cette caisse n'a jamais été faite car le chômage ne nous a pas encore atteint, mais son existence et son importance sont témoins de la vigilance du syndicat.

Une autre caisse — fondée aussi par nous et devenue par la suite Caisse de toute l'Union des Syndicats de Techniciens — a par contre été plus souvent utilisée : c'est la Caisse de solidarité alimentée aussi avec une part, mais plus réduite de la cotisation mensuelle. Elle a pour but de *réparer le préjudice* que causent les patrons à certains de nos camarades en les congédiant. Les patrons, en effet, ont pour souci lorsqu'ils voient naître un mouvement de techniciens dans leurs usines de faire reculer ce mouvement par tous les moyens. L'un des moyens employés par eux est le congédiement d'un de leurs dessinateurs, bien souvent choisi au hasard.

Ce dessinateur qui pourrait être à ce moment une victime trouve la Caisse de solidarité pour le soutenir. Notre principe est celui-ci : *nous réparons entièrement le préjudice que les patrons ont voulu sciemment causer à nos camarades.* Dans la région parisienne d'ailleurs, la Caisse de solidarité est intervenue assez peu souvent car la perte de leur emploi a toujours signifié pour nos camarades leur entrée immédiate dans une autre firme à un taux mensuel plus élevé de quelques centaines de francs.

Dans certaines autres régions, le renvoi de quelques dessinateurs au cours de l'action syndicale a incité les dessinateurs à constituer des Caisses de solidarité locales, non plus seulement pour soutenir leurs camarades victimes, mais aussi et surtout pour donner une réponse cinglante aux méthodes prétendument répressives du patronat. *C'est ainsi que dans le Nord des milliers de francs ont été recueillis en un mois.*

Il est résulté de cette affirmation de force une augmentation considérable de la confiance que tous les dessinateurs portent au syndicat, et un nouvel élan, par cela même, a été donné à l'action syndicale.

Notre développement dans de nombreuses régions nous permet maintenant d'envisager dans des cas extrêmes la mutation d'une région à une autre des dessinateurs qui pour un temps auraient des difficultés à se replacer. Il leur est alors alloué un « viaticum » pour ce déplacement.

Enfin et malgré que la Caisse de solidarité ne soit pas une « caisse de mutualité », dans des cas très particuliers, mis en face d'une situation pénible, nous avons été conduits à accorder quelques secours à des dessinateurs momentanément gênés pécuniairement.

Ainsi s'est affirmée à nouveau la solidarité qui nous unit tous dans le syndicat.

Notre Presse

Partie d'une simple feuille dactylographiée en 1925, notre presse a pris aujourd'hui une importance considérable.

Tant par le nombre de nos journaux que par les textes que notre expérience nous permet d'y insérer, celle-ci est devenue un organisme de propogande et d'information dont le rôle s'affirme de plus en plus comme un rôle de pi mier plan.

Journal du centre, journaux régionaux, journaux d'industrie, bulletins d'industrie, bulletins intérieurs, bulletins de placement forment pour nous autant de moyens de pénétration efficaces à différents titres chez l'ensemble des dessinateurs et nous leur devons une grosse part de notre rayonnement.

Regrettons cependant que tous ces journaux n'aient pas toujours paru régulièrement. La rédaction est une occupation qui réclame beaucoup de temps et celui-ci doit être parcimonieusement employé par les militants au mieux des intérêts de tous. Et dans le choix d'emploi du temps, qui nous a été imposé par les événements, l'action proprement dite à maintes fois supplanté les tâches matérielles en général et rédactionnelles en particulier.

Aujourd'hui, le nombre des « actifs » a sérieusement augmenté et d'ici peu nous donnerons une péridiocité plus... régulière à notre presse.

NOS DIFFERENTS JOURNAUX

« *Le Dessinateur* » reste l'ancêtre, le journal central. Sa fonction n'a pas varié au cours des diverses transformations de format et de présentation qui ont suivi les différentes étapes que notre organisation a parcourues depuis quatre années. Il nous sert à résumer notre action syndicale dans tout le pays entre deux numéros. La critique y trouve sa place dans les articles généraux qui servent de conclusion à nos diverses expériences.

Organe de propagande, d'action, de critique « *Le Dessinateur* » est toujours aimé et lu de tous au fur et à mesure que notre action s'étend.

« *La Planche Havraise* », « *La Planche Lyonnaise* », « *La Planche Troyenne* », « *Le Dessinateur du Nord* », sont nos journaux régionaux dont le but est semblable à celui de notre journal central, mais dans le cadre plus étroit de la région où il sera plus particulièrement lu et commenté.

« *Le Dessinateur des industries chimiques* », « *Par-dessus la Planche* », sont des bulletins d'industrie et d'entreprise que nous nous efforçons actuellement de multiplier tant nous connaissons leur valeur de propagande.

Pendant l'action ils deviennent de puissants et rapides organes d'information. Leurs articles dénoncent çà et là une brimade, résument les termes de la conversation de la direction avec une délégation, (empêchant ainsi la propagation de versions tendancieuses), répandent un mot d'ordre précis.

Par la rapidité de leur diffusion ils deviendront de plus en plus pour nous les indispensables auxiliaires de l'action syndicale.

Notre « Bulletin intérieur » sert de correspondance entre militants. Il reflète dans ses textes les termes de nos discussions intérieures et sert d'organe de liaison permanente entre nos différents groupes et comités d'industrie d'une même région.

QUELQUES EXTRAITS

Nous n'avons pas la place ici de faire une revue analytique de notre presse. Elle ferait du reste double emploi avec l'analyse même de l'action syndicale.

Contentons-nous de citer des extraits caractéristiques, remontant, les uns à nos débuts, les autres à l'année 1920 et laissons à chacun le soin d'apprécier le chemin parcouru depuis l'article forcément abstrait, général, économique, psychologique et quelque peu lyrique jusqu'aux études les plus concrètes, les plus matérialistes, tirées de notre propre expérience.

Le Dessinateur (octobre 1926)

REFLEXIONS D'UN DESSINEUX

Le maniement du tire-ligne pour si absorbant qu'il soit laisse encore quelque liberté propice à de viriles méditations.

Sur le vif du travail, pensant à vous, mes chers camarades, mes amis... je livre à votre indulgence les simples et rudes réflexions d'un dessineux.

J'ai fait de bien bonnes lectures ces jours-ci, précieuses, instructives et jubilatoires, bien faites pour assouplir la rate et faciliter la digestion.

Des circonstances exceptionnellement heureuses m'on permis de prospecter quelques numéros de «l'Usine ».

Comme chacun sait, l'Usine est une super-revue technique, économique et patronale (oh ! combien patronale) ; c'est surtout l'organe de défense professionnelle des faibles, des opprimés de la rue de Madrid et de la rue Lauriston.

C'est un journal amusant qui rétribue grassement maints pisse-copies de tout petit talent. Quelle collaboration, mes chers Amis !... Un bouquet !... Chevaliers d'industrie pour la plupart, ça vous joue les Taylor de brocante avec un brio de jeune premier... Et ça vous entonne des hymnes aux économies, à la superproduction après gueuletons, partouzes et toute la lyre des bonnes réjouissances et « dolce farniente ».

Je lis dans le numéro du 18 septembre dernier, page 21, le délicieux poulet que voici : « Tous ceux qui ont un certaine habitude des bureaux d'étude savent que, en règle générale, le rendement n'en est pas fameux. » *C'est l'opinion payée, définitive d'un certain Monsieur C. E. A. — C. E. A., initiales en trinité, prénoms « à la chaîne ». Admirons ce bougre de C. et A.*

Je lis encore, C. et A dixit, « quelqu'un a même pu dire, avec une certaine apparence de raison que les planches à dessin servaient autant au travail qu'au sommeil du personnel ». *Une certaine apparence de raison ! L'expression est judicieuse. J'aime cette apparence, cette simple apparence qui distingue à peine ce petit quelqu'un (ah ! quelqu'un, mes amis) de notre « chose et A ».*

Et c'est ainsi qu'on vous traite, mes chers camarades, qui travaillez courageusement, consciencieusement dans des conditions morales et matérielles toujours plus mauvaises. Ironie ! Vous dormez sur la planche !!!... Quand la suproduction, la discipline, impacables, fiévreuses, vous ôtent les grandes joies saines du travail.

Vous vivez votre vie sans espoir... comme des pauvres !... et vous gonflez de votre labeur, de votre savoir les dividendes, les tantièmes et les « vieux jetons » de présence de tous poils qui vous insultent par surcroît !

La schlague !... pour nous... bientôt, mes camarades... ou le Syndicat.

**

Le Dessinateur (novembre 1926)

REFUTONS

— Alors, camarade, malgré les avantages indiscutables du syndicat, vous ne voulez pas signer votre feuille d'adhésion et entrer dans nos rangs ?

— Non.

— Pourquoi ? Car, je l'espère, vos actes sont réfléchis et vous avez un motif ?

— Eh bien, voilà ! Moi, mon principe, c'est l'indépendance ; je ne veux être soumis ni à la discipline patronale ni à la discipline syndicale.

— Conception erronée, mon cher ; laissez-moi vous faire voir comme vous jugez de travers.

D'abord, l'indépendance n'existe pas dans la vie; malgré vous, vous êtes dépendant de quantité d'éléments, sans vous en apercevoir.

Ainsi, vous êtes marié : vous êtes (ne protestez pas, il n'y a aucun déshonneur à cela) sous la coupe de votre femme, peut-être sous celle de votre belle-mère...

Ensuite, vous êtes sous celle de votre percepteur, qui saura bien vous mettre la main dessus si vous tentez quelque rébellion.

Vous êtes sous celle de votre propriétaire, ce fameux vautour de la légende qui n'attend que l'autorisation de son bon gouvernement pour vous mettre dehors, à moins que vous ne lui consentiez le tout petit sacrifice de le laisser tripler vos termes.

Vous êtes encore sous la coupe des gros mercantis contre lesquels vous n'élevez qu'une protestation toute platonique, au lieu d'aider le mouvement coopératif.

Quand vous voyagez, vous voilà encore sous la coupe de gens de toute sorte, auxquels vous obéissez comme un tout petit mouton ; je veux dire les contrôleurs, les receveurs, etc.

Et bien d'autres dépendances comme celles-là !

Plus terrible encore, vous êtes l'esclave de la belle nature ; vous devez subir sans murmurer la pluie, la neige, le froid à 15° en dessous de zéro s'il lui plaît de vous l'envoyer au hasard, sans transition.

De même que vous devez encaisser bon gré, mal gré, les bonnes petites grippes ou bronchites qui en sont le résultat.

Donc, indépendance n'est pas un mot signifiant une chose réelle et en particulier votre patron sait vous astreindre depuis A jusqu'à Z, à une bonne petite discipline, qui rend des points à celle de votre gosse à l'école.

Il n'y a pas si longtemps, il vous eut obligé

à lui soumettre votre vie privée, ne l'oubliez pas.

Quant à la discipline syndicale que vous redoutez tant, ouvrez les yeux et cherchez la bien.

Vous n'avez pas l'intention de traiter de ce mot les quelques malheureux petits actes collectifs que nous décidons en commun, à l'unanimité le plus souvent, pour protester de la façon si gentille dont nous sommes traités par ceux qui nous emploient ?

Une discipline consentie au préalable n'en est pas une.

Alors, dites-moi où il y a discipline syndicale ?

Voyons, soyez bon joueur... Votre signature au bas de la feuille d'adhésion, S. V. P.

⁂

Le Dessinateur (Juin 1927).

CONTRE LE « COLLABORATIONISME »

Au moment où le Comité des Forges et le grand patronat annoncent aux foules enthousiasmées l'avènement d'une ère de bonheur idyllique et invitent leurs nègres, dont nous sommes, à « collaborer » sur l'autel de la rationalisation, il n'est pas superflu de revenir une fois de plus sur cette vieille question des antagonismes qui opposent patrons et salariés.

Je ne fais certes pas l'injure aux techniciens syndiqués de les croire envoûtés par les soporifiques perspectives officielles. L'exemple du vieux dessinateur de la Thomson mis à la rue après 17 ans de « bons et loyaux services », pour insuffisance de rendement, suffit amplement à éclairer leur lanterne à cet égard. Le fait même qu'un travailleur adhère à un syndicat montre son scepticisme quant aux améliorations qu'il peut attendre de ses employeurs.

Mais je voudrais réfuter ici cet argument naïf et simpliste, défendu par nombre d'hésitants et de réfractaires et qui consiste à prétendre que directement le sort du personnel est lié à celui de la maison et que, en conséquence, contribuer à la prospérité du patron c'est, pour l'employé, assurer la sienne propre.

Il ne manque pas d'exemples de firmes dont les bilans suggestifs accusent des bénéfices imposants et qui n'ont pas hésité, lors de la crise de chômage, à sacrifier leur personnel à la sauvegarde de leurs intérêts financiers ; on peut même dire qu'il suffit d'ouvrir les yeux et les oreilles pour être édifié à cet endroit.

Néanmoins, certains éléments se laissent encore prendre aux promesses et aux affirmations démagogiques d'un patronat intéressé et adroit. De multiples tentatives, émanant d'entreprises importantes et connues, partant du vieux principe qu'on n'attrape pas les mouches avec du vinaigre, tendent à transformer l'employé exploité et mécontent en « collaborateur » dévoué et passif presque sans bourse délier.

Primes à la production, primes à l'invention, voire primes à l'exactitude rapportant, aux actionnaires bien avisés le centuple de ce qu'elles leur coûtent ; œuvres sociales, coopératives qui n'ont de coopératives que le nom, soins médicaux, sociétés amicales dans lesquelles se développe la solidarité touchante des employés et des employeurs ; autant de miroirs à aloutettes qui visent uniquement à détruire chez le salarié toute velléité défensive et, à le mieux détourner de l'organisation syndicale.

Si le rôle des patrons est d'exhiber sous un jour favorable l'endroit de la médaille, le nôtre consiste évidemment à en découvrir l'envers dénué d'artifices. Nous devons mettre en garde les dessinateurs contre les apparences trompeuses des réalisations patronales.

La philanthropie, en cette matière est une vaste blague ; moins de reconnaissance on doit à l'employeur, plus on garde l'indépendance dans la lutte pour les revendications immédiates. Nous ne demandons pas au patron qu'il nous vende du beurre à des prix défiant toute concurrence, mais bien qu'il nous paye ce que nous devons gagner sans nous obliger aux expédients trompeurs des heures supplémentaires et du travail à la prime. Notre travail doit être monnayé en espèces et non en considération stérile ou en avantages provisoires et superficiels.

Pour ce qui est du reste, comptons sur nous seulement et sur notre esprit de lutte. Le café nous paraîtrait meilleur, qui nous viendrait de la coopérative dont nous contrôlerions la gestion, que celui vendu à l'officine patronale ; et le médecin du syndicat nous offrirait cette sécurité qu'il ne serait pas payé pour améliorer notre coefficient de rendement au détriment de notre coefficient de santé.

N'aliénons, en un mot, en quoi que ce soit, notre indépendance à l'égard de ceux qui nous emploient. La collaboration des salariés et des patrons est un vain mot, du moins en ce qui nous concerne. N'exigeons du patron que ce que nous devons exiger mais exigeons-le et ne comptons pas sur sa bonne volonté d'homme d'affaires ; nous savons ce qu'en vaut l'aune ! Un salaire normal et des garanties réelles : tel doit être notre but. Sa réalisation ne va pas sans lutte et la lutte, à l'époque actuelle, veut des moyens puissants qui nécessitent toute notre énergie et toute notre volonté.

Ne gaspillons pas l'essentiel de celle-ci à amasser naïvement la plus-value de notre production dans les coffres patronaux.

Le Dessinateur (Août 1927).

RATIONALISATION PATRONALE TOUJOURS

Déclaration de M. Louis Renault à la *Commission générale d'organisation scientifique* (?) *du travail* :

« La valeur du produit est fonction du prix de
« revient, c'est-à-dire de la main-d'œuvre incor-
« porée. »

Voilà une déclaration qu'il est intéressant de rapprocher du manifeste publié par *Le Redressement Français* :

« Pour obtenir plus de ressources, il faut amé-
« liorer les conditions de travail... Les possibilités
« que nous offre cette voie sont illimitées. Ainsi,
« accroître de 25 pour 100 le rendement de la
« main-d'œuvre, c'est libéer au profit de la pro-
« duction le salaire de 1.500.000 ouvriers qui re-
« présentent 17 milliards par an. »

Mais lisez entre les lignes et dites-nous si vous ne comprenez pas qu'il y aurait ainsi 1.500.000 chômeurs de plus, en effet, nous serions tout à fait intéressés si on voulait bien nous indiquer ce qu'il serait fait de ces ouvriers.

⁂

Le Dessinateur (Juillet 1929)

DISCIPLINE SYNDICALE

Plus de trois années se sont écoulées depuis la la constitution du syndicat. Après de laborieux débuts notre organisation tend à s'imposer chaque jour davantage. Les effectifs croissent à un rythme toujours plus accéléré ; le nombre de ses militants actifs suit cette progression. Cependant notre organisation est encore toute jeune. On a dû sacrifier la rigueur des principes aux nécessités du recrutement. On a dû grouper les éléments d'une force avant que de trouver son équilibre. Il faut aujourd'hui, songer à cet équilibre. Il faut armer notre association contre les rigueurs de la solidarité patronale. C'est une étape éducatrice qu'on doit franchir dans l'action syndicale.

Nous traversons actuellement, une crise d'adolescence. Nos camarades déplorent confusément, les erreurs du passé, voire du présent. Ils en cherchent le remède.

Nous qui comprenons l'objectif de notre organisation, sentons qu'elle fut créée pour mettre un terme aux conséquences désastreuses de l'individualisme des dessinateurs. Nous qui orientons notre esprit, notre cœur vers une étroite union, nous avons souffert de la crise d'égoïsme qui sévit pour certains.

Défaillances des interventions personnelles, individuelles près des directions.

Défaillance de signature de pétitions.

Défaillance des heures supplémentaires.

Défaillances de toutes formes, de tous caractères qui n'êtes heureusement qu'accidents locaux, infiniment plus nombreux, il faut que vous ne soyez bientôt que mauvais souvenirs.

Nous débriderons la plaie pour la mieux soigner et elle ne sera bientôt qu'une honorable cicatrice.

Chers camarades, réagissons énergiquement contre les dépressions passagères qui contrastent brutalement avec l'impulsion vigoureuse qui nous anime pour l'écrasante majorité.

Tous les syndiqués doivent en conscience, respecter la règle de leurs propres décisions. Nous savons en quel honneur la grande majorité d'entre nous mettent ce respect et nous ne pourrions plus tolérer désormais, sous peine de discrédit ou de trahison les écarts du passé.

Comme nos camarades belges, nous saurons trouver la rigidité nécessaire, nous saurons apliquer la discipline qui fera la force syndicale, nous ne laisserons point trahir ou discréditer le syndicat, nous saurons être sans faiblesse.

⁂

Le Dessinateur (Août 1929)

LE TRAVAIL A LA PRIME

Au meeting de mars 1929 un de nos camarades nous a parlé du travail à la prime.

Beaucoup de dessinateurs ne savent pas quel est ce travail. Nous allons examiner un exemple.

Le dessinateur à gain mensuel de 1.450 francs, c'est-à-dire 7,25 de l'heure en comptant 200 heures dans le mois.

Voici une copie d'une feuille de travail à la prime:

N° du plan ....

Titre des plans ....

Travail à exécuter : dessin ....

Temps accordé: 50 *heures.*

Prime horaire pour exécution en		50 heures :	1 50
—	—	— 55 —	1 15
—	—	— 60 —	0 85
—	—	— 65 —	0 60
—	—	— 70 —	0 35
—	—	— 75 —	0 15
—	—	— 80 —	0 00

Nom du dessinateur ....

Remis le ....

Rendu le ....

temps passé ....

prime totale à payer ....

Il en résulte que le dessin ayant été fait en 50 heures, le dessinateur gagne une prime de

$$1,50 \times 50 = 75 \text{ francs}$$

Le dessinateur est satisfait. Par ce temps de vie chère, 75 francs de prime c'est toujours bon à prendre, surtout si, par exemple, le dessinateur est marié et a deux enfants, et puis il y a 200 heures par mois ; son salaire va devenir :

$$1.450 + (75 \times 4) = 1.750 \text{ francs}$$

Enfin, ça y est : on va être content à la maison! Du courage, tirons des traits... Vite les cotes, on a gagné, recommençons.

Ce que le dessinateur ne voit pas, c'est ce que gagne le patron. Si ce dessinateur fait son dessin en 80 heures, il ne touche aucune prime, c'est donc que le dessin est exécuté en un temps normal.

Le dessin doit valoir : $7,25 \times 80 = 580$ fr.

Mais combien le patron paye ce dessin ?

$$(7,25 + 1,50)\, 50 = 437 \text{ francs.}$$

Il a donc gagné $580 - 437 = 143$ franc pour 50 heures et un dessinateur. De ceci nous allons calculer ce que gagne le patron par mois pour 10 dessinateurs travaillant à la prime :

$$143 \times 4 \times 10 = 5.720 \text{ francs}$$

Ce n'est pas fini.

Un dessin fait en 50 heures, suivant le raisonnement du patron, peut se faire en 48 heures et il arrive un jour que le dessinateur s'apercevra que 2 heures par 2 heures, le patron gagne de plus en plus sur lui. Bien que ce dessinateur soit habile, il ne pourra plus gagner toute la prime, il sera arrivé à faire son dessin en 45 heures, mais comme le temps accordé diminuera, il ne touchera presque rien, pendant ce temps, le patron, lui, gagnera la prime à chaque dessin, et le plus drôle c'est qu'elle augmentera.

En somme, le patron gagne du temps, de l'argent et en surplus il économise des dessinateurs car 10 dessinateurs travaillant à la prime peuvent en remplacer 15.

Je suis actuellement dans une firme où le travail à la prime existe, aucun dessinateur ne peut plus gagner une prime quelconque, et s'ils ont le malheur d'aller demander de l'augmentation, voici la réponse qui leur est faite : « Allez plus vite à travailler, vous gagnerez la prime, ce qui vous fera une augmentation de 300 francs par mois. »

Et il ajoute : « Tâchez d'activer le plus possible, pour que cela soit fini le plus tôt possible. »

Et voici ce qu'il pense : « Et moi je gagnerai le plus possible. »

On peut donc voir sans grand effort à quel point le travail à la prime est néfaste pour nos intérêts immédiats et futurs.

Mais, comment, d'autre part, résister à cette atteinte précise à un de nos droits les plus légitimes: celui de ne pas être considérés comme des machines.

Depuis dix années, les réclamations individuelles

n'ont pas réussi à empêcher la dévalorisation de nos salaires et ont permis à nos patrons de faire des tentatives analogues à celles du travail à la prime.

Nous devons renoncer à cette méthode de revendiquer et adopter la plus logique en opposant à la solidarité patronale la solidarité de tous les dessinateurs.

En adhérant nombreux à notre organisation professionnelle : le syndicat, et en réclamant collectivement des meilleures conditions de vie par la revalorisation des salaires et la suppression du travail à la prime.

Le Dessinateur (octobre 1929).

LES HEURES SUPPLÉMENTAIRES

La nécessité d'équilibrer un budget de plus en plus lourd, l'impossibilité d'obtenir individuellement un salaire suffisant a souvent conduit un grand nombre d'entre nous à accepter comme pis-aller d'abord comme normales ensuite, diverses sources de revenus.

C'est ainsi que s'est profondément implantée dans certains bureaux d'études l'habitude de travailler en heures supplémentaires.

Evidemment nos camarades comprennent bien le danger permanent que constitue, pour eux, le principe même d'une telle pratique. Mais beaucoup considérant la question d'un point de vue « étroit » voient des objections à notre proposition de demander aux dessinateurs de refuser dès maintenant tout appoint au salaire fixe au moyen d'un travail supplémentaire.

En effet, disent-ils, « il faut bien vivre ! »

Nous voulons répondre à cet argument par une simple question : « Que ferez-vous avec une telle conception le jour où la production s'abaissera ? » Chaque heure supplémentaire faite actuellement avance cette période où l'action syndicale se compliquera de difficultés nouvelles. C'est pourquoi nous pensons que, si pénible soit actuellement notre situation, nous devons faire un sacrifice dès maintenant si nous voulons répondre de l'avenir avec certitude.

La crainte de la répression fait aussi hésiter nombre de dessinateurs à refuser brusquement de « faire des heures ».

Nous tenons à préciser à ce sujet que les patrons n'ont juridiquement pas le droit de nous forcer à travailler au delà des heures prévues au contrat. De plus, l'afflux même des commandes dans chaque firme, la difficulté de trouver du personnel sont autant de garanties... patronales que si même il y a apparemment menaces de répression ,ces menaces ne seraient pas suivies d'exécution.

On voit donc que les craintes de nos camarades

ne reposent sur rien de sérieux. Si même un patron dans un but d'intimidation, essayait de prendre une sanction, les dessinateurs unis dans le syndicat peuvent lui répondre sur le terrain juridique d'abord, mais encore et surtout par l'action syndicale et tous les moyens à leur disposition : ralentissement du travail, mise à l'index, etc...

Enfin, certains nous disent :

« Nous venons au bureau, mais nous ne travaillons pas pendant les heures supplémentaires. Par conséquent nous ne « dépannons » pas le patron, et nous lui reprenons au contraire le salaire dont il nous a escroqué pendant les heures de la journée... »

Ces camarades pensent sincèrement avoir résolu d'une manière simple, pour leur cas personnel, un problème qui leur paraît beaucoup plus compliqué quand on l'aborde du point de vue syndical.

Quels sont donc les bénéfices réels de ces dessinateurs qui sont actuellement certains de « rouler » leur patron ?

Nous disons que ceux-ci, pour avoir négligé l'action syndicale dans leur firme (le patron ne demande que cela) et perdu 100 ou 200 francs d'augmentation pour en gagner 400 francs au maximum par les heures supplémentaires, auront effectivement touché 200 francs par mois en plus pendant la période de surproduction.

En admettant que cette période dure un an, les voilà donc à la tète de 2.500 francs qu'ils sont tout fiers d'avoir repris à leur patron sans qu'il leur en coûte d'autre fatigue que celle déterminée par la seule présence. Malheureusement toutes les médailles ont un revers. Le patron cessera d'être aveugle au moment où il jugera qu'il n'est plus de son intérêt de l'être et il arrêtera d'un coup un petit manège dont il n'a jamais été dupe en réalité.

Pour avoir gagné une fois 2.500 francs il ne restera plus au dessinateur que la ressource de perdre, pour un temps indéterminé cette fois, l'augmentation mensuelle qu'il aura laissé si naïvement échapper.

En définitive, ne pas profiter des périodes qui nous sont favorables pour obtenir par l'action syndicale une augmentation ferme de nos salaires, nous expose à voir notre situation empirer sérieusement aux époques qui sont favorables à nos patrons (par surabondance de techniciens par exemple).

On peut donc conclure qu'aucun argument n'est valable pour justifier, voire même excuser ceux qui actuellement font des heures supplémentaires.

Seule l'action syndicale est capable de mettre un terme à la dévalorisation de nos salaires. La période actuelle nous permet les plus grands espoirs. Sachons-en profiter.

*Nos patrons n'ont peut-être jamais eu tant be-
soin de nous. C'est le moment de leur réclamer
notre dû.*

Le Dessinateur (octobre 1929)

DESSINATEURS D'ETUDES
PENSEZ AUX JEUNES !

La nécessité de produire à des prix de revient
de plus en plus bas pousse actuellement tous les
patrons de l'industrie de transformation à rechercher les méthodes « rationalisatrices » les plus
aptes à leur donner le maximum de rendement pour
le minimum de salaires.

Dans certaines industries on augmente directement le rendement et le salaire dans des proportions différentes, au détriment du salaire bien entendu — au moyen du travail à la prime. Simple
procédé spéculatif, générateur de surmenage, qui ne
peut être considéré comme un progrès technique.
Dans d'autres on perfectionne les méthodes de production, on améliore la productivité des travailleurs
sans augmenter sensiblement l'intensité de leur effort et sans toucher aux salaires, du moins provisoirement.

Ici encore l'atteinte aux avantages des salariés,
qui, pour être moins directe immédiatement, n'en
a pas moins un caractère précis que nous allons
nous efforcer de démontrer :

Citons d'abord un exemple concret :

Autrefois la maison Otis-Pifre (ascenseurs et élévateurs) occupait dans ses bureaux de nombreux
dessinateurs et chacun de ceux-ci faisait un travail
en rapport avec ses capacités. La classification en
dessinateurs d'études et en dessinateurs d'exécution
se faisait d'une manière nette et la différence des
appointements payés aux uns et aux autres suivant
la qualité du travail fourni se trouvait justifiée dans
le fait.

Depuis, la rationalisation a fait son œuvre.

L'ascenseur Otis-Pifre est de plus en plus stan-
dardisé. Telle course, telles dimensions de tré-
mie, telle puissance sont autant de facteurs représentés par des fiches dont la juxtaposition vous
renvoie automatiquement à un plan d'ensemble
« standard » résumant les caractéristiques demandées.

Les longues recherches d'autrefois se trouvent
donc être supprimées.

Il ne reste plus au dessinateur qu'à tirer des
détails.

De plus en plus le rôle du dessinateur d'études
tend à se confondre avec celui du dessinateur d'exécution.

L'organisation du travail à la maison Otis-Pifre n'est qu'un exemple. Mais c'est un exemple qui, petit à petit, fera école dans toutes les industries. Devons-nous nous élever contre cette forme du progrès sous prétexte qu'elle rendra de plus en plus inutiles les connaissances des plus qualifiés d'entre nous ?

Evidemment non. C'est à peu près comme si l'ouvrier qualifié voulait empêcher l'introduction du travail à la chaîne.

Le progrès technique passe par-dessus les hommes, qu'ils le veuillent ou non. Mais nous avons un droit : celui de nous prémunir contre ses répercussions désavantageuses sur notre sort.

C'est dans cet esprit que nous devrons réagir contre les conséquences de la suppression éventuelle du dessinateur d'études dans l'avenir.

Par quels moyens ?

Les employeurs voudront payer le dessinateur d'études au prix du dessinateur d'exécution.

Nous devrons exiger au contraire que le dessinateur d'exécution gagne autant que le dessinateur d'études qu'il remplace.

Question de principe ? Non ! Lutte pour l'existence.

Il faudra faire abstraction de toute fausse sentimentalité.

Evidemment, beaucoup diront : Et mes connaissances, alors !

Est-ce que l'ouvrier qualifié devenu manœuvre se fait oui ou non payer sa qualification inutilisée? Il cherche à se replacer dans un autre emploi correspondant à sa valeur professionnelle. Il y parvient de moins en moins. Il est amené à défendre son niveau d'existence dans sa nouvelle fonction. La lutte pour la vie est matérielle, n'essayons pas de la transformer, ce serait peine perdue.

Les employeurs ne paient pas les connaissances des salariés, ils payent seulement le profit qu'ils en tirent. C'est dans l'ordre pour les dessinateurs, comme pour tout le monde.

Certains diront : « Nous n'en sommes pas encore là ! »

D'accord, mais nous devons prévoir.

Or il semble que dans de nombreux cas les dessinateurs n'ont précisément pas tendance à prévoir.

Combien de fois avons-nous entendu dire à des dessinateurs d'études, à propos d'un mouvement :

« Il n'y a pas besoin de se tracasser. Dans mon bureau, tous les dessinateurs d'études sont syndiqués. Nous tenons le bon bout même sans les « détaillants ».

On fait donc le mouvement qui porte ses fruits.

Le patron suit le dessinateur dans son raisonnement, tient compte du rôle actuel de chacun dans sa maison, augmente le dessinateur d'études beaucoup plus que les autres.

Le fossé se creuse de jour en jour entre les appointements des diverses catégories.

Reprenons nos prévisions du début :

Le remplacement du dessinateur d'études par le détaillant se fera sans « tapage ». Insensiblement les nouvelles fabrications, les travaux de standardisation, les bureaux d'outillage, etc. absorberont les dessinateurs d'études les plus expérimentés.

De même que l'ouvrier qualifié tend à devenir un outilleur dans le sens le plus général du mot (ajusteur-outilleur, mouleur-plaquiste, etc., etc.), le dessinateur d'études se confondra de plus en plus avec l'ingénieur.

Les bureaux d'études deviendront *des bureaux de dessin* dont les portes seront grandes ouvertes aux dessinateurs d'exécution.

Le dessinateur d'études en surnombre, fatigué de chercher du travail, acceptera provisoirement d'abord (il faut bien manger), définitivement ensuite une place de dessinateur d'exécution.

*
*

L'intérêt futur collectif peut être assuré par le présent si nous savons en toutes occasions possibles faire monter les salaires des dessinateurs détaillants, des jeunes dans presque tous les cas.

Ne nous lamentons pas sur l'injustice du sort. Ce serait peine perdue. Pensons à l'ouvrier qualifié. Raisonnons matériellement en faisant ce qu'il fait, pour que le progrès technique ne fasse pas de lui une victime. Dans l'action syndicale, soyons tous solidaires, dessinateurs d'études, calqueurs ou détaillants.

Il y va du bien-être de tous.

Le Dessinateur du Nord (Novembre 1929)

LES DIX COMMANDEMENTS DU PARFAIT
« PETEUX »

I

*De ton salaire te plaindras
Ne t'en montrant jamais content.*

II

*Heures supplémentaires tu feras
Pour rallonger tes appointements.*

III

*Travail à l'extérieur chercheras
A faire le soir ou entre temps.*

IV

Devant ton patron trembleras
Et l'écouteras servilement.

V

Qui de vingt francs te combleras
D'augmentations, une fois l'an.

VI

De belles promesses te contenteras
Mais la ceinture serreras d'un cran.

VII

Du syndicat tu t'abstiendras
Afin que ton « chef » soit content.

VIII

Mais sans ta voix espèreras
Voir réussir le mouvement.

IX

Qui peut-être te permettras
De vivre un peu moins chichement.

X

Mais... pour venir au syndicat
Jamais ne trouveras le temps.

« *Par-dessus la Planche* », journal des dessinateurs de l'Alslhom (novembre 1929).

... De plus nous sommes contraints de travailler dans les bureaux où le cube d'air est insuffisant. Quant au matériel, il est bon à brûler : pas une chaise des bureaux de dessin ne tient debout (et c'est nous qui sommes debout). Les installations électriques ne sont pas terminées. Et comble, il n'y a pas d'eau lorsqu'on veut se laver les mains.

A TOUS

N'oubliez pas que la presse syndicale est faite pour dénoncer vos salaires insuffisants, vos mauvaises conditions de travail et d'hygiène, les méthodes disciplinaires qu'on emploie contre vous.

Le syndicat est fait pour écouter vos réclamations — ses journaux pour les publier. Envoyez des échos...

...Quand on veut tuer son chien, on dit qu'il est enragé.

Quand les patrons veulent arrêter un mouvement (et ils le veulent toujours), tous les moyens leur sont bons.

Perspectives

PROBLEMES IMMEDIATS

La « Rationalisation » atteint actuellement, pour certaines industries, une phase aiguë de son développement.

En dehors des conséquences graves que les nouvelles formes de production peuvent avoir sur notre sort, en tant que salariés en général, la Rationalisation appliquée à nos propres conditions de travail a déjà porté atteinte à nos intérêts directs.

Ainsi dans l'industrie des ascenseurs (chez Otis Pifre) *on congédie des dessinateurs d'études et la direction les remplace par des dessinateurs d'exécution à salaires inférieurs.*

Dans de nombreuses industries *le régime des heures supplémentaires* devient de plus en plus une habitude, un principe.

Dans la Téléphonie, dans la Charpente métallique, dans la Mécanique, *le système du travail à la prime* a déjà subi des débuts d'application dans de nombreux bureaux d'études et nous notons des tentatives pour l'instaurer dans presque toutes les firmes qui occupent un nombre important de dessinateurs.

Sous le moindre prétexte, certaines maisons commencent *à refuser le paiement des jours de maladie ; l'usage de la période d'essai d'un mois pour les dessinateurs est depuis quelques mois systématiquement violé.*

CONDITIONS DE TRAVAIL

La « Rationalisation » telle qu'on nous l'avait présentée devait se traduire par un progrès technique dont nous devions ressentir les bienheureux effets.

Telle que nous l'avons constatée au travers des répercussions qu'elle a déjà eues sur notre sort, nous voyons que pour nous elle représente *surtout* un « système » de surproduction qui porte atteinte à nos conditions de travail cependant déjà si précaires.

En fait de progrès technique, nous avons en tout et pour tout, vu se généraliser l'emploi des tables à dessin mécaniques dont l'utilisation nous permet sans doute de travailler avec moins de fatigue corporelle, mais permet aussi au patron d'exiger de nous du travail mieux fait et plus abondant et par conséquent plus de fatigue cérébrale.

Ainsi le progrès technique réalisé pour le peu de « bien-être » qu'il nous a apporté, a surtout servi à nos patrons pour introduire dans les bureaux (toujours sous l'étiquette rationalisation) une série de méthodes visant à augmenter l'intensité de notre production (travail à la prime, heures supplémentaires, surproduction pendant les heures ordinaires de travail, etc.).

CONDITIONS DE VIE

Aujourd'hui lorsqu'un d'entre nous demande l'augmentation de salaires nécessaire pour boucler un impossible budget la réponse devient presque classique et varie seulement dans la forme.

« Faites des heures supplémentaires » — ou bien dans le bureau où le travail à la prime est institué on dit plus simplement : « Produisez davantage. »

Si on veut bien noter que tous les systèmes de travail à la prime existants sont établis de telle façon que le surtravail rapporte davantage à nos patrons qu'à nous-mêmes et que les heures supplémentaires sont (lorsque elles sont habituelles) payées à un tarif dit « normal », on constate que l'excédent de travail que nous produisons est surtout une source nouvelle de bénéfices pour les patrons.

Le prix de la vie augmente sans cesse et pour compenser cette hausse, la « Rationalisation » se substitue peu à peu à la traditionnelle « bienveillance » patronale d'autrefois pour nous permettre par un surmenage permanent de faire les frais des crises de vie chère à l'aide d'un sursalaire purement illusoire de par son origine même.

Aussi pour les dessinateurs, sinon la chose, du moins le mot « rationalisation » tel qu'il est employé par les patrons pour qualifier les nouvelles formes de surproduction imposées dans les bureaux d'études est définitivement jugé.

Il reste pour eux le séduisant pavillon qui sous prétexte

de « progrès technique » a *surtout* servi à couvrir la plus honteuse des spéculations.

**

C'est à la lumière de ces faits que s'ouvre pour nous l'année 1930.

Notre lutte permanente pour la revalorisation des salaires se complique donc actuellement d'une autre préoccupation encore plus immédiate, plus urgente : la lutte contre les répercussions de la « Rationalisation » sur nos conditions de vie et de travail.

Dans un temps qui sera peut-être très court, la conjoncture actuelle, favorable à l'action syndicale sera complètement transformée par la crise de chômage mondiale qui gagnera la France.

Si nous assistions en spectateurs passifs au développement des événements, les patrons ne manqueraient pas, alors, de profiter largement de la situation.

Les barèmes de travail à la « prime » baisseraient comme par enchantement, le tarif des heures supplémentaires se trouverait à un niveau encore inférieur au niveau actuel, le non paiement des jours de maladie deviendrait un usage, etc...

Aussi bien devons-nous pendant tout le temps que durera la conjoncture actuelle, mettre tout en œuvre pour nous garantir devant l'éventualité d'une atteinte nouvelle à nos conditions de vie.

PERSPECTIVES IMMEDIATES

Pendant une période de chômage, il n'est pas possible d'agir syndicalement avec les mêmes méthodes que pendant une période de surproduction. En effet, il est clair par exemple qu'une action par firme ou par industrie qui donne actuellement des résultats, ne pourrait être efficace pendant une période de chômage.

Les chômeurs d'une autre industrie ou d'une autre firme viendraient en effet inconsciemment concurrencer leurs camarades en lutte.

Nous devrons donc, dès que la conjoncture actuelle changera, modifier notre tactique des mouvements syndicaux et nous adapter aux difficultés nouvelles.

La crainte de la concurrence entre dessinateurs non-chômeurs et chômeurs (ou menacés de l'être) devra être le premier de nos soucis.

Dans cet esprit nous devrons adopter des *revendications immédiates intéressant directement l'ensemble des dessinateurs.*

C'est ainsi par exemple que notre revendication *primordiale actuelle :* le revalorisation des salaires devra passer au second plan et faire place à un autre objectif intéressant directement l'ensemble des dessinateurs : *la réduction des heures de travail.*

En effet, cette dernière revendication intéresserait tous les dessinateurs : chômeurs et non-chômeurs. Les uns parce qu'elle leur permettrait de trouver du travail et tous parce qu'elle améliorerait leurs conditions de travail.

Mais un tel objectif réclamera des formes d'action beaucoup plus développées que celles dont nous pouvons encore nous contenter actuellement.

Aussi devons-nous dès maintenant, en plus de notre action du moment, nous préparer à l'action plus large que nécessitera la période prochaine.

Que faire dès maintenant ?

Nous devons évidemment continuer tant qu'elle sera possible notre action pour la revalorisation des salaires et contre les atteintes que la « Rationalisation » porte déjà à nos conditions de vie et de travail.

Mais nous ne devons pas mener cette action « à la petite se maine », et au contraire nous préoccuper dès maintenant de l'avenir immédiat.

Il nous faut à la fois augmenter nos forces numériques et faire rayonner notre influence dans toutes les industries et dans toutes les régions du pays, afin que notre action pendant la période de chômage puisse être une véritable action de masse.

Une telle préoccupation entièrement compatible pour de multiples raisons, avec nos possibilités et les nécessités actuelles doit être à la base même de notre action.

LE SYNDICAT PROFESSIONNEL DES INGÉNIEURS ET TECHNICIENS ASSIMILÉS

NOTRE PASSE

Nous sommes à la fois le plus vieux et l'un des plus jeunes de tous les syndicats.

L'U. S. T. primitive était l'œuvre d'ingénieurs, l'U. S. T. d'aujourd'hui est surtout l'œuvre des dessinateurs. Et le Syndicat actuel des Ingénieurs est lui-même le produit de l'U.S.T. nouvelle.

Aussi étrange que cela puisse paraître nous devons avouer ici que notre activité syndicale — avec le sens que nous donnons à présent au mot activité — date d'un an à peine. Notre passé de commissions d'études techniques, économiques et sociales et de proclamations générales aux chambres patronales et aux pouvoirs publics est d'autant plus tombé dans l'oubli que la plupart de nos animateurs, bien peu nombreux encore, sont des adhérents nouveaux.

Que sont devenus les anciens? Beaucoup restent fidèles cotisants. Mais combien plus se sont désintéressés complètement du syndicat, l'ont quitté les uns après les autres au cours de sa longue période de stagnation.

Comment se fait-il que les ingénieurs, si capables d'étudier de comprendre, de rédiger, n'aient pas su trouver eux-mêmes la véritable formule de défense professionnelle, celle de l'action syndicale directe?

Est-ce parce qu'ils étaient « trop payés » ?

Assurément parmi les adhérents des premières années il y avait un grand nombre de « hauts techniciens », directeurs, ingénieurs en chef, chefs de service qui apportaient un esprit de solidarité, de dévouement, mais qui n'étaient pas à même de comprendre ou plutôt de sentir avec acuité que les ingénieurs avaient dans l'ensemble quelque chose d'immédiat, d'urgent à défendre.

Les ingénieurs « subalternes » eux, savaient combien leur modeste budget se resserrait d'année en année, les débutants connaissaient bien leur propre misère.

Chacun rencontrait au syndicat des camarades tout prêts à l'aider à trouver une place un peu meilleure; mais n'y recevait pas l'impulsion qui lui aurait été nécessaire pour créer un groupement agissant dans l'entreprise où il travaillait. On semblait ainsi attendre pour commencer à agir que tous les ingénieurs fussent syndiqués.

Aussi le syndicat — club d'études — bureau de placement — faisait-il peu à peu faillite.

PROPAGANDE PATRONALE

Comme chacun s'en doute, une très faible proportion des dizaines de milliers d'ingénieurs de France a été au total recrutée par le syndicat dans le cours de toutes ces années.

Ce fait tient en partie à ce que presque tous les ingénieurs payent déjà une cotisation dans leur « Amicale d'anciens élèves » et il est naturel qu'ils hésitent à quitter une association qui si elle ne leur donne rien, n'enlève rien, par contre, de leur tranquillité, pour un syndicat inconnu dont le seul nom leur fait peur.

Car il faut signaler que malgré la faiblesse de la propagande de notre syndicat, les patrons avaient jugé utile de le mettre à l'index craignant avec juste raison qu'il ne devint un jour une force agissante. Ils avaient tout mis en œuvre pour en détourner les ingénieurs, et entretenir parmi eux la méfiance, et même une hostilité de principe à l'égard du mouvement syndical.

Pour cela, les porte-parole du patronat ont spéculé sur les tendances d'esprit, les sentiments, les préjugés les plus répandus dans notre milieu : Amour de la technique, sentiment de notre valeur professionnelle, espoir d'accéder à de belles situations, à de hauts postes de direction, esprit d'école, esprit de caste.

LA THÉORIE DES ÉLITES

De tout ce que cela peut fournir d'arguments contre le syndicalisme, la *théorie des élites* nous paraît la synthèse la plus habile.

Les ingénieurs constituent une élite : élite des techniciens, élite dirigeante de l'industrie, élite intellectuelle parmi d'autres, appelée à jouer un rôle essentiel dans la société...

A ces mots le corbeau ne se sent plus de joie...

Il ouvre un large bec...

Cette élite elle-même a son élite : « *Les mieux doués d'entre nous, dit* M. Couturaud (1), *s'estiment forcément solidaires d'une hiérarchie dont ils se sentent capables de gravir les échelons.* »

Qui, après cela, se sentira assez mal doué pour ne pas être solidaire de la hiérarchie?

Et voici un premier point acquis : solidarité des ingénieurs, quelle que soit leur situation, avec le patronat. Dans l'entreprise, l'ingénieur, détenteur d'une part, si minime soit-elle, de l'autorité patronale doit défendre avant tout l'intérêt de la maison. Dans l'ensemble de l'industrie, les ingénieurs doivent éviter tout ce qui pourrait troubler la bonne harmonie, donc tout ce qui pourrait mécontenter les employeurs.

Pas de groupement indépendant. L'organisation des ingénieurs aura un caractère corporatif et sera inévitablement dirigée par la « hiérarchie ». Que l'ingénieur salarié ne trouve, dans une telle organisation, aucun appui pour la défense de ses conditions d'existence, peu doit lui importer. Ce n'est pas l'action collective qui doit le tirer d'affaire. Qu'il « gravisse les échelons ».

On exalte l'individualisme de l'ingénieur; tandis que l'on demande aux ingénieurs salariés de se sentir solidaires de la hiérarchie, on condamne, sous le nom d' « esprit du nombre », le sentiment de la solidarité d'intérêts, combien plus réelle, qui existe entre eux.

L'ingénieur n'a pas à se soucier du sort de son voisin, ni à compter sur son appui. Il n'a qu'à donner tout son temps, tous ses loisirs, à consacrer toute son activité à l'industrie, à la maison qui l'emploie, et l'avenir est à lui.

De notre caractère d'élite sociale découle le rôle que joueront les organisations d'ingénieurs : *action indirecte, action politique.* M. Couturaud emploie ce dernier mot, comme il dit : « dans son sens le plus noble »; mais il est

____

(1) Secrétaire de la « Chambre Syndicale des Ingénieurs ».

hors de doute que cette politique ne pourra tendre qu'à maintenir le *statu quo* si favorable à ceux qui occupent le sommet de la hiérarchie; elle ne pourra que renforcer en fin de compte la maîtrise matérielle et morale du patronat sur les ingénieurs salariés.

D'ailleurs une action professionnelle directe est méprisable, indigne de l'élite que nous sommes. Le vieil argument était un peu usé, qui, s'adressant à notre amour de la technique, essentiellement constructif, représentait le syndicalisme comme destructeur, et par conséquent tout juste bon pour des « salariés d'espèce inférieure ». Désormais ce n'est pas seulement dans ses moyens, dans ses « *sournoises violences* » que l'action syndicale est indigne de nous, mais même dans son objet. Quoi que nous puissions avoir à désirer, nous ne devons pas nous abaisser jusqu'à le réclamer, le revendiquer.

Et voilà bien un des aspects les plus originaux de la théorie des élites; l'ingénieur, non seulement parce qu'il peut espérer gravir les échelons, mais parce qu'une autre attitude serait inconvenante, doit subir en silence une médiocrité temporaire... ou définitive. Combien significative est la critique de l'attitude d'un jeune ingénieur travaillant dans le bassin houiller du Nord, qui « exigeait de son traitement le moyen d'aller s'amuser à Lille du samedi au lundi ».

A première vue nous nous étions contentés d'y voir la preuve que ce terme de « salariés » dont on s'offusque, correspond bien à une réalité. Car reprocher à l'ingénieur de chercher dans son gain plus qu'il ne faut strictement pour vivre, c'est bien donner à ce gain le caractère d'un salaire, au sens le plus précis du mot. Mais M. Couturaud va plus loin et montre combien est grande l'erreur de ceux qui parlent de notre « prolétarisation ». C'est « sous-prolétarisation » qu'il faudrait dire, du moins si la théorie des élites aboutit à ses conséquences logiques. En effet « *cette revendication brutale du droit à la jouissance est prolétarienne* ». Les ingénieurs doivent donc savoir beaucoup mieux se priver que les ouvriers.

Nous en avons assez dit pour qu'il ne soit pas utile d'entreprendre une réfutation point par point.

Soulignons seulement combien est menteuse la vieille chanson du bâton de maréchal dans la giberne du soldat. Elle l'est de plus en plus, à mesure qu'augmente la disproportion entre le nombre croissant d'ingénieurs subalternes et le petit nombre de postes de choix. Ceux-ci sont le plus souvent réservés à des ingénieurs entrés par la fameuse porte des conseils d'administration.

D'ailleurs les industriels ne demandent qu'à payer le moins possible les élites. L'idéal pour eux est de trouver un ingénieur qui joigne aux connaissances les plus étendues, les qualités les plus précieuses et... les prétentions les plus modestes.

Que devient, avec tout cela, la solidarité entre les ingénieurs salariés et les « *échelons supérieurs de la hiérarchie* »? La solidarité est bilatérale ou bien elle n'est pas.

AMICALES ET AUTRES GROUPEMENTS MIXTES

Et cela nous amène à rappeler que les Amicales d'anciens élèves, groupant des employeurs avec des salariés, sans compter ceux qui ne sont ni l'un ni l'autre, ne peuvent en rien servir à la défense professionnelle. C'est un fait d'expérience que les organisations mixtes sont dirigées par les patrons; la hiérarchie industrielle s'y transpose automatiquement; ses intérêts y font la loi. D'ailleurs comment les ingénieurs salariés pourraient-ils discuter librement de leurs intérêts en présence de leurs grands chefs et de leurs patrons eux-mêmes?

Les Amicales n'ont rien fait contre la dévalorisation des salaires. Les plus puissantes, celles qui représentent les anciens élèves des écoles les plus cotées sont celles qui défendent le moins leurs adhérents salariés, précisément parce qu'elles renferment la plus grosse proportion de patrons. Leurs services de placement aident les « camarades employeurs » à se procurer à bon compte de « jeunes camarades » et encouragent ceux-ci à être modestes et patients.

C'est pourquoi la tentative la plus récente que l'on ait faite pour détourner les ingénieurs du syndicalisme, et pour étouffer leur mouvement professionnel, a été de créer une fédération dirigée par les Amicales, la Fédération des Associations, Sociétés et Syndicats d'ingénieurs français. Pour juger du caractère de cette organisation il suffit d'ailleurs de lire les noms et qualités des membres du premier conseil fédéral ; citons notamment le président de la Chambre syndicale patronale de l'Automobile. Il ne restait plus qu'à absorber les groupements à caractère professionnel et les syndicats pour que la fédération pût prétendre représenter les intérêts de l'ensemble des ingénieurs. Le plan était génial, et, s'il avait réussi, c'en était fait de tout mouvement de défense des ingénieurs salariés. Mais nous l'avons immédiatement dénoncé et avons si bien instruit le procès de la nouvelle fédération, qu'il est devenu impossible à toute organisation professionnelle d'y entrer sans se déconsidérer.

Un autre type d'organisation mixte est déjà utilisé de même en vue de détourner les ingénieurs d'un mouvement syndical indépendant. C'est le groupement confessionnel, en l'espèce l'Union Sociale des Ingénieurs Catholiques. Il est bien entendu que nous ne mettons pas en cause les convictions religieuses des membres de cette Union. Ce qui rend l'U.S.I.C. dangereuse du point de vue professionnel, c'est son caractère de groupement mixte, disposant pour lier le salarié à l'employeur d'une force autrement puissante que la camaraderie d'école. Aussi la pression faite en sa faveur par la direction dans certaines firmes, les facilités que lui accordent, pour sa propagande, les grandes écoles où s'exerce le contrôle direct du patronat, ne laissent guère de doute sur le rôle de cette organisation. La composition du comité de l'U.S.I.C. enlève toute illusion; les patrons y entrent pour les deux tiers, les ingénieurs salariés pour moins d'un neuvième; le reste étant constitué par les ingénieurs en chef et les ecclésiastiques.

ARGUMENTS DIVERS

L'ingénieur semble être de tous les intellectuels celui qui accepte le mieux les arguments contraires à ses intérêts, pourvu qu'ils aient une allure scientifique.

Voici un exemple : « On ne peut pas vous donner des « traitements » aussi élevés qu'avant la guerre; celle-ci a détruit des richesses énormes et la dévalorisation des salaires en est la conséquence. »

Cet argument, combien d'ingénieurs, et parmi les plus intelligents, l'ont repris à leur compte sans chercher à l'approfondir ! Il y a cependant une première réponse de simple bon sens à se faire à soi-même : la dévalorisation de nos salaires, insignifiante en 1921-1922, va en progressant; la perte atteint actuellement de 35 à 50 % suivant les catégories d'ingénieurs. Est-ce que les destructions de 1914-1918 « doivent » ainsi, dix ans plus tard, faire baisser le pouvoir d'achat des salaires? Et cela alors que la production industrielle ne cesse pas de se développer? Jusqu'où les « lois » immanentes de l'économie politique abaisseront-elles encore nos moyens d'existence?

Ici se place un autre argument patronal, l'argument massue : « la loi de l'offre et de la demande peut seule déterminer la limite minima des salaires ». Il y a un grand nombre d'ingénieurs « sur le marché » plus que l'industrie n'en peut normalement absorber. Il est donc naturel qu'ils soient moins payés. Les ingénieurs reprenant en chœur cette « raison », appellent de leurs vœux la limitation de la production des écoles d'ingénieurs.

Ce sont pourtant les patrons eux-mêmes, les chambres syndicales patronales qui ont le contrôle plus ou moins direct des écoles d'ingénieurs, quelles qu'elles soient. Les patrons sont les seuls « coupables » de cette fabrication en série des ingénieurs, dont ils sont, comme par hasard, les seuls bénéficiaires.

Alors que faire? Campagnes de presse : « Parents, le métier d'ingénieurs ne paye pas, faites de vos enfants des « marchands de fromage », etc... ».

Voici mieux encore : Au moment où la hausse du prix de la vie s'accélérait et où tous les salariés — sauf la plupart des ingénieurs — réclamaient l'échelle mobile, c'est-à-dire le rajustement automatique des salaires, il s est trouvé des ingénieurs, pour dire aux patrons : « Nous autres nous comprenons fort bien que l'échelle mobile est non seulement une utopie, mais un danger social, car elle aurait pour effet de prolonger indéfiniment la crise de la vie chère; aussi demandons-nous simplement une échelle demi-mobile: chaque fois que le prix de la vie augmente de x % vous augmenterez nos salaires de 1/2 x % ; ainsi nous ne perdrons pas tout et nous aiderons le retour à une situation normale. » A première vue encore, très belle formule algébrique, mais elle n'a qu'un petit défaut : si le coût de la vie continue à monter pendant longtemps encore, l'application de ladite formule finira par faire tomber de moitié la capacité d'achat du salaire; et comme cela se passait en 1926, à un moment où la capacité d'achat était descendue déjà à la moitié de sa valeur d'avant-guerre, notre salaire était ainsi délibérément destiné à atteindre « à la limite » le 1/4 de celle-ci.

Enfin le comble est que ces ingénieurs qui n'osaient pas défendre même le principe de l'échelle mobile trouvaient tout naturel de rajuster régulièrement les prix de vente des machines ou appareils qu'ils construisaient, en utilisant consciencieusement les index-matières et main-d'œuvres publiés par les chambres syndicales patronales; ils n'hésitaient pas du reste à appliquer aux prix de base les « coefficients de frais généraux » en vigueur depuis des années et ils ne s'apercevaient pas en ce faisant qu'ils comptaient des frais généraux de plus en plus élevés sans que leurs propres salaires — qui en faisaient partie — fussent le moins du monde augmentés.

Et combien ils se réjouissaient de voir sans cesse grandir leur « chiffre d'affaires » grâce à l'accroissement de l'exportation sans bien se rendre compte que cet accroissement avait pour cause l'infériorité croissante des salaires des travailleurs de l'industrie française, et des leurs en particulier.

Une partie de leur substance vivante s'en allait ainsi augmenter le profit des grossistes des pays à « change élevé » et une autre partie celui de leurs propres employeurs. Il est vrai qu'en récompense du travail qu'ils étaient « obligés » d'emporter chez eux le soir, pour ne pas être « débordés », « noyés », ils pouvaient espérer pour la fin de l'année une petite « gratification supplémentaire » de quelques centaines de francs !

N'arrêtons pas là notre réquisitoire : nous avons parlé de la période d'inflation, parlons maintenant de la période de stabilisation. Depuis fin 1926 déjà, préparant les esprits à la crise de stabilisation, la propagande la plus outrancière était effectuée sur les bienfaits de la rationalisation, la théorie des hauts salaires, le fordisme. Les ingénieurs en furent dès le début les meilleurs agents, les plus convaincus, les plus fanatiques. La rationalisation avait séduit leur esprit amoureux de constructions logiques. Ils avaient cru aussi à l'application des hauts salaires. Une première déconvenue les atteignit lorsqu'ils constatèrent que ceux-ci n'étaient pas faits pour eux. Ils acceptèrent encore les explications patronales : pour pouvoir appliquer le fameux cycle américain, il faut d'abord assainir la production française très en retard sur l'américaine, il faut diminuer les prix de revient, diminuer les frais généraux, comprimer le personnel technique. Ils acceptèrent d'autant plus docilement ces explications qu'elles leur furent imposées, soit au cours de la « dépression » de 1927, soit à l'occasion de fusions d'entreprises anciennement concurrentes.

Les Ingénieurs ouvrent les yeux

Pourtant la révolte commençait à s'installer dans les esprits. Sous une forme théorique pour certains : « Eh! mais ce n'est pas ça la rationalisation; la rationalisation exige un nombre de techniciens toujours plus grand; vous n'y connaissez rien, messieurs les industriels et directeurs généraux, vous êtes en train d'installer la pagaïe dans vos usines, que vous allez « couler » complètement ».

D'autres, refusant de s'incliner devant la réalité, invoquaient dans leur désarroi les arguments les plus fantaisistes : la grosse industrie a déjà trop de frais généraux, elle ne pourra pas lutter contre le « margoulin » ; La concentration financière ne se fera jamais en France, le Français n'aime pas l'uniformité, la production en grande série, c'est bon pour les Américains.

Ou au contraire : la rationalisation? l'industrie n'en a pas besoin, c'est l'agriculture et le commerce qu'il faut rationaliser; sus aux mercantis et aux intermédiaires!

Mais la plupart d'entre nous commençaient à ouvrir les yeux larges et à regarder les choses en face.

L'accumulation de toutes les déceptions successives : la vie plus chère malgré la revalorisation et la stabilisation, le licenciement des ingénieurs les plus vieux, les plus payés et aussi notre exclusion du « bénéfice » des assurances sociales (qui pourtant n'apportent que des charges) ; tout cela avait fini par tuer ce qui subsistait en nous d'individualisme scientifique, technique et sentimental et de passivité respectueuse des lois économiques et nous comprîmes à notre tour la nécessité de la lutte collective pour la vie, d'autant mieux que les conditions de cette lutte nous devinrent plus favorables avec la reprise des affaires en 1928 et surtout en 1929.

LE GROUPEMENT DES INGENIEURS
DES USINES DE LA SOCIETE ALSTHOM

(Alsacienne et Thomson-Houston fusionnées)

Dans certaines maisons, dès 1926, le mouvement des dessinateurs entraîne par son exemple des pétitions d'ingénieurs.

C'est ainsi que dans les usines de constructions électriques Thomson-Houston, qui avaient vu le premier mouvement d'après-guerre des dessinateurs, un noyau de camarades ingénieurs de l'U.S.T. organise un groupement de plus de cent ingénieurs, lui aussi premier de son espèce. A ce moment notre syndicat était en pleine apathie. Sa section des dessinateurs qui venait de s'organiser en syndicat lui avait enlevé ses principaux animateurs. De plus, la vivacité du mouvement des dessinateurs à la Thomson — tout en éveillant la sympathie générale et même la solidarité pécuniaire des ingénieurs, avait suscité des craintes chez nombre d'entre eux. Ajoutons à cela la réputation faite par les patrons à notre syndicat. C'est pourquoi, ne voulant pas courir le risque de diviser le groupement Thomson, notre syndicat ne chercha pas à l'englober, mais bien au contraire il s'entendit avec le Syndicat des Ingénieurs électriciens Français (S.I.E.F.) qu'il mit en rapport avec le Comité du groupement.

Le S. I. E. F., syndicat créé également après la guerre, jouissait en effet d'une réputation de « modération » due à ce que, limitant son activité, comme nous-mêmes, avant l'entrée en lice des dessinateurs à des études générales, des démarches auprès des pouvoirs publics et à la proclamation de vœux, il composait beaucoup plus que nous avec l'adversaire patronal dans ses critiques.

Son attitude lui était imposée sans doute par le fait même qu'il publiait annuellement — tout comme les associations scientifiques ou les amicales d'anciens élèves, — la liste complète de ses membres, et que, parmi ceux-ci figuraient d'assez nombreux directeurs, ingénieurs en chef, des ingénieurs-conseils de grandes firmes et même des industriels.

Aussi, parfaitement au courant de ces caractéristiques, notre syndicat avait jugé que l'affiliation du Groupement Thomson au S.I.E.F. ne pouvait être effectuée qu'en bloc et dans des conditions d' « autonomie » étroitement définies, devant permettre au groupement de continuer son énergique action de défense professionnelle.

L'U.S.T. était convaincue, en agissant ainsi, de faire œuvre vraiment syndicaliste. Au reste elle comptait bien que tôt ou tard le S.I.E.F. serait transformé par l'action même du groupement Alsthom.

A-t-elle eu raison? On en jugera par les passages « autobiographiques » ci-dessous :

« Voilà plus de trois ans qu'existe le groupement des ingénieurs des usines Alsthom et Thomson-Houston. Il s'était constitué au début de 1926 dans la période de la hausse accélérée du prix de la vie. La capacité d'achat de nos salaires tombait de mois en mois. Elle était devenue en moyenne inférieure à la moitié de la capacité d'achat des salaires d'avant-guerre et notre situation était si intenable que nous avions fini par comprendre la nécessité d'une action collective.

Celle-ci débute par des pétitions signées à la quasi-unanimité (112 signatures sur 125 ingénieurs et sous-chefs de service), dans lesquelles nous demandons la revalorisation de nos salaires et « l'échelle mobile ».

Pour appuyer nos pétitions, dont la première n'avait guère porté, nous nous groupons d'une manière permanente. Notre groupement entre en contact avec la direction générale par l'intermédiaire d'un comité composé de délégués des ingénieurs des différents services et usines, élus à raison de 1 par 10 ingénieurs. Puis, comprenant que notre sort était étroitement lié à celui de l'ensemble des ingénieurs salariés de l'industrie, nous adhérons en bloc au S.I.E.F., qui remanie ses statuts afin de nous permettre de subsister sous la forme de « groupement d'entreprise » représenté au sein du comité du syndicat par ses propres délégués.

Pendant deux ans, nous menons une action incessante, sous forme de lettres et d'entrevues, en faveur de la revalorisation des salaires, pour le relèvement des salaires de début et aussi pour la défense des vieux camarades congédiés ou menacés de congédiement et qu'on tend de plus en plus à remplacer par des jeunes moins payés (à la Thomson on est « vieux » à partir de 45 ans).

Nous obtenons des succès indéniables dus à notre ténacité, notre cohésion, ainsi qu'à la netteté désintéressée de notre comité qui se tient en étroite liaison avec l'ensemble des ingénieurs tant par rapports directs des délégués avec leurs camarades de service, qu'au moyen d'un « Bulletin d'information » tiré à la Ronéo et paraissant chaque fois que besoin est.

Mais les relations deviennent de plus en plus difficiles

avec la direction générale qui au début était prête à nous subventionner, pour que nous organisions des fêtes de famille, mais qui, trouvant notre groupement gênant commence à faire pression sur les membres du comité, pour les uns par des menaces ou par l'arrêt avoué de leur « avancement », pour les autres par des promesses conditionnelles, bref par des manœuvres de division qui ne réussissent pas à désagréger le mouvement. Désirant avoir « la paix » chez elle au moment où s'effectue la fusion de la Thomson-Houston avec la Société Alsacienne, la direction congédie notre secrétaire pendant qu'il est en congé. Le comité se solidarise tout entier avec lui, mais le secrétaire refuse de faire appel à l'aide de l'ensemble des ingénieurs des usines, afin d'éviter d'aiguiser le conflit. Relativement ancien dans la maison et bien considéré par ses chefs techniques, il préfère attaquer la Thomson en justice, comptant faire la preuve de la violation manifeste du droit syndical commise à son égard, et créer ainsi un précédent juridique d'un gros intérêt. Le procès est encore en cours.

A la suite de ces événements, l'assemblée générale du groupement a décidé d'interrompre toutes relations directes avec la direction et de charger dorénavant le comité directeur du syndicat de toutes démarches auprès d'elle.

C'est ainsi qu'en mars 1929 le groupement a envoyé une lettre à la direction par l'intermédiaire du syndicat.

Le comité actuel du groupement Alsthom et Thomson-Houston n'est même pas connu du S.I.E.F.; la liaison entre les deux comités est effectuée par notre secrétaire qui, désormais indépendant de la maison continue à nous donner son appui.

Pourquoi ces mystères vis-à-vis du syndicat lui-même ? Nous arrivons là à l'objet même de cet article.

Notre syndicat — comme les autres syndicats de l'U.S.I.F. (1) — comprend un certain nombre de patrons véritables, que ses statuts ne lui permettent pas de rejeter; il comprend aussi des directeurs, des ingénieurs en chef, etc..., etc... Ainsi près de 50 directeurs commerciaux, directeurs d'usine, directeurs d'agence, ingénieurs en chef, ingénieurs chefs de services de l'Alsthom et Thomson appartiennent au S.I.E.F. Aucun d'entre eux ne fait partie de notre groupement car nous avions pris le soin dès le début d'en écarter statutairement tous les chefs de service dont la

____

(1) L'U. S. I. F., Union des Syndicats d'Ingénieurs Français, comprend 3 syndicats : électriciens, mécaniciens, chimistes.

position eût été très délicate à nos côtés. Et combien nous avions raison !

A côté de chefs de service tout à fait sympathiques, d'autres — des syndiqués du reste — se sont montrés dans diverses affaires beaucoup plus soucieux des intérêts du patron et de leurs propres intérêts... mal compris, que de l'intérêt commun des ingénieurs salariés. Nombre d'entre nous connaissent en raison même de notre action syndicale des manifestations inamicales de quelque chef de service ou directeur syndiqué, et encore de toutes récentes. Nous n'en dirons pas plus. Il ne s'agit pas de jeter le discrédit sur les « ingénieurs supérieurs », mais pour défendre notre niveau d'existence, il ne faut pas compter sur eux. S'ils sont relativement plus dévalorisés, pour la plupart, que nous, par rapport à l'avant-guerre, cependant ils ont plus à perdre que nous ils sont plus « attachés ». Il ne faut donc compter c ʊ sur nous-mêmes, sur le *nombre agissant* des ingénieurs « du rang ». Telle a été notre manière de voir depuis longtemps; nous l'avons déjà exprimée dans le numéro de février 1927 du bulletin du S.I.E.F. et maintenant elle nous paraît entièrement et péniblement confirmée. Nous disions en substance que le syndicat serait fort lorsqu'il serait composé pour une grosse partie de groupements comme le nôtre, faisant de l'action syndicale directe, et que les ingénieurs isolés des petites entrepriss, comprenant leur solidarité avec les autres ne manqueraient pas de les rejoindre.

Or, le syndicat n'a rien fait pour susciter d'autres groupements d'entreprises. Il s'est cantonné dans ses quasi traditionnelles démarches auprès des pouvoirs publics pour les brevets, les assurances sociales et dans des études économiques (Bureau International du Travail, Conseil National Economique).

Nous voulons un syndicat d'action, de défense active des intérêts les plus directs, les plus immédiats des ingénieurs salariés et surtout des ingénieurs salariés « du rang » qui sont les plus nombreux et qui ont le plus besoin de cette défense collective.

Un tel syndicat, affichant ses buts dans des meetings, disant franchement dans sa presse les choses qui doivent être dites; démentant les « indices officiels » du prix de la vie de plus en plus faux, montrant le peu de cas qui est fait des vieux techniciens, attirera immédiatement à lui le plus grand nombre des ingénieurs et créera ainsi la force véritable nécessaire pour l'obtention de résultats concrets et stables.

« ...Nous demandons précisément qu'au prochain congrès les statuts des syndicats soient modifiés de façon que les patrons ne puissent plus y pénétrer. De plus, nous proposons que dans chaque syndicat soient créées deux sections : l'une comprenant les ingénieurs-conseils, les directeurs, ingénieurs en chef et en général tous les ingénieurs ayant des ingénieurs sous leurs ordres; l'autre comprenant exclusivement les ingénieurs salariés n'ayant pas d'ingénieurs sous leurs ordres. Chacune des deux sections aurait son administration autonome, son propre comité. La section des ingénieurs « du rang » serait essentiellement organisée sous forme de groupements d'entreprise ayant, quelque soit le nombre de leurs adhérents, une représentation au moins consultative au sein du comité de la section.

Enfin, pour permettre une action sérieuse des syndiqués dans leur entreprise avec le minimum de risques, plutôt même pour rendre possible le développement des groupements d'entreprise il est nécessaire de supprimer la publication des noms des adhérents dans les annuaires... »

Complétons l'exposé de nos camarades de l'Alsthóm en signalant qu'en février 1928 les ingénieurs et les dessinateurs de l'Alsthom ont créé un comité mixte, au sein duquel ils ont concerté leur action à plusieurs reprises ; ce comité a été étendu en mars 1929 aux agents de maîtrise de la maison, syndiqués comme on le verra par ailleurs au Syndes Ingénieurs de l'U.S.T.

Du reste, au cours de ces trois années, un grand nombre d'ingénieurs de l'Alsthom ont adhéré à notre syndicat par sympathie tout en restant à l'U.S.I.F. pour conserver l'unité de leur groupement. Notre syndicat les a toujours engagés à garder cette attitude, non seulement dans l'intérêt du groupement Alsthom, mais aussi parce que, comme nous l'avons dit précédemment, nous espérons bien que nos camarades de l'Alsthom gagneront la partie, ce qui permettra — dans l'intérêt plus large du syndicalisme des ingénieurs, et de tous les techniciens — une union complète, une fusion de l'U.S.I.F. transformée avec le Syndicat des Ingénieurs de l'U. S. T. (1).

(1) Voir page 119 l'état actuel de cette question (février 1930).

Le Meeting de Juin 1928

Le meeting organisé par l'U. S. T. en juin 1928 marque une date dans le mouvement des ingénieurs.

D'abord en raison de la part importante prise par notre syndicat et notamment par le groupe Alsthom dans sa préparation;

Ensuite par le fait que tous les ingénieurs de la région parisienne furent touchés par la propagande, puisque les n°° 1 et 2 de *l'Union des Techniciens*, préparatoires au meeting, ont été envoyés à 12.000 adresses recueillies dans les divers annuaires d'écoles techniques et professionnelles; enfin par la proportion des adhésions reçues à notre syndicat.

Plus éloquentes encore que les adhésions, les nombreuses lettres d'encouragement émanant d'ingénieurs jeunes et vieux montraient que la plateforme de notre meeting correspondait parfaitement à leur état d'esprit.

S'opposer au progrès technique? Erreur et utopie, disions-nous. Mais s'opposer aux répercussions sociales néfastes, même « provisoires » de ce progrès technique et à la véritable spéculation faite en son nom, — nécessité absolue.

Le rôle de l'ingénieur est de perfectionner la production, mais l'ingénieur est aussi un homme qui a besoin de son salaire pour vivre et faire vivre sa famille ; c'est un salarié obligé de se défendre. Il n'a pas le moyen d'attendre passivement que les crises passent, car il risque de passer avant.

Le succès du meeting servit avant tout à créer la confiance de notre syndicat en lui-même. L'effacement modeste et prolongé de celui-ci n'avait plus de raison d'être, les ingénieurs venaient à lui. Il fallait agir.

Notre Assemblée générale du 27 Novembre 1928

Voici les principales conclusions de l'assemblée :

GROUPEMENTS D'ENTREPRISE

Un mouvement vraiment syndical, sans l'étouffante « présidence d'honneur » de la direction de la maison est possible parmi les ingénieurs des grosses entreprises. Mais les formes organiques ne doivent pas être les mêmes qu'à l'Alsthom. A l'heure actuelle, la répression est plus à craindre, et cela encore plus pour un groupement adhérent à l'U.S.I.F. qu'à l'U.S.T., car l'U.S.I.F. publie les noms de ses adhérents, et aussi en raison du caractère du recrutement de celle-ci. D'autre part, l'U.S.T. a donné des preuves de vitalité syndicale par l'action de ses différents syndicats et par son meeting.

Dorénavant notre syndicat organisera ses propres groupements d'entreprises, sur le modèle de ceux du Syndicat des Dessinateurs, c'est-à-dire sans délégués officiels auprès de la direction de l'entreprise.

LES MOYENS DE PROPAGANDE

Diffusion de journaux, circulaires, tracts par la poste (annuaires d'amicales) et surtout distribution aux portes des usines.

Réunion des ingénieurs d'une entreprise.

Formation d'un noyau d'adhérents qui dresseront une statistique approximative des salaires, établiront les revendications et développeront le groupement par leur propagande.

LES METHODES D'ACTION

La pétition avec ou sans en-tête syndicale, mais toujours signée par tous les ingénieurs de l'entreprise par ordre alphabétique. Les circonstances dicteront les moyens de pression nécessaires pour lesquels notre syndicat ne possède encore aucune expérience propre.

SECTION DES CHEFS DE SERVICE

L'assemblée générale décide la création d'une section des chefs de service au sein du syndicat.

Notre action dans l'Industrie téléphonique

GROUPEMENT THOMSON-HOUSTON (C.T.T.H.)

Né en avril 1929, le groupement des ingénieurs techniques, commerciaux et agents faisant fonction d'ingénieurs comprend 52 membres, soit 90 % de l'ensemble des ingénieurs de la maison.

C'est notre premier grand groupement.

Il a dépassé toutes les espérances et directives de l'assemblée générale de novembre 1928, tout d'abord par sa formation extraordinairement rapide — il s'est constitué tout entier en une quinzaine de jours — mais surtout par son action décidée et tenace :

Pétition générale à en-tête du syndicat, signée par la quasi-unanimité des ingénieurs;

Solidarité complète avec les deux cents autres techniciens de la C.T.T.H. (dessinateurs, agents de maîtrise, agents techniques); pression prolongée sur la direction jusqu'à obtention d'augmentations générales, exercée par des moyens divers :stationnement en groupe devant la porte du siège social, demandes d'acomptes tous le même jour, démarches collectives par service auprès des chefs (sans nommer de délégués), enfin suppression de toute initiative dans le travail; participation effective dans l'organisation du meeting de la Téléphonie (5 juin 1929) et des nombreuses réunions d'entreprise qui ont suivi ce meeting.

On lira dans le chapitre « Syndicats d'industrie ou syndicats de métier » l'appel adressé par les techniciens de la C.T.T.H. aux techniciens des autres entreprises de téléphonie et paru dans le numéro de *l'Union des Techniciens* de mai 1929, ainsi que d'autres extraits du même journal.

Voici, par contre, tiré de l'article leader un passage particulièrement destiné aux ingénieurs :

« Ce qui rend tout à fait remarquable le mouvement de la C. T. T. H. c'est précisément cette solidarité étroite que se manifestent mutuellement les diverses catégories de techniciens de la maison.

« Elle provient en grande partie des conditions de travail. Alors qu'en général dans les grosses entreprises, les dessinateurs, seuls, sont groupés dans de grands bureaux, à la C. T. T. H., ingénieurs, dessinateurs, agents techniques sont mélangés, dans des petits bureaux de 5, 6, de sorte que les relations de subordination technique coexistent avec des relations de camaraderie.

« Que les ingénieurs des autres entreprises de téléphonie et d'électricité, s'ils sont isolés dans leurs propres bureaux, méditent cet exemple et n'hésitent pas à faire cause commune, malgré leurs diplômes et leurs « postes de commandement » avec leurs collègues dessinateurs et agents de maîtrise.

« Si, cependant, dans leur maison, les traditions étaient trop fortes pour qu'ils puissent de prime abord et sur le lieu même du travail prendre langue syndicale avec ceux-ci, qu'ils se rassurent.

« La forme du mouvement C.T.T.H. n'est nullement obligatoire, elle est certainement préférable, mais les liaisons entre catégories de techniciens de la même maison peuvent fort bien être assurées autrement qu'en assemblées générales. Qu'il leur suffise donc pour commencer de venir au meeting.

« Nous leur démontrerons sans peine, s'ils ne l'ont pas encore compris, que leurs intérêts professionnels ne peuvent pas être défendus par leurs « amicales » d'écoles dirigées par des patrons, mais seulement *par eux-mêmes au sein d'un syndicat d'ingénieurs salariés, d'où les patrons et assimilables sont exclus.* »

GROUPEMENT REGINA-GRAMMONT

Presque tous les ingénieurs sont adhérents à notre syndicat (une quinzaine).

Mieux payés dans l'ensemble que ceux de la plupart des autres maisons similaires, quoique cependant loin du niveau d'avant-guerre, ils n'ont pas adressé de pétition à leur direction, comptant participer à la prochaine pétition générale de la Téléphonie sur la base du cahier de revendications établi avec leur concours.

A LA SOCIETE D'ETUDES ET DE LA LIAISON TELEPHONIQUES ET TELEGRAPHIQUES (S.E.L.T.)

Environ 25 ingénieurs syndiqués, la quasi-unanimité.

AUTRES GROUPEMENTS EN FORMATION DANS LA TELEPHONIE

Le Matériel Téléphonique (L.M.T.), la Société Industrielle des Téléphones (S. I. T.), Société Ericsson.

Dans les autres Industries

Bien que nous possédions des adhérents dans la plupart des maisons importantes et moyennes de la région parisienne, aucune action n'a pu être menée par eux en raison de leur isolement.

Cet hiver, fort d'une expérience réelle, fort d'un faisceau de volontés neuves, notre syndicat devra se développer d'une façon systématique et avec une rapidité accrue.

Le Cahier de Revendications

De notre prochaine assemblée générale qui, nous l'espérons, réunira non seulement les nouveaux adhérents, mais tous les anciens, sortiront des directives précises et notamment *le cahier de revendications des ingénieurs.*

Voici celui qui a été adopté par nos camarades des différentes entreprises de téléphonie en accord avec les autres catégories de techniciens de ces maisons :

1° Relèvement des salaires des ingénieurs techniques ou commerciaux et agents faisant fonction d'ingénieurs, aux valeurs minima ci-dessous, essentiellement basées sur l'indice 7 par rapport à l'avant-guerre, le taux de 1.800 francs étant d'autre part considéré comme un standard de vie minimum pour notre profession (1) :

Ingénieur (homme ou femme) *débutant*
dans l'industrie (avant ou après service militaire), minimum .... 1.800 fr.
Après cinq ans de pratique, minimum .... 2.800 »
Chef de bureau d'ingénieurs, sous-chef de service ou faisant fonction, minimum .... 4.000 »

---

(1) En raison des dernières hausses, ces chiffres minima sont à remanier actuellement dans le rapport de 7,5 à 7 (l'indice **réel** du prix de la vie dépasse 8 actuellement).

Ces chiffres se rapportent aux traitements globaux (participation comprise pour les ingénieurs intéressés au chiffre d'affaires), toutes indemnités étant comptées en plus.

2° Suppression de tout mode de paiement autre que le paiement au mois.

3° En cas de changement de service, même salaire au minimum, mêmes avantages, en particulier pour augmentation des salaires pour ancienneté.

4° Suppression générale des heures supplémentaires (occasionnellement heures supplémentaires au tarif double, y compris celles des travaux de mise en service).

5° Minimum de trois semaines de vacances payées.

QUELQUES COMMENTAIRES
AU CAHIER DE REVENDICATIONS

1° Avons-nous raison d'employer ici le terme consacré de « cahier de revendications », ou aurions-nous dû faire un effort d'imagination pour trouver une expression plus dans le « style ingénieur » comme « mémorandum des desiderata »?

2° Les chiffres de 2.800 et 4.000 francs n'ont pas besoin d'être commentés. Par contre en ce qui concerne le minimum de début dans l'industrie : 1.800 francs, il provoque et provoquera infailliblement des critiques de toutes sortes.

Si nous nous contentions d'appliquer le coefficient 7 aux salaires de début d'avant-guerre, nous trouverions des chiffres variant de 950 à 1.400 francs, soit à peine plus élevés que les misérables salaires que l'on donne actuellement aux ingénieurs électriciens, « plateformistes » à 4 francs de l'heure, commerciaux à 1.200 francs, aux mécaniciens « stagiaires » des entreprises métallurgiques de l'Est, aux aides-chimistes et aux chimistes des grandes firmes.

Il est possible même, en cherchant bien, de démontrer que certaines catégories d'ingénieurs débutants ont une capacité d'achat plus forte maintenant qu'avant la guerre, bien que leurs salaires n'atteignent pas 1.800 francs.

En fixant ce chiffre de 1.800 francs nous avons entendu condamner les bas salaires de début d'avant-guerre et fixer un standard de vie minimum pour l'ingénieur.

Un des administrateurs du Matériel Téléphonique a dit en substance à notre secrétaire, au cours d'une entrevue :

« Il est « illogique » que les débutants gagnent « beaucoup »; ce serait leur faire faire un bond trop brutal que de les amener d'un seul coup de la situation d'élèves-techniciens entièrement à la charge de leurs familles, depuis des années — à la situation de salariés autonomes » (la nature n'aime pas les bonds).

Cette conception de la continuité des privations n'est pas de notre goût. Il serait plus logique d'admettre au contraire que l'ingénieur sortant d'une école doit rapidement permettre à ses parents de récupérer les frais engagés et ce n'est pas encore les 1.800 francs de début qui le lui permettraient.

D'autre part, la pression exercée par ces bas salaires des débutants sur les traitements des ingénieurs plus anciens est très sensible, en raison même du nombre croissant des emplois subalternes. Nous avons donc pris position très nette en faveur du relèvement relatif des salaires de début.

Argument plus consistant : l'ingénieur débutant ne rend pas ou presque pas de services.

C'est faux puisqu'il existe des travaux tout à fait indispensables, nécessitant une instruction technique, effectués par des ingénieurs débutants. Les ingénieurs « plateformistes » en savent quelque chose. Si l'on nous dit : « il y a ingénieur et ingénieur », « telle école est meilleure que telle autre », la réponse est facile : libre aux employeurs de payer plus de 1.800 francs les diplômes qui leur garantissent une meilleure production.

Une restriction de principe toutefois : à travail effectif égal, salaire égal, quel que soit le diplôme.

INGENIEURS COMMERCIAUX

Nombre d'entre eux sont intéressés au chiffre d'affaires. Si ce mode de payement est très prisé des directeurs d'agences de grandes maisons, par contre les simples ingénieurs ne touchent dans les périodes favorables pas plus que leurs collègues salariés proprement dits et parfois moins; en période de dépression ils ne gagnent plus même leur vie dans le sens le plus strict du mot. Ce mode de rémunération tout à fait aléatoire les pousse donc simplement à se démener à l'extrême, à se surmener pour le seul bénéfice... du patron.

Aussi le paragraphe 2 du Cahier de revendications : « Suppression de tout mode de payement autre que le payement au mois », exprime-t-il non seulement la volonté de supprimer le paiement à l'heure, à la semaine ou à la quinzaine, mais encore tout système de prime à la production et de participation aux bénéfices ou au chiffre d'affaires. Dès que le syndicat sera fort et que la revalorisation des salaires sera en bonne voie il sera possible d'agir systématiquement et énergiquement dans ce sens.

Recrutement du Syndicat

Dans son ensemble la question des salaires de début, et même des salaires en général se lie étroitement avec le vaste problème social qu'est l'enseignement gratuit.

Pour le présent, tant que la fabrication en série des techniciens est dans les mains des employeurs, nous n'avons qu'un moyen de défendre les salaires de début : grouper avec nous, dans notre syndicat les débutants, même lorsqu'on les emploie dans des postes où ils ne sont pas considérés comme « ingénieurs de la maison ».

En ce qui concerne les ingénieurs travaillant comme dessinateurs ou agents de maîtrise, nous pensons que leur place est avant tout au syndicat correspondant à leur emploi actuel, aux côtés de leurs camarades non diplômés. Mais il est utile qu'ils fassent également partie du syndicat des ingénieurs. Utile à leur point de vue immédiat, ne serait-ce que pour pouvoir recourir à notre service de placement. Utile pour l'ensemble du syndicalisme des techniciens, dont ils peuvent être en quelque sorte les « agents de liaison » intersyndicaux.

Appartenant déjà à un syndicat de l'U. S. T., ils n'ont à payer au nôtre que la somme de 10 francs par an pour couvrir les frais de presse, bibliothèque, correspondance et autres « frais généraux ».

En résumé, le syndicat des ingénieurs recrute tous les techniciens diplômés ou non « faisant fonction » d'ingénieur (notion variable suivant les branches d'industrie et même les entreprises) et de plus tous les ingénieurs diplômés occupant un emploi salarié où ils utilisent leurs connaissances techniques.

DERNIERE HEURE...

Notre Meeting du 25 Février 1930 à Wagram

Les Ingénieurs viennent d'avoir « leur » meeting... salle Wagram.

A l'ordre du jour :

Pétition générale pour la revalorisation des salaires ;
Organisation des Ingénieurs salariés ;
Discussion contradictoire avec l'Union des Syndicats d'Ingénieurs Français (U. S. I. F.).

C'était la *petite* salle Wagram, mais bien remplie. Plus de 700 présents. Succès par le nombre, mais surtout par la volonté d'action syndicale de l'unanimité de la salle.

Discussion très poussée du cahier de revendications (adoption des taux minima : 1.925 — 3.000 — 4.300 correspondants à l'indice 7,5).

Interventions nombreuses et toujours favorables.

Décision unanime d'organiser la pétition générale des Ingénieurs de la Région Parisienne pour la revalorisation des salaires.

Condamnation de la forme mixte de l'U. S. I. F.

En somme, confiance en notre syndicat, qui a reçu un mandat formel de 700 ingénieurs.

A nos invitations par la voie du journal et par lettres personnelles, au Président et au secrétaire général de l'U. S. I. F., celle-ci avait répondu par un refus formel.

Constatant la présence dans la salle de plusieurs membres du comité de l'U. S. I. F., dont le secrétaire général, nous les avons invités à venir s'asseoir au bureau.

Nous n'avons obtenu en réponse... qu'un mutisme absolu. Et ce mutisme s'est poursuivi lorsque nous avons critiqué les formes d'organisation, d' « activité » et l'ensemble de la « conception syndicale » qui caractérisent l' U. S. I. F.

. Voici d'autre part, la reproduction d'un appel de nos camarades de l'Alsthom (paru avant le meeting).

APPEL À TOUS LES INGENIEURS SALARIES DU S.I.E.F.

A l'occasion de l'Assemblée générale du S.I.E.F. qui aura lieu le dimanche 23 février 1930, à 14 h. 30, aux Sociétés Savantes

Chers Collègues,

Membres du Groupement des Ingénieurs des usines Alsthom et Thomson, nous sommes près de 30 adhérents à la fois au S. I. E. F. et au syndicat des Ingénieurs de l'U. S. T.

Vous apprendrez notre histoire, celle de notre « groupement d'entreprise », le seul qui existe au S. I. E. F., en lisant la « Vie de l'Ingénieur ».

Actuellement, les rapports du groupement Alsthom et Thomson avec le S. I. E. F. sont arrivés dans une impasse pour les raisons ci-après :

1° Rôle antisyndicaliste de différents directeurs ou chefs de service syndiqués au S. I. E. F.

2° Le Comité du S. I. E. F. a refusé catégoriquement de transmettre à la Direction de l'Alsthom une pétition du Groupement pour la revalorisation des salaires. Son refus a été une cause de l'avortement de la pétition et de la désagrégation du Groupe Alsthom.

3° Le Comité du S. I. E. F. a refusé d'insérer, soit dans le Bulletin de l'U. S. I. F., soit dans le Bulletin du S. I. E. F. un article du Comité de notre groupement intitulé : « Pour une transformation radicale indispensable de nos syndicats », et dont l'essentiel est reproduit dans la « Vie de l'Ingénieur » de janvier. Tandis qu'il nous opposait un refus le Comité faisait paraître, sous la signature du Secrétaire Général un article « préventif ».

La plupart des arguments invoqués dans ce dernier article avaient du reste un caractère purement juridique et

formel. Le principal « argument de fond » pouvait se résumer ainsi :

« Tous les ingénieurs, patrons compris, sont solidaires pour lutter contre la « main-mise de la finance internationale ». C'est pourquoi « puisque nous avons constitué par nos syndicats une petite forteresse de résistance ne la réduisons pas en miettes pour obéir à des conceptions qui ne sont que démagogiques. »

Si vouloir la défense des ingénieurs salariés par eux-mêmes est de la « démagogie », par contre, parler de résistance à la main-mise de la finance internationale est à notre avis de la pure utopie. Nous ne voyons pas, pour notre compte, ce que nous aurions pu faire, ni ce qui a été fait par l'U. S. I. F. pour empêcher le capital américain de mettre la main sur la Thomson-Houston et sur la Société Alsacienne. Il est vrai aussi sans doute que les plus gros actionnaires français de la T. H. n'appartiennent pas à l'U. S. I. F., sans quoi, grâce à notre « solidarité » avec eux nous aurions sûrement gagné la partie !

4° Le Comité du S. I. E. F. nous a formulé d'une manière précise et catégorique sa conception du syndicalisme: supprimer le salariat en faisant de l'ingénieur un inventeur, un ingénieur-conseil ; en attendant : la limitation de la production des écoles d'ingénieurs, contingentement des ingénieurs étrangers.

A notre demande de mettre à l'ordre du jour de la prochaine assemblée du groupe parisien du S. I. E. F., la question de la Revalorisation des salaires, il nous a été répondu : « Non, c'est de l'utopie ! »

Nous constatons que cette question qui nous intéresse au premier chef à l'heure actuelle n'est pas non plus à l'ordre du jour de l'Assemblée Générale du S. I. E. F.

**
***

Pour toutes ces raisons, nous vous demandons :

1° de remplir le bulletin « Referendum » ci-joint et de le faire parvenir au siège du S. I. E. F., le plus rapidement possible, de façon que l'Assemblée générale du 23 février puisse s'inspirer des résultats du Referendum (1).

2° d'être présents si possible à cette Assemblée générale.

---

(1) Nous ne reproduisons pas ici le Referendum. Disons seulement qu'il posait en 6 questions toute la transformation des syndicats de l'U. S. I. F.

3° de participer au meeting contradictoire U. S. T.-U. S. I. F. qui aura lieu dans la deuxième quinzaine de février...

...Nos camarades salariés du S. I. E. F. ont compris pourquoi nous nous adressons à eux par-dessus le Comité. Nous tenons toutefois à souligner qu'il ne faut pas voir là un acte d'hostilité à l'égard de celui-ci.

Nous sommes convaincus que certains de nos « dirigeants » syndicaux pris individuellement sont, dans leur for intérieur, d'accord avec nous, mais c'est précisément l'organisation actuelle de l'U. S. I. F. qui leur interdit de donner leur avis véritable.

Chacun est connu des patrons, chacun est prisonnier. Plus d'un membre du comité croit risquer sa « carrière » en se prononçant librement.

Conclusion : réorganisation de nos syndicats d'abord et puis réélection de comités, qui ne seront pas connus.

L'U. S. I. F., sous sa forme actuelle, a vécu ; elle ne correspond plus aux nécessités d'action qu'impose la situation de plus en plus lamentable des ingénieurs salariés.

Mais l'U. S. I F. peut-elle se transformer ? Ou bien l'U. S. I. F. se transformera, tout d'abord en se débarrassant des patrons et assimilables et il n'y aura plus rien qui l'empêche de fusionner avec le Syndicat des Ingénieurs de l'U. S. T., ou bien l'U. S. I. F. refusera de se transformer et pour ce qui nous concerne nous refuserons d'y rester.

Il faut que nous soyons fixés en février. Nous ne pouvons plus attendre. Nous voulons vivre. Nous voulons agir pour vivre.

En matière d'Épilogue

A l'assemblée générale du S. I. E F. du 23 février, moins de cinquante présents, dont un très petit nombre d'ingénieurs « du rang », le Referendum a obtenu une demi-douzaine (!) de réponses écrites, les unes pour la transformation, les autres contre — à égalité, paraît-il.

Le Comité du S. I. E. F. se prononce contre. Il obtient un vote de confiance sur son rapport annuel.

A notre meeting du 25 février plus de 700 ingénieurs condamnent la forme mixte de l'U. S. I. F. et votent la confiance à notre syndicat.

Nous sommes donc dans la bonne voie. Agissons sans perdre plus de temps aux polémiques.

Quand nous serons forts, l'U. S. I. F. comprendra et se transformera, ou bien il ne lui restera bientôt plus que des ingénieurs-conseils et surtout... des patrons ou assimilables.

LE SYNDICAT NATIONAL
DES AGENTS DE MAITRISE
ET TECHNICIENS ASSIMILÉS

———

Le syndicat groupe les chefs d'atelier, contremaîtres, chefs d'équipe, chefs monteurs et les agents techniques des services de fabrication, contrôle, production, etc...

———

Sommes=nous des Techniciens ?

———

Aucun ingénieur ni dessinateur n'aurait l'idée de poser cette question en ce qui le concerne. Par contre, parmi nous il en est qui se demandent si leur place est bien dans une organisation de techniciens.

Car si l'on tend de plus en plus à former les agents de maîtrise avec d'anciens élèves d'écoles professionnelles, pour le moment encore le plus grand nombre d'entre nous sont « sortis du rang ».

Anciens compagnons passés chefs d'équipe, chefs d'équipe passés contremaîtres et même chefs d'atelier, voilà ce qui constitue le gros de notre corporation.

Mais quelle que soit notre origine nous avons dans la plupart des entreprises petites et moyennes la même fonction, qui peut se définir ainsi : La responsabilité de la fabrication d'une ou plusieurs équipes, d'un ou plusieurs ateliers.

Dans le détail notre fonction comporte :

L'organisation du travail de l'équipe ; son alimentation opportune en matières, pièces détachées, appareils, outillage, en plans et instructions, en explications ; le contrôle du travail en quantité et qualité ; la liaison avec les services d'études, soit pour recevoir des recommandations techniques, soit réciproquement pour donner des indications sur les difficultés rencontrées et faire modifier éventuellement les plans et instructions ;

La liaison avec les services d'approvisionnement ainsi qu'avec les équipes ou ateliers placés en aval ou en amont dans la production.

De cette simple énumération il ressort nettement que la pratique même de notre fonction nécessite et développe non seulement des qualités de caractère : initiative, activité, ténacité, souci de la responsabilité, mais encore de véritables qualités techniques indispensables pour la mise au point des méthodes de fabrication, la recherche des causes d'insuccès, les études expérimentales en liaison avec les services techniques ; le tout s'amalgamant dans une caractéristique unique de notre profession : l'expérience de la fabrication.

Concluons : le chef d'équipe, le contremaître, le chef d'atelier des petites et moyennes entreprises sont des techniciens. De même bien entendu le chef monteur, nom sous lequel on désigne généralement l'agent de maîtrise « en déplacement » sur un chantier.

AGENTS DE MAITRISE ET AGENTS TECHNIQUES

Au fur et à mesure que s'implante la production en série, l'agent de maîtrise évolue ; il se trouve dépouillé au moins partiellement de certaines de ses attributions qui sont désormais confiées à dés employés spécialisés communément appelés agents techniques.

C'est ainsi que toutes les grosses usines possèdent des services de fabrication, méthodes, contrôle, production, etc.

Les agents techniques des « méthodes » et des « temps », gammistes, chronométreurs, montagistes-outilleurs, etc... font une grosse partie du travail de préparation qui incombait au contremaître ou chef d'équipe. Ils la font d'une manière qui peut être très différente car elle varie avec la grandeur des « séries » fabriquées, avec la nature et le degré d'organisation de l'usine.

De même les agents de production, suiveurs de pièces et autres, déchargent l'agent de maîtrise du souci de l'alimentation de son équipe en matières, ainsi que de la liaison avec les ateliers contigus et les services commerciaux.

Enfin les agents techniques du contrôle suppriment une autre de ses fonctions. Tous ces agents techniques sont — comme leur nom l'indique d'ailleurs — des techniciens, sinon par leur instruction, du moins par leur formation progressive dans l'usine. Mais que reste-t-il à l'agent de maîtrise désormais ? L'industrie moderne tend-elle vraiment à faire de lui un simple surveillant chargé de renseigner le compagnon ?

Exceptionnellement oui. En général, non, car malgré toutes les amputations qu'il subit, le chef d'équipe, le contremaître, garde toujours la responsabilité de sa production et il est obligé de remédier à toutes les défaillances des rouages de plus en plus complexes de l'usine.

En fin de compte nous sommes convaincus que même dans les fabrications les plus étudiées il restera encore une part importante pour l'expérience technique.

Quoi qu'il en soit les agents de maîtrise et agents techniques ne sont pas syndiquables dans les organisations ouvrières. Du reste leurs postes de direction y rendraient leur action difficile. Techniciens ou cadres d'atelier — leur place est à l'Union des Syndicats de Techniciens.

SALAIRES ET PASSIVITE

Dans la région parisienne un ouvrier qualifié, ajusteur, tourneur, fraiseur, gagnait en 1914 0 fr. 90 à 1 fr. 10 l'heure, en moyenne 1 franc, c'est-à-dire 250 francs par mois, soit plus de 1.750 francs par mois en monnaie actuelle (le coefficient réel du prix de la vie étant supérieur à 7) (1).

A la même époque un contremaître gagnait de 300 à 400 francs, soit au bas mot 2.100 à 2.800 francs.

Actuellement un chef d'équipe a une capacité d'achat en moyenne à peine égale aux trois quarts de celle qu'il avait lui-même avant-guerre comme simple compagnon.

Quant au contremaître et au chef d'atelier ils sont relativement encore plus dévalorisés.

Dans l'ensemble les salaires des agents de maîtrise ont un pouvoir d'achat compris entre la moitié et les deux tiers de l'avant-guerre.

------

(1) Actuellement, en raison des dernières hausses, il faut remplacer le coefficient 7 au moins par 7 1/2, car l'indice **réel** est voisin de 8 (janvier 1930).

Comme pour les autres catégories de techniciens ceci est le résultat d'une passivité à peu près complète.

Nous montrerons plus loin sur des cas concrets le rôle des « amicales » d'entreprise.

Déclarons ici en toute sincérité que nous autres agents de maîtrise nous sommes de tous les techniciens ceux qui ont le plus usé de cette formule chère à nos employeurs. Toutes nos organisations presque sans exception furent honorées de leur généreux patronage — parfois même de leurs subventions délicatement offertes sous forme de salle de réunion ou bibliothèque dans l'usine, usage de l'imprimerie de la maison, etc...

Nous le confessons à notre honte, nous que notre passé de compagnons aurait dû rendre tous sinon syndicalistes du moins... méfiants.

Que ceux qui n'ont jamais été agents de maîtrise nous accordent cependant les circonstances atténuantes.

D'abord la vie de compagnon est dure et celui qui réussit à passer chef d'équipe, puis contremaître et parfois sur le tard chef d'atelier, tient à sa place.

Souvent très spécialisés, disséminés dans l'atelier, les agents de maîtrise ont peu de contact les uns avec les autres et la création même d'une « amicale » était dans le temps une opération laborieuse, tant que les patrons ou directeurs ne s'en mêlaient pas.

Les agents techniques sont généralement plus groupés, même ceux d'entre eux qui passent le plus gros de leur temps à l'atelier font généralement partie d'un bureau commun, où ils se retrouvent à certaines heures, presqu'aussi nombreux que des dessinateurs.

Généralement plus jeunes aussi, les agents techniques ont à surmonter moins d'obstacles que les agents de maîtrise, sur la voie de l'action syndicale.

ANTAGONISME TECHNIQUE ET UNION SYNDICALE

Nous avons montré précédemment que techniciens à 100 p. 100 avec des petites équipes dans la plupart des entreprises, ou techniciens à 50 p. 100 ou moins avec de gros ateliers dans la production en grande série, les agents de maîtrise constituent le corps responsable des « cadres d'atelier » dont la fonction essentielle est la direction du travail des ouvriers.

Cette direction technique — nous insistons là-dessus une fois de plus — n'est pas une simple « surveillance » et il n'est que peu d'agents de maîtrise qui se sentent dans la peau d'un gendarme ; les compagnons qui travaillent sous notre direction le savent.

Bien au contraire, combien de fois il est arrivé à nombre d'entre nous de défendre pied à pied les salaires de leurs équipes.

Or, c'est précisément aux agents techniques des « méthodes », des « temps » et autres, qu'échoit dans la production en série le rôle très délicat de pousser à l'économie directe, immédiate, sur les salaires.

Et il ne faut pas chercher ailleurs la source des dissensions fréquentes entre agents de fabrication et agents de maîtrise, dissensions qui sont tacitement encouragées par les chefs d'entreprise : diviser pour régner. Est-ce à dire que les agents de fabrication sont tous de sordides et ambitieux tyranneaux ?

Non, n'est-ce pas !

Pour répondre à cette question, d'aucuns pourraient s'attacher à démontrer que l'organisation industrielle souvent défectueuse donne à ces hommes des emplois demandant des qualités surhumaines d'équité. Ainsi on nous a cité dernièrement une maison où le chronométreur peut être appelé à faire lui-même le démonstrateur ; juge et partie à la fois, il est matériellement forcé de chercher à justifier en tant que démonstrateur le temps qu'il a établi comme chronométreur.

Mais le fond de la question n'est pas là.

Car il n'existe pas de « juste temps » pour exécuter une pièce ou un appareil. Il n'existe pas non plus de « juste salaire » dans notre monde de lutte pour l'existence.

C'est la situation économique en général, l'affluence des commandes dans l'entreprise particulière intéressée et enfin la pression réciproque des employeurs et des salariés qui déterminent à un moment donné le niveau des salaires.

Aussi les salaires des ouvriers échappent-ils en fin de compte à l'influence de notre intervention ; nous ne sommes pas des arbitres, mais des salariés nous-mêmes, utilisés comme simples organes de transmission. Pourtant notre syndicat ne croit pas sortir de son rôle en demandant aux agents de maîtrise et surtout aux agents techniques d'apporter dans leur travail très délicat la plus grande circonspection ; il leur demande de ne jamais oublier que les hommes ne sont pas des machines, que leur « mécanique » s'use sans espoir de rechange.

Par voie de conséquence, si les agents de maîtrise et agents techniques se contentent les uns et les autres de faire strictement leur travail de techniciens salariés honnêtes et respectueux de la santé humaine dans la mesure où cela dépend de leurs décisions, les dissensions qui existent souvent entre eux disparaîtront, la bonne entente sera aisée.

Il est incontestable qu'agents de maîtrise et agents techniques sont étroitement liés dans la fabrication et se complètent.

Leurs rapports techniques de tous les instants constituent une raison suffisante pour qu'ils soient groupés dans le même syndicat, d'autant plus que la plupart des agents techniques sont d'anciens agents de maîtrise, chefs d'équipe ou contremaîtres et que réciproquement les agents techniques sont parfois appelés à « redescendre à l'atelier » pour assurer un intérim ou même pour reprendre la direction d'une fabrication.

De même l' «antagonisme » technique apparent qui met quotidiennement en relations les agents de maîtrise avec les agents du contrôle responsables de la qualité de la fabrication et avec les agents de production responsables des délais, ne peut qu'être favorable à leur groupement en un seul syndicat.

Pour conclure, le syndicat des agents de maîtrise et techniciens assimilés unit tous les cadres des usines sans en excepter les chefs de services achats, commandes, etc... et les agents techniques de ces services, à l'exclusion des employés non techniques : comptables, dactylographes, pointeaux, etc...

L'Expérience Syndicale

Nous ne ferons pas l'histoire bien modeste de notre syndicat.

L'année 1927 voit paraître notre journal « l'Agent de Maîtrise », d'abord ronéoté, puis imprimé ; à la fin de l'année notre assemblée générale fixe une échelle de traitements à demander dans les industries mécaniques et électriques.

A partir de mars 1928 nous participons activement à la préparation du meeting de juin qui nous rapporte nos deux premiers groupements importants.

1928. — LE GROUPEMENT ALSTHOM (Ex-Thomson-Houston)

Oui, comme les dessinateurs, comme les ingénieurs, mais plus de deux ans après eux, c'est à la T. H. que notre syndicat a fait son démarrage. Pauvre T. H. qui a servi de cobaye expérimental au syndicalisme des techniciens ! Déjà, en octobre 1927, à la suite de renvois de vieux techniciens, dont des agents de maîtrise, la Fédération des Assurés de la T. H., c'est-à-dire des affiliés à la Caisse des retraites de cette généreuse compagnie s'était créée avec notre aide pour défendre les victimes renvoyées sans retraites et d'une façon plus générale pour contrôler la caisse des retraites. Celle-ci était (elle l'est encore) entièrement entre les mains du Conseil d'administration de la maison, en violation même de ses statuts.

La « Fédération des Assurés » mal soutenue, ne dura pas, pourtant la propagande énergique et publique qu'elle avait faite n'était pas restée sans influence sur la Direction. Les renvois de techniciens avaient cessé. En 1928, nouvelle alerte, fusion de la T. H. avec l'Alsacienne, on parle de liquider 40 p. 100 du personnel dans certaines usines ; à l'usine de Colombes et à Lecourbe quelques congédiements ont effectivement lieu.

Aussi les agents de maîtrise et agents techniques de la T. H. viennent nombreux au meeting de juin.

Plus de 150 d'entre eux adhèrent successivement au syndicat, au cours de réunions organisées à la sortie de chaque usine.

Des pétitions sont adressées à la Direction générale portant essentiellement sur la revalorisation des salaires et le contrôle de la caisse des retraites. Et coïncidence étrange, des augmentations suivent, assez nombreuses mais pas très fortes : 50 à 150 francs par mois, la plupart étant de 100 fr.

Ces augmentations sont un succès très important si l'on songe que depuis 6 mois la direction avait réussi à créer un état d'esprit assez pessimiste par la menace permanente de la compression du personnel.

Pourtant avant d'accorder les augmentations les directeurs des différentes usines ont tenté de manœuvrer : reproches, promesses individuelles d'augmentation, intimidations, insinuations sur le soi-disant caractère politique du syndicat, furent employés simultanément pour briser la cohésion du mouvement.

Aux chefs d'équipe qui avaient signé la pétition à l'unanimité des quatre grosses usines Colombes, Lecourbe, Neuilly, Saint-Ouen, la direction a fait le reproche de ne pas s'être adressés plus tôt à elle sans passer par un syndicat. Or, une Amicale des chefs d'équipe de la maison existait depuis 1920. Elle avait à ses débuts obtenu des résultats : mise à la quinzaine, congé annuel et congé de maladie payés ; mais, au cours de ces dernières années, malgré l'augmentation continuelle et énorme du prix de la vie, ses lettres à la direction (cinq ou six en deux ans) étaient restées sans réponses pour la plupart et, en tout cas, sans suite aucune. Et l'Amicale s'était désormais cantonnée dans la mutualité. *Voilà pourquoi les chefs d'équipe s'étaient syndiqués.*

Aux contremaîtres et chefs d'atelier, même reproche. A Saint-Ouen, promesse d'augmentation à condition de faire confiance à la direction de l'usine et de ne pas envoyer leur lettre à la direction générale.

A Lecourbe, où la lettre avait été signée par l'unanimité des contremaîtres et chefs d'atelier, pas de promesses mais intimidation et pression, sinon littéralement *illégales* du moins violant l'esprit de la loi de 1884 sur les syndicats.

Pourquoi les contremaîtres et chefs d'atelier et agents des méthodes se sont-ils eux aussi affiliés à un syndicat, le seul syndicat d'agents de maîtrise qui existe d'ailleurs !

C'est que leur Amicale, technique et gastronomique s'est dissoute en 1926 ; elle est morte d'inanition au moment même où il devenait indispensable de réclamer le rajustement des salaires au prix de la vie !

Ajoutons que malgré la pression de la direction, allant jusqu'à exiger la signature d'une lettre de confiance en elle (usine Lecourbe), le syndicat n'a eu à enregistrer en tout et pour tout qu'une démission.

Il était nécessaire de rappeler ici les détails des manœuvres patronales ; car ce premier mouvement syndical d'agents de maîtrise doit servir de leçon. Tout d'abord, si le succès a été maigre, c'est parce que nos camarades de l'Alsthom n'ont pas su se concerter à temps pour se dérober diplomatiquement aux interrogatoires directoriaux. Il faut souligner aussi que le Syndicat des agents de maîtrise n'avait lui-même à ce moment qu'une expérience très réduite. Enfin aucun moyen de contre-pression des agents de maîtrise sur la direction n'a été envisagé.

En mars 1929 le mouvement de l'Alsthom reprend ; cette fois en liaison avec les dessinateurs et ingénieurs ; trois lettres syndicales rédigées dans les mêmes termes par une assemblée générale des 3 catégories de techniciens, sont envoyées à la Direction. Le résultat s'est fait sentir en juin et juillet pour les ingénieurs et dessinateurs, mais a été insignifiant pour les agents de maîtrise.

Pourquoi ? Parce que ceux-ci n'avaient pas continué leur recrutement. Syndiqués seulement à 50 p. 100 et insuffisamment sortis de leur passivité ils s'étaient contentés d'assister en petit nombre d'ailleurs à l'assemblée générale précitée.

La direction sans aucun doute renseignée n'avait pas jugé utile de donner suite. Mais la patience a des limites et de nouveaux temps se préparent.

1928. — LES CHEFS MONTEURS EN TELEPHONIE

Nous faisons une place à part à nos camarades chefs monteurs. Ils sont venus au syndicat également après le meeting de 1928 à la quasi-unanimité pour la compagnie des Téléphones Thomson-Houston, quelques-uns pour le Matériel Téléphonique.

Le temps de s'organiser, former un comité, d'étudier un cahier de revendications et une délégation du syndicat partait auprès des directions des deux entreprises. Non reçue à la C. T. T. H., reçue par surprise au L. M. T. Des augmentations sont accordées peu après aux chefs monteurs du L. M. T. Ceux de la C. T. T. H. cependant syndiqués en bien plus grand nombre, n'obtiennent rien. La raison : le cahier de revendications n'avait pas été signé afin d'éviter de montrer la faiblesse des effectifs du L. M. T. D'autre part, aucun moyen de pression n'a été envisagé, les chefs monteurs se considéraient comme trop éparpillés pour agir efficacement.

Ils se réservaient d'étendre leur mouvement à toute la téléphonie.

1929. LE MOUVEMENT GENERAL DE LA TELEPHONIE

A la Thomson-Houston (150 syndiqués)

Mars 1929. — Les chefs monteurs annoncent à une réunion de leur section que quelques dessinateurs du siège social et des usines, ayant assisté au meeting général des dessinateurs de la région parisienne qui vient d'avoir lieu cherchent à entraîner l'ensemble des dessinateurs du siège social et des usines dans le mouvement.

Sur la demande des chefs monteurs le secrétariat des agents de maîtrise se met immédiatement en liaison avec les secrétaires des ingénieurs et dessinateurs pour concerter une action commune de tous les techniciens.

Mais la propagande intérieure menée par les chefs monteurs et dessinateurs est si rapide qu'elle rend inutile toute action du dehors : distribution de journaux ou de tracts.

Une première réunion groupe 130 techniciens de toutes catégories, ingénieurs, dessinateurs, agents de maîtrise qui décident l'envoi de trois pétitions simultanées à la direction.

Quelques jour après les agents de maîtrise et agents techniques se réunissent au nombre de 100 et arrêtent les termes de leur pétition. Celle-ci est signée par près de 150 chefs d'atelier, contremaîtres, chefs d'équipe, chefs monteurs, agents techniques de toutes espèces, soit l'unanimité, à quelques unités près, *et tous syndiqués*.

Un aperçu d'ensemble du mouvement est donné dans le chapitre « Syndicats de métier ou syndicat d'industrie ».

Disons seulement que les agents de maîtrise ne restèrent pas en arrière. Ils participèrent à toutes les mesures de pression exercée pour faire recevoir les délégués, puis pour obtenir une réponse. Ils préparèrent le meeting de la Téléphonie (5 juin) en distribuant des journaux aux portes des usines, en collant des affiches et des papillons, en menant une propagande par relations personnelles parmi les agents de maîtrise des autres maisons.

Les agents de maîtrise de la C. T. T. H. ont obtenu comme premier résultat une augmentation moyenne de 150 francs, la suppression des heures supplémentaires (qui n'étaient pas payées), un congé annuel de 2 semaines pour ceux qui n'en avaient qu'une (1).

Ils attendent leurs camarades des autres maisons de téléphones pour reprendre l'action en commun.

AU MATERIEL TELEPHONIQUE (200 syndiqués)

Malgré les appels réitérés des contremaîtres de la C. T. T. H. à leurs camarades contremaîtres de l'usine de Boulogne, ceux-ci ne les ont pas encore rejoints au syndicat. Ils se sont groupés en Amicale il y a quelques mois, sitôt après notre meeting de la téléphonie.

Etrange coïncidence. — Nous ne voulons pas jeter la suspicion sur les camarades qui dirigent cette amicale. Nous pensons qu'ils se sont de bonne foi laissés manœuvrer p la direction puisque celle-ci leur a accordé une salle réunion dans l'usine même.

Nous demandons à nouveau ici à nos camarades cr maîtres du L. M. T. de ne pas persister dans leu ement « amicaliste ».

La force de l'ensemble du mouvement des agents de maîtrise de la Téléphonie et la réussite même des revendications de ceux du L. M. T. nécessite l'affiliation en bloc de l'Amicale à notre syndicat.

Par contre, chefs d'équipe, agents techniques de la fabrication et du contrôle ont non seulement rejoint le syndicat en grand nombre mais encore adressé une pétition à la direction.

Pour commencer, comme à la C. T. T. H. aucun résultat ni promesse. Refus de discuter avec les délégués syndicaux.

Les agents techniques du contrôle (« Testeurs » de la salle d'essai), las d'attendre et se sentant forts par le nombre et la camaraderie, manifestent alors leur mécontentement en arrêtant le travail pendant une demi-heure à plusieurs reprises. Quatre d'entre eux, choisis au hasard, sont congédiés. Le jour même, trente testeurs, soit l'unanimité des présents à trois près, donnent leur démission aussi bien

---

(1) Une nouvelle augmentation générale de même valeur en moyenne a été obtenue le 1ᵉʳ janvier 1930.

ceux qui sont payés à la semaine que ceux qui sont payés à l'heure.

Le syndicat, prévenu, délègue le lendemain matin deux représentants auprès de la direction avec mission de confirmer les demandes des démissionnaires.

La Direction refuse de discuter avec les délégués syndicaux, elle se déclare prête à examiner la réintégration de chaque testeur pourvu qu'il présente une demande individuelle.

La réponse unanime des testeurs a été de continuer le chômage et d'étendre le mouvement aux testeurs du L. M. T. travaillant dans les centraux téléphoniques en cours d'équipement.

La grève — ce n'était pas en réalité une grève puisque les testeurs avaient tous démissionné — dure six jours sans défection. Le mouvement ne s'étendant pas suffisamment vite dans les centraux, et les testeurs payés à l'heure étant désireux d'aboutir, le lundi 19 août une nouvelle délégation est envoyée, composée de quatre testeurs de la maison et de deux représentants du syndicat.

La Direction se refuse à toute entrevue. Entre temps elle fait courir le bruit que les chômeurs seront repris et augmentés deux semaines plus tard, pourvu qu'ils se présentent individuellement à l'embauche.

Au retour de la délégation, et de concert avec celle-ci, les testeurs décident à l'unanimité de reprendre le travail aussitôt.

Quinze jours après ils étaient tous augmentés de 100 à 200 francs par mois.

Deux d'entre eux qui n'avaient pas été repris ont trouvé immédiatement des emplois ailleurs.

Le caisse de solidarité du syndicat est venue en aide à deux camarades chargés de famille en les indemnisant de leurs journées perdues. Ajoutons qu'au cours du mouvement des testeurs les agents techniques et chefs d'équipe — qui avaient signé la même pétition, mais qui d'accord avec les délégués syndicaux n'avaient pas participé à leur action, parce que les conditions de travail s'y prêtaient mal, et parce qu'ils n'étaient pas encore suffisamment nombreux — ont obtenu également des augmentations du même ordre.

Le mouvement des testeurs de Boulogne, décidé spontanément dans l'impatience de l'attente, sans propagande préalable pour son extension au moins à l'ensemble des testeurs du L. M. T., poussé d'autre part jusqu'à l'arrêt complet de travail pour raison de solidarité, terminé par la reprise du travail « sans conditions », a cependant été un succès parce que la situation de commandes de l'usine s'y prêtait. Il a permis d'ailleurs par son rayonnement de grouper les testeurs des centraux. En résumé, il constitue une preuve de plus qu'il faut agir, et vigoureusement, pour obtenir.

LA SECTION DES CONTROLEURS ELECTRICIENS EN TELEPHONIE
(Testeurs, vérificateurs et assimilés)

Cette section a été créée officiellement aux Sociétés Savantes le 17 août 1929 en plein mouvement des testeurs.

Elle a établi un cahier de revendications semblable à celui des agents de maîtrise et agents techniques de la Téléphonie. Voici les minima fixés pour les salaires (1).

Contrôleurs électriciens, testeurs, après 5 mois de pratique :

Salaire mensuel minimum .... 1.600 fr.

Après deux ans de pratique, minimum .... 2.000 fr.

Frais de déplacement à Paris, minimum : 10 francs par jour.

Frais de déplacement en province, minimum 49 francs par jour.

Actuellement presque tous les testeurs du L. M. T., usines et centraux sont syndiqués et une pétition générale portant 167 signatures a été remises à la direction ; des résultats partiels sont obtenus et l'action continue.

Comment se fait-il que cette section se soit limitée aux testeurs du L. M. T. ?

Ce n'est pas l'effet du hasard ; la première raison est que ceux-ci ont eu une certaine tendance à penser d'abord à eux-mêmes afin d'aboutir vite.

Du reste toutes les autres maisons de téléphonie ensemble possèdent au total une trentaine de testeurs proprement dits, leur organisation n'étant pas la même qu'au L. M. T.

Une autre raison est que le syndicat n'a pas poussé à l'extension de la section aux autres maisons. Voici pourquoi :

Ailleurs qu'au L. M. T., chez Grammont et à la C. T. T. H. notamment, les contrôleurs électriciens sont considérés comme compagnons et des camarades de ces maisons se sont émus de voir que notre recrutement s'étendait à eux.

----

(1) A rajuster dans le rapport de 7 1/2 à 7 (janvier 1930).

Ce n'est pas, disent-ils en substance, que nous soyons hostiles aux contrôleurs pas plus qu'aux autres ouvriers ; nous savons bien que ce sont des salariés comme nous. Mais nous voyons que les techniciens ont déjà bien du mal à venir au syndicat. Il ne faut pas les effrayer en recrutant des ouvriers même très qualifiés. La place de ceux-ci est aux syndicats ouvriers.

La question est posée d'une façon indiscutablement juste, au double point de vue des techniciens et des ouvriers eux-mêmes et en somme il s'agit avant de recruter aux syndicats de l'U. S. T. une catégorie nouvelle de déterminer si elle comprend des techniciens, ou des employés non techniques, ou des ouvriers.

Ce souci incombera la plupart du temps à notre syndicat qui recrute la catégorie des agents techniques d'autant plus mal définie que les progrès de la technique ainsi que la « Rationalisation » modifient constamment leur rôle.

Les testeurs sont-ils des agents techniques ou des compagnons ?

Au L. M. T., les testeurs ne sont pas considérés comme ouvriers ; ni par les autres techniciens, ni par eux-mêmes, ni par la Direction de la maison.

Celle-ci les recrute par annonces parmi les anciens élèves des écoles professionnelles ou techniques et leur fait suivre de plus un cours de téléphonie.

Les testeurs sont des vérificateurs dépanneurs du circuit très complexe des standards automatiques ; spécialistes des essais d'ensemble, ils peuvent être comparés aux « plateformistes » des grosses usines de constructions électriques qui sont tous ingénieurs à quelques exception près.

Dans les vieilles usines de téléphones à côté des contrôleurs électriciens qui ne vérifient la plupart du temps que les pièces séparées, il existe des monteurs et câbleurs électriciens-ouvriers spécialistes possédant à la fois la pratique des circuits électriques et des connaissances professionnelles d'électricité qui leur permettent de mener à bien un montage complet.

Par contre l'organisation moderne de la téléphonie telle que nous la voyons à l'œuvre au L. M. T., tend à diviser le travail en remplaçant le monteur-électricien par des manœuvres spécialisés, des femmes sans qualification, et d'autre part en spécialisant dans le contrôle électrique des circuits des agents techniques ayant une formation d'électricien plus poussée.

Cette question du recrutement des testeurs du L. M. T.

et des contrôleurs en téléphonie sera résolue à la prochaine assemblée générale du syndicat (1).

Nous demandons à tous nos camarades du syndicat d'y réfléchir, en pesant bien tous les aspects du problème.

A noter que la question d'incompatibilité de « hiérarchie » ne peut pas se poser puisque notre syndicat groupe déjà des agents de maîtrise et agents techniques de tous postes.

Cependant profitons-en pour signaler ici l'utilité de créer au sein du syndicat des sections autonomes groupant les différentes catégories par affinité, les chefs d'atelier et chefs de service ensemble par exemple, les contremaîtres et chefs d'équipe ensemble, etc...

Au fur et à mesure du développement de notre mouvement, les nécessités de l'action imposeront les formes d'organisation adéquates.

REGINA-GRAMMONT

26 sur 30 agents de maîtrise et agents techniques et chefs monteurs sont syndiqués.

Pétition remise en octobre.

La Direction a reçu officiellement les délégués syndicaux. Elle leur a déclaré notamment :

« Nous ne pouvons rien accorder si nous sommes seuls à le faire. Vous êtes déjà une force, quand vous tiendrez en mains l'ensemble de la téléphonie nous serons obligés de céder... »

Malgré ces déclarations une augmentation générale de 100 francs a été accordée (2).

A rappeler qu'aussitôt après le meeting de juin la direction de Grammont avait déjà donné des augmentations... sous forme de primes à la production. Ces primes, on en parlait depuis longtemps, pourtant là encore l'action syndicale, même embryonnaire, semble avoir été une bonne accoucheuse à cela près que ne camarades de Grammont sont entièrement d'accord avec le conseil syndical pour considérer que le système aléatoire des primes ne doit pas être conservé.

------

(1) La solution qui apparaît actuellement comme la plus logique est le groupement des testeurs et plateformistes en un « Syndicat des techniciens des essais électriques », dont les testeurs en téléphonie automatique formeraient une section (janvier 1930).

(2) Une augmentation générale un peu plus forte a été obtenue en janvier 1930.

Cie GENERALE DE TELEGRAPHIE ET TELEPHONIE
(C. G. T. T.)

Presque tous syndiqués. Pétition remise. Délégation syndicale reçue.

Augmentations à peu près générales de 40 à 200 francs par mois.

SOCIETE INDUSTRIELLE DES TELEPHONES
(Rue des Entrepreneurs et Levallois)

Pétition remise. Refus de recevoir la délégation syndicale. Propagande systématique pour désagréger le mouvement. Mais augmentation de 200 à 350 francs.

DANS LA MECANIQUE

Pour le moment un nombre croissant d'adhérents isolés.

Au cours de la formation du Consortium Rosengart, notre syndicat, saisi un peu tard des moyens pour le moins cavaliers employés par la direction des Automobiles Chenard et Walker pour liquider son personnel en surnombre, a pu cependant donner des conseils qui ont permis l'obtention d'indemnités relativement fortes.

A la Société générale de Bonneterie à Troyes (Construction de métiers de bonneterie), le personnel de maîtrise s'est syndiqué au cours de ces derniers mois et a obtenu des augmentations importantes (200 à 370 francs) à la suite de pétitions signées en commun avec les dessinateurs de la maison et d'entrevues « officieuses » des délégués syndicaux avec les directeurs de Paris et de Troyes.

A signaler qu'aucun moyen de pression n'ayant été employé malgré les nombreuses brimades de la Direction, celle-ci s'est contentée pour le moment d'augmenter les plus payés, procédé classique de division. Pourtant la solidarité syndicale n'est pas émoussée et notre Union de Troyes constituée en juin dernier étend systématiquement son action à l'ensemble de l'industrie de la région.

Au Havre et à Lille, des groupes importants d'agents de maîtrise ont été récemment constitués notamment à la Société Fives-Lille.

PERSPECTIVES IMMEDIATES

Le syndicat des agents de maîtrise possède donc actuellement une assise sérieuse dans la construction électro-mécanique et surtout dans la téléphonie. Au cours des mois qui vont suivre la pétition générale de la téléphonie devra achever de grouper tous les agents de maîtrise de cette branche.

De même, de l'Alsthom le mouvement devra s'étendre à l'ensemble de l'industrie électrique et non seulement dans la région parisienne mais encore au Havre, dans le Nord et dans l'Est où se trouvent de très grosses firmes.

CAHIER DE REVENDICATIONS DES AGENTS DE MAITRISE DE LA REGION PARISIENNE

1° Relèvement des salaires aux taux ci-dessous essentiellement basés sur l'indice 7 du prix de la vie par rapport à l'avant-guerre (l'indice *réel* dépasse actuellement 7,5). (1).

Chefs d'équipe et faisant fonction, minimum .. 1.800 fr.

Agents techniques assimilables aux chefs d'équipe
    minimum .... 1.800 fr.
Chefs monteurs minimum .... 1.800 fr.
    Frais de déplacement journaliers : Paris, 10 francs.
    Frais de déplacement journaliers : province, 49 francs.
Après 5 ans, maximum de fonction, minimum .. 2.300 fr.
Contremaîtres et faisant fonction, agents techniques assimilables ou chefs de service d'atelier assimilables, minimum .... 2.300 fr.
Après 5 ans maximum de fonction, minimum .. 2.800 fr.
Chefs d'atelier et faisant fonction, chefs de service d'atelier assimilables, minimum ...... 2.800 fr.

2° Suppression de tout mode de paiement autre que le paiement au mois.

3° Semaine de 44 heures maximum.

4° Suppression des heures supplémentaires (occasionnellement heures supplémentaires au tarif double, même pour les travaux d'entretien et de mise en route).

5° Paiement des absences justifiées (jours de maladie, deuil, etc...)

6° Trois semaines de vacances payées minimum.

7° A travail égal, salaire égal pour tous les techniciens, femmes ou hommes, avant ou après le régiment.

---

(1) Les taux du cahier de revendications doivent être actuellement rajustés à l'indice 7 1/2 au lieu de 7 (janvier 1930).

SYNDICAT DES TECHNICIENS
DES INDUSTRIES CHIMIQUES ET CONNEXES

Organe du Syndicat : *Le Chimiste*

CARACTERISTIQUES

Primitivement section professionnelle du Syndicat des Ingénieurs, nous avons participé à la vie végétative de celui-ci : études générales, commissions, proclamations aux Chambres syndicales patronales et aux pouvoirs publics.

La première manifestation de notre volonté d'action syndicale pratique fut la transformation de notre section en syndicat autonome, dont le recrutement devait désormais englober non seulement les ingénieurs chimistes, mais toutes les catégories de techniciens des industries chimiques : chimistes, aide-chimistes, chefs de laboratoires, chefs de fabrication, agents de maîtrise d'entretien et installation, dessinateurs.

Pourquoi cette formule d'organisation en *syndicat d'industrie*, se substituant à celle des syndicats de fonction ou de métier de l'U. S. T. : Ingénieurs, Dessinateurs, Agents de maîtrise ?

Il n'y avait là ni doctrine syndicale préconçue, ni prétention à réaliser des expériences hasardeuses, mais encore une fois simplement volonté de mener une action de défense professionnelle réelle.

Dans les usines de produits chimiques et les laboratoires industriels il est, en effet, impossible de séparer les chefs de fabrication ou les chefs de laboratoire des chimistes et des aides-chimistes ; la division des techniciens ne se légitimerait en général ni par la nature du travail, ni par la hiérarchie très peu marquée.

D'ailleurs même pour les grosses usines de produits chimiques les effectifs techniques par catégorie sont peu élevés.

En ce qui concerne les agents de maîtrise de l'entretien leur nombre par entreprise est infime et il ne peut être question de les grouper séparément ou de les rattacher au Syndicat des Agents de maîtrise où ils se trouveraient isolés et sans appui pour leur action syndicale.

Les dessinateurs, comme on l'a vu, sont pour le moment groupés dans une section spéciale du Syndicat des Dessinateurs. Celle-ci ne peut tarder à s'incorporer dans notre Syndicat.

En défintive, ne se justifiant par aucun considération sérieuse, l'éparpillement des cadres de la production des industries chimiques entre divers syndicats de fonction eût été non seulement absurde mais simplement antisyndical.

Toutefois au sein même du syndicat des Techniciens des Industries chimiques, des sections de catégories pourront être créées au fur et à mesure de notre développement, soit pour permettre l'étude des revendications de telle ou telle catégorie, soit pour répondre aux incompatibilités d'ordre hiérarchique qui rendraient difficiles les débuts de notre syndicalisme.

NOTRE ACTIVITE

Notre activité sur le terrain pratique des réunions par entreprise ou par groupes d'entreprises de même spécialité ne date que de quelques mois . La cause en est le manque de forces actives du Syndicat.

D'autre part les caractéristiques que nous avons données ci-dessus et dont l'essentielle est la diversité et la dispersion des techniciens suffiraient déjà à elles seules à expliquer pourquoi nous n'avons pas pu encore jusqu'à présent constituer une base solide.

Nous avons établi un cahier de revendications qui va bientôt recevoir le baptême du feu.

La pétition des industries chimiques pour la revalorisation des salaires doit se poursuivre maintenant systématiquement.

Plus que n'importe quelle autre catégorie, les chimistes ont besoin de se défendre syndicalement. Leurs salaires sont les plus dérisoires ; de tous ils sont les plus touchés par la « Rationalisation », ils souffrent dejà depuis longtemps d'un chômage bénin, mais véritablement endémique, aggravé dans certaines spécialités par le caractère saisonnier de la production.

Techniciens des usines Kuhlmann, de Rhône-Poulenc, des nombreuses fabriques de matières colorantes, engrais, couleurs et vernis, encres, produits pharmaceutiques, produits d'entretien, produits alimentaires, des manufactures de caoutchouc, des parfumeries, huileries, savonneries, des distilleries-raffineries, des laboratoires industriels, etc... nous vous lançons ici un appel qui tire toute sa force de la valeur des résultats déjà obtenus par les autres syndicats de l'U. S. T. et de l'urgence qu'il y a pour les chimistes d'agir. Encore à l'état embryonnaire, nous sommes pourtant le seul syndicat des Techniciens des Industries chimiques qui ne groupe que des salariés et qui par conséquent soit en mesure de les défendre.

Faites de *votre syndicat* l'organe puissant, indispensable, en regard des trusts gigantesques et de la Chambre Syndicale patronale des Industries chimiques.

Maladies professionnelles

La loi du 9 avril 1898 « assure » le salarié contre les accident du travail.

La loi du 25 octobre 1919 complétée par le décret du 4 mai 1921 étend la précédente à certaines maladies professionnelle, les plus anciennes, celles qui ont fait les plus grands ravages parmi les ouvriers de plusieurs générations : à savoir les intoxications par le plomb ou « saturnisme », et les intoxications par le mercure ou « hydrargirisme ». Tout en cédant à la poussée ouvrière, les « législateurs » ont pris la précaution de donner à la loi sur les maladies professionnelles un caractère limitatif.

Logiquement, pour qu'un travailleur atteint d'une maladie contractée au cours de son travail et en raison de celui-ci soit indemnisé de l'incapacité de travail résultante, une déclaration d'un médecin des hôpitaux, au besoin suivie d'une contre-enquête devrait suffire.

Or, en l'état actuel des choses, c'est chaque fois une *modification de la loi* que le malade devra préalablement obtenir !

Depuis des années l'extension de la loi est « à l'étude » pour les intoxications ci-après : phosphorisme, benzinisme, intoxication par le tétrachloroéthane, l'aniline et ses dérivés, le sulfure de carbone. les vapeurs nitreuses, le chlore et les autres gaz chlorés, le brome, l'acide fluorhydrique, le gaz sulfureux, l'hydrogène sulfureux et le sulphydrate d'ammoniaque, l'acide cyanhydrique, l'oxyde de carbone, l'oxychlorure de carbone, les formaldéhydes, l'hydrogène arsénié et autres composés de l'arsénic ; l'action du bois, du goudron, des huiles minérales, bitumes, ciments, chaux et autres produits caustiques des acides picrique et chromique, des chromates alcalins, des rayons X et substances radioactives.

**

Nous sommes convaincus que l'indemnisation des intoxications qui précèdent aurait pour premier effet d'obliger les employeurs à appliquer des mesures efficaces de protections : aération suffisante, limitation de la durée du travail, voire modification des méthodes de fabrications.

En faisant entrer dans le froid calcul du « prix de revient », l'amortissement de l' «outillage humain », mais aussi en veillant directement aux mesures d'hygiène, les salariés obligeront les patrons et les pouvoirs publics à respecter leur sécurité d'existence.

Cette question des maladies professionnelles ne concerne pas que les chimistes.

La tuberculose qui n'épargne aucune profession peut être pour une large part causée par les mauvaises conditions de travail, l'insuffisance d'aération, le manque de désinfection. L'altération de la vue résultant d'un défaut d'éclairage est fréquente chez les dessinateurs.

Une diminution des facultés cérébrales : fatigue, amnésie, asthénie allant dans quelques cas jusqu'à des troubles mentaux très graves a été constatée chez les ingénieurs, notamment des constructeurs-calculateurs, électriciens.

Les salariés ainsi atteints dans leurs moyens de travail, n'obtiennent non seulement aucune pension permanente ou provisoire, mais encore leur « insuffisance » oblige-t-elle leur patron à « se priver de leurs services ».

Est-il utile de clore ce chapitre par un nouvel appel au groupement syndical ?

SYNDICAT DES TECHNICIENS
DE LA CONSTRUCTION
ET DES TRAVAUX PUBLICS

Organe du Syndicat *Le Technicien du Chantier*

Un aperçu de notre industrie

A. — *Les entrepreneurs*

Il existe un très grand nombre de petites entreprises par spécialités : ciment armé, maçonnerie, couverture, plomberie, charpente en bois, menuiserie, serrurerie, charpente en fer, électricité, chauffage central, peinture, décoration, aménagement, ferronerie, travaux publics (égouts, pavage de rues), etc. employant chacune un petit nombre de techniciens, parfois un seul commis. Les entreprises générales de bâtiment sont rares ; la plupart des entreprises moyennes et grosses font appel à des sous-traitants, des tâcherons, pour l'exécution d'une partie de leurs travaux. Les plus grosses entreprises de ciment armé — maçonnerie ne groupent pas plus de 40 à 50 techniciens.

La composition des effectifs est très variable. Voici un exemple :

4 ingénieurs-calculateurs spécialisés.
15 dessinateurs dont quelques ingénieurs.
10 métreurs.
2 ou 3 conducteurs et commis de chantier.
5 à 10 chefs de chantiers.

Le personnel technique des plus grosses entreprises de peinture atteint à peine une quarantaine de métreurs et chefs de chantier.

Le chauffage central groupe au maximum 25 ingénieurs, dessinateurs, commis de chantier par entreprise.

La charpente en fer, serrurerie, une quinzaine de dessinateurs et métreurs. La charpente-menuiserie, une dizaine. La couverture-plomberie, une dizaine de métreurs et commis.

B. — *Les Bureaux d'études*

Travaillent sur commande des entreprises avec lesquelles ils sont parfois financièrement liés. Très nombreux.

Effectif technique : de 1 à 30 dessinateurs, dont des calculateurs ; 1 à 5 ingénieurs.

C. — *Les Bureaux de métreurs*

Effectif : de 1 à 15 métreurs salariés (les métreurs à leur compte sont syndiqués à la Chambre syndicale patronale des métreurs, adhérente au Syndicat patronal du Bâtiment).

D. — *Les Bureaux d'architectes*

Effectif : depuis 1 commis d'architecte seul jusqu'à 15 dessinateurs, 1 chef d'agence, 1 ou 2 métreurs-vérificateurs.

LA SITUATION DES TECHNICIENS

On affirme couramment que les techniciens du bâtiment ont une situation bien meilleure que ceux de l'industrie.

En ce qui concerne les dessinateurs, si l'on néglige la main-d'œuvre bohême et relativement bien payée des « nègres » d'architectes, il n'y a pas 200 francs de différence entre les salaires des deux catégories ; et encore il n'y a guère que les desssinateurs en charpente qui soient vraiment « favorisés ». Considérons maintenant les corporations types du bâtiment : chefs de chantier, commis de ville, métreurs, conducteurs étaient payés avant 1914 de 300 à 450 francs par mois en moyenne, soit de 2.250 francs à 3.375 francs en monnaie actuelle (indice réel du prix de la vie 7,5).

Les salaires payés en 1929 sont donc dévalorisés de 30 à 50 %.

Pour les ingénieurs même situation. La dévalorisation des salaires est la même dans le bâtiment que dans l'industrie. Or depuis 2 ans, le bâtiment est en plein essor, les perspectives d'avenir sont très bonnes, les bénéfices patronaux sont d'autant plus élevés que nombre de gros entrepreneurs sont financièrement liés avec des fournisseurs de matériaux et d'appareils.

NOTRE SYNDICAT

Pourquoi dès lors les techniciens du bâtiment ne bougent-ils pas ? Pourquoi notre syndicat progresse-t-il à peine ? Raisons d'ordre général communes à tous les techniciens : traditions individualistes, illusions de l'avancement, etc...

Raisons particulières au bâtiment : diversité des professions, éparpillement, isolement complet de certaines d'entr'elles (chefs de chantier), concurrence «artisanale » (métreurs, « nègres » des architectes) ; en somme les raisons même qui nous ont obligés à constituer un syndicat recrutant *tous* les techniciens du bâtiment sans distinction de catégorie.

**

Après avoir recruté par une propagande générale, des techniciens un peu dans la plupart des entreprises grosses et moyennes de la Région Parisienne, nous avons entrepris une série de réunions à proximité des plus grosses firmes. Les premier résultats furent excellents parmi les dessinateurs grâce au rayonnement du Syndicat des Dessinateurs.

Mais les militants les plus actifs de notre Syndicat abandonnèrent la propagande pour des motifs divers (maladie, rôle dans la propagande générale de l'U. S. T., organisation d'une coopérative technique soutenant l'U. S. T. de ses bénéfices), et l'activité du Syndicat en souffrit pour de longs mois.

Actuellement une forte section de dessinateurs en charpente et béton armé s'est créée au Syndicat des Dessinateurs.

Elle possède des militants nouveaux, et se développe, bien que gênée par l'existence de l' « Amicale en Charpente », organisation hébergée par la Chambre Syndicale Patronale de la Charpente.

D'autre part, le Syndicat des Ingénieurs a recruté un certain nombre d'Ingénieurs en béton armé.

Enfin notre Conseil syndical vient de se remonter. Il comprend quelques métreurs désireux de sortir notre syndicat de l'ornière.

Dessinateurs et ingénieurs de la charpente et du B. A., dès qu'ils auront formé des sections assez fortes dans leurs syndicats actuels rejoindront notre syndicat et celui-ci ne tardera pas à prendre l'extension nécessaire.

SYNDICAT DES TRACEURS
ET CHEFS D'EQUIPE
de Constructions Métalliques, Serrurerie d'Art et de Bâtiment
Chaudronnerie et Constructions Navales

Organe : *Le Traceur et chef d'équipe*

NOTRE HISTOIRE

L'origine de notre groupement remonte à 1919. D'abord « Amicale » jouissant de la « bienveillance patronale ».

Transformée... après dissolution... en Amicale indépendante, qui fit même de l'action syndicale en accord avec les ouvriers (succès chez Renault, échec chez Nithard et Decoman).

En 1928, transfomation en syndicat, puis adhésion à l'U. S. T. Les raisons de notre adhésion à l'U. S. T. ont été indiquées à l'époque dans un long article de notre journal. Citons les passages essentiels :

« ...Les traceurs ont une formation technologique acquise tant dans les écoles professionnelles que dans l'exercice même de leur travail.

«D'autre part, beaucoup parmi eux deviennent contremaîtres, et en étant à l'U. S. T., il n'ont qu'un transfert à faire au syndicat des Agents de Maîtrise.

« ... Au moyen de l'entr'aide mutuelle avec les catégories voisines des dessinateurs et contremaîtres, les traceurs et chefs d'équipe (dont le nombre par maison est très réduit (comme du reste celui de tous les techniciens) deviendront plus solides au fur et à mesure que l'U. S. T. s'ancrera mieux dans les entreprises.

« Mais ce n'est pas parce qu'eux-mêmes sont destinés à

devenir contremaîtres, pour la plupart, qu'il admettraient d'être isolés du reste de la classe ouvrière. Placés « au bas de l'échelle » des techniciens, mais tout de même techniciens, tant par leur formation professionnelle que par leurs aspirations, ils ont l'ambition de servir, en dehors de toutes les questions de tendances, de chaînon entre les techniciens salariés de toutes catégories et les ouvriers dans leur lutte syndicale commune.

« Et c'est là, sans doute, la raison profonde qui a fait qu'à l'unanimité les traceurs et chefs d'équipe ont choisi l'Union des Syndicats de Techniciens.

« Depuis quelque temps nous suivions attentivement la vie de celle-ci : l'action syndicale, celle des dessinateurs principalement, les journaux de syndicats et l'organe de l'Union, et surtout le meeting de juin dernier — où nous étions venus assez nombreux ; nous avons compris que sous des formes diverses les syndicats de l'Union mènent la bonne lutte syndicale sans compromission avec le patronat... »

NOTRE ACTION DE JUIN-JUILLET 1929

Après quelques mois passés à sa réorganisation, notre syndicat alerta l'ensemble des traceurs de la région parisienne et commença une sérieuse campagne de propagande pour le relèvement de nos salaires.

Le 9 juin, l'Assemblée plénière discutait du cahier de revendications élaboré par le Conseil syndical et l'adoptait à l'unanimité.

Voici ce cahier qui ne constitue qu'une première étape immédiate sur le chemin de la revalorisation des salaires au niveau d'avant-guerre et du payement au mois.

1° Salaire horaire minima 8 francs.
2° 15 jours de vacances payés au bout d'un an de présence.
3° Fourniture des outils ou primes de compensation.
4° Respect du droit syndical.
5° Heures supplémentaires de jour majorées de 50 %, heures de nuit de 100 %.
6° Préavis de 15 jours en cas de renvoi.
7° Application de la loi relative à l'hygiène.

*
**

L'envoi de ce cahier aux chambres syndicales patronales fut décidé à cette même assemblée plénière ainsi que la convocation pour le 23 juin d'une réunion générale de tous les traceurs syndiqués et non syndiqués.

Cette réunion fut préparée par la diffusion de notre journal, tiré à cette occasion à 1.000 exemplaires, par la diffusion d'un tract et par la propagande individuelle des camarades.

Les nombreux traceurs réunis le 23 juin furent unanimes à décider qu'une action énergique devait accompagner la présentation du cahier de revendications et la grève fut décidée pour le 1er juillet si à cette date les chambres syndicales n'avaient pas répondu.

C'est ce qui se produisit. Et le 1er juillet nous lâchions la pointe à tracer pour imposer nos revendications.

Avant le début de la grève, beaucoup de maisons accordèrent des satisfactions partielles pour briser le mouvement. Devant cette manœuvre, le Comité dut faire appel aux bonnes volontés pour aller trouver les traceurs hésitants qui continuaient le travail.

Après avoir lutté pendant dix-sept jours, les résultats étaient les suivants : un relèvement de salaire qui atteignit pour certains d'entre nous 1 fr. 25 de l'heure, et pour beaucoup d'autres 0 fr. 50, la moyenne étant d'environ 0 fr. 75.

Plusieurs maisons ont fait droit intégralement à nos revendications, mais un grand nombre d'entre elles n'ont voulu donner que 7 fr. 50 horaire ce qui constitue quand même un progrès sensible.

Quelques patrons ,assez rares il est vrai, ont accordé la fourniture de l'outillage ou la prime de compensation.

Bref, notre action énergique a permis un relèvement notable de nos salaires. Cette amélioration sensible de nos conditions de travail qui ne fut acquise que grâce à notre mouvement, montre à nos camarades non syndiqués que leur intérêt est de rejoindre bien vite les rangs du syndicat. Il faut que la cohésion qui a fait notre force pendant la grève s'affirme, il faut continuer à nous grouper plus nombreux et plus solidement.

METHODES D'ACTION ET PERSPECTIVES D'AVENIR

La profession de traceur constitue un métier bien déterminé. Un traceur ne peut pas être remplacé au pied levé, même par un dessinateur de la même branche, si celui-ci n'a pas la pratique du traçage.

C'est pourquoi nous pouvons affirmer, et notre expérience de l'année passée le prouve, que malgré notre petit nombre, une action concertée et indépendante des traceurs d'une région n'est nullement utopique.

Disons même en passant que, si certains d'entre nous avaient pris plus au sérieux nos possibilités de lutte, s'ils avaient voté « oui » autrement que du bout des lèvres et s'ils avaient en fin de compte mieux respecté la discipline syndicale, notre succès aurait été une victoire complète. Mais ce sont là erreurs et défaillances inévitables. Même parfaitement menée d'un bout à l'autre, une grève générale ne peut pas être toujours employée.

Certaines régions — la plupart — ne s'y prêtent pas comme l'énorme agglomération parisienne. Les mouvements de traceurs par entreprise sont d'autre part pratiquement impossibles, s'ils ne sont pas coordonnés avec ceux des ouvriers ou des autres techniciens de l'entreprise.

Aussi notre développement en province, notamment dans les chantiers navals, pose-t-il d'une façon immédiate la propagande et l'action en commun au moins avec les dessinateurs et agents de maîtrise.

Une telle liaison n'a pas eu d'existence réelle même dans la Région Parisienne, parce que les branches d'industrie où nous sommes les plus forts sont précisément celles où les autres syndicats de l'U. S. T. sont les plus faibles.

Une entr'aide systématique permettra de franchir une nouvelle étape à notre syndicat et à l'ensemble de l'U. S. T.

SYNDICAT DES CHEFS DE SERVICE COMMERCIAUX ET ADMINISTRATIFS

Le Syndicat des cotisants modèles, c'est ainsi qu'on nous désigne.

Syndiqués de la première heure pour la plupart, nous faisons partie des vieux syndicalistes par idéal qu'aucune stagnation n'effraie. L'assemblée générale est-elle en retard de plusieurs mois, d'un an ? Notre journal a-t-il oublié de paraître pendant 1 an et demi ? Nous ne nous plaignons pas, nous attendons philosophiquement, en nous disant : les jeunes des autres syndicats agissent, le syndicalisme des techniciens est de plus en plus vivant.

Mais au fait qu'attendons-nous pour commencer nousmême à agir ? Pour constituer un conseil syndical digne de ce nom ?

Les innombrables chefs de rayons des grands magasins, les gérants de Sociétés à succursales multiples, les chefs comptables, les chefs de service des banques, les chefs magasiniers, les chefs d'approvisionnement seront-ils toujours représentés par la centaine de syndicalistes inactifs que nous sommes ?

Faudra-t-il qu'encore un peu plus de gêne atteigne les familles de ceux qui constituent les cadres des échanges ?

Faudra-t-il le chômage ?

Parce que les plus isolés, les plus disséminés de tous, les chefs de service commerciaux et administratifs ont le plus à tirer d'un groupement syndical qui défendrait non seulement leurs salaires, mais leur stabilité d'emploi et leur sécurité d'existence.

NOTE DU CONSEIL EXECUTIF DE L'U S. T.

Au nom de tous les syndicats, le C. E. de l'U. S. T. remercie les camarades commerciaux et administratifs, qui les soutiennent non seulement par leurs cotisations, comme il le disent trop modestement, mais encore par leur appui moral, leur sentiment de solidarité désintéressée.

Le C. E. de l'U. S. T., après avoir aidé à démarrer successivement les différents syndicats, s'engage à apporter son aide sans plus tarder au Syndicat des chefs de services commerciaux et administratifs.

Le présent ouvrage en est le premier acte.

FÉDÉRATION NATIONALE DES OFFICIERS RADIOTÉLÉGRAPHISTES DE LA MARINE MARCHANDE

Organe : *Le Radiotélégraphiste*

La Fédération des Radio est affiliée à l'U. S. T. depuis 1927. Pourtant notre liaison avec elle, tant administrative qu'agissante, est encore insignifiante. Cela tient à divers motifs.

Le siège de la Fédération est au Havre ;

Ses adhérents et Secrétaires sont la plupart du temps en mer ;

Les techniciens « terrestres » parvenant déjà avec beaucoup de mal à développer leurs syndicats, n'ont guère trouvé de temps pour s'occuper de leurs camarades navigateurs qui, de leur côté, ont réussi, malgré des difficultés particulières et bien compréhensibles à créer une forte organisation. Aussi ce chapitre ne pourra-t-il contenir qu'une lettre d'un secrétaire de la Fédération datant de septembre 1929, lettre qui ne donne qu'une faible idée de l'activité de nos camarades, telle qu'elle ressort de leur journal.

Au moment où cette lettre nous a été envoyée, le « Syndicalisme des Techniciens » était déjà « sur le point de paraître ». Elle aurait évidemment pu être complétée depuis. Mais faute de liaison, faute d'avoir exposé à nos camarades Radio l'importance que l'U. S. T. accordait à la mise sur pied d'un ouvrage d'éducation et de propagande, nous devons nous contenter actuellement de publier la lettre *in-extenso* :

X..., le... septembre 1929.

Monsieur le Secrétaire U. S. T., Paris,

Monsieur et cher camarade,

Votre lettre du 24 courant me rejoint en cours de voyage. Je manque malheureusement de toute la documentation qui me serait nécessaire et ne puis m'en tenir qu'à des généralités, qui je veux l'espérer, seront cependant suffisantes pour la constitution de votre article.

La F. N. O. R. a été créée en 1923 dans le but de défendre les intérêts matériels et moraux de ses adhérents et de leur servir d'intermédiaire, tant auprès des pouvoirs publics qu'auprès de leurs employeurs. La Fédération réunit sous son égide les sections syndicales des différents ports : Le Havre, Saint-Nazaire, Bordeaux et Marseille. Elle est elle-même affiliée à l' « International Fédération of Radiotelegraphists » et à l'Union Professionnelle des Etats-Majors de la Marine Marchande.

Depuis sa fondation, la Fédération a eu pour but principal l'augmentation des soldes des officiers radios notoirement inférieures à celles des autres spécialités navigantes. Le consortium de la T. S. F., puissamment allié aux Conseils d'administration des grandes compagnies de navigation, fut et reste encore le principal adversaire de nos revendications.

La Fédération eut en outre à lutter pour le classement de ses membres en officiers de la Marine Marchande, résultat maintenant acquis sous réserve de certains brevets, ainsi d'ailleurs qu'il est de règle dans les autres spécialités. Un autre résultat de nos revendications fut la suppression presque complète des « écouteurs », catégorie d'opérateurs n'ayant du Radio que le nom, créés par un armement cupide, et nantis pour les besoins de la cause d'un vague brevet de lecture au son. Ces « écouteurs » (1) étaient destinés à remplacer les officiers Radios sur la plupart des cargos. Ils furent cause de nombreux accidents que la Fédération s'attacha de mettre en lumière et grâce à notre action les « écouteurs » ont presque disparu.

Notre cahier de revendications comprend actuellement une demande de rajustement des soldes que nous voulons rétablir au taux d'avant-guerre. D'autre part nous avons à la Chambre un projet de statut fixant définitivement nos droits et que nous avons l'espoir de voir prochainement discuter.

Avec mes regrets de ne pouvoir d'ici vous donner davantage, je vous prie, etc...

---

(1) Nos camarades Radio sont certainement d'accord avec nous pour considérer que les « écouteurs » sont eux-mêmes des salariés victimes de la cupidité patronale.

Le Conseil Fédéral
de Novembre 1929

RESOLUTIONS

Le Conseil Fédéral de l'U. S. T. composé des délégués des syndicats :

Des Agents de Maîtrise ; des Dessinateurs ; des Ingénieurs ; des Techniciens de la Construction et des Travaux Publics ; des Techniciens des Industries Chimiques ; des Traceurs et chefs d'équipe en charpente, serrurerie, chaudronnerie, et des sections régionales du Havre, de Lille, Lyon, Maubeuge, Paris, Troyes, Valenciennes.

S'est réuni les samedi et dimanche 2 et 3 novembre 1929 à Paris, au siège de l'U. S. T. 9, rue Notre-Dame de Bonne-Nouvelle et a étudié l'expérience des différents syndicats et sections régionales de l'U. S. T.

Il a adopté les résolutions ci-après :

METHODES D'ACTION

Le Conseil Fédéral constate :

1° L'action syndicale de l'U. S. T. a apporté partout où elle s'est exercée effectivement sous sa forme directe dans les entreprises des améliorations sensibles aux conditions de vie des techniciens.

2° Toutes les revendications des techniciens salariés et surtout celle du rajustement de leurs salaires au coût de la vie, ont rencontré de la part du patronat une indifférence ou une intransigeance systématique, accompagnée la plupart du temps de manœuvres caractérisées d'intimidation, de division, de violation du droit syndical et même parfois de mesures de répression.

3° Les techniciens d'une même entreprise ont toujours obtenu des résultats lorsque, restés solidaires au sein du syndicat en dépit de ces manœuvres, ils ont su leur résister et continuer à revendiquer en exerçant tous les moyens de pression à leur disposition (1).

4° Les différentes catégories de techniciens d'une même entreprise (dessinateurs, ingénieurs, agents de maîtrise, etc...) ont été amenées, dans certains cas, dans le but d'assurer au maximum leurs conditions de réussite à s'épauler au cours de leur action revendicative et à concerter l'emploi de moyens de pression qui pouvaient différer suivant la catégorie intéressée.

5° En vue de répondre à l'entente des employeurs dans leur chambre syndicale patronale, les techniciens d'une entreprise ont été amenés à étendre leur mouvement aux entreprises principales de la branche d'industrie intéressée ou même à l'ensemble des entreprises de cette branche.

En conséquence,

Le C. F. recommande à l'ensemble des militants de l'U. S. T. d'avoir toujours présente à l'esprit la nécessité d'étudier au fur et à mesure du développement d'un mouvement revendicatif, l'extension de celui-ci aux techniciens de toutes catégories et entreprises de la branche d'industrie intéressée et l'emploi progressif de moyens de pression appropriés.

COMITES DE GROUPES D'ENTREPRISE — COMITES D'INDUSTRIE — COMITES MIXTES

Le Conseil fédéral recommande le fonctionnement régulier des comités de groupe d'entreprise et d'industrie, ainsi que des comités mixtes (intertechniciens) d'entreprise et d'industrie, ce fonctionnement régulier étant obsolument nécessaire au développement continu et rationnel de notre mouvement.

Le C. F. souligne que les journaux de groupe d'entreprise et d'industrie doivent être rédigés sous la responsabilité des comités correspondants et des Conseils syndicaux.

----

(1) Autre remarque importante, faite au cours des débats, mais oubliée dans les résolutions :

l'envoi à la direction de l'entreprise de délégués **choisis dans le sein du personnel** a pour effet de faciliter les manœuvres. Il a toujours donné de mauvais résultats.

Le Syndicat des Dessinateurs (Comité du 27 décembre 1929) a condamné définitivement cette méthode, ainsi que le Conseil Exécutif de l'U. S. T.

BULLETINS INTERIEURS

Le C. F. recommande :

1° La généralisation à tous les syndicats et sections régionales du système de Bulletin intérieur tiré à la Ronéo employé dans la région parisienne par le Syndicat des Dessinateurs, destiné à l'information des militants par le Conseil syndical sur l'action en cours.

2° L'envoi du bulletin de chaque région à toutes les autres régions.

3° L'utilisation systématique de tous ces bulletins pour la rédaction de l'Union des Techniciens.

« VIDAGE » D'UNE ENTREPRISE

Le Conseil Fédéral recommande de renoncer en règle générale aux démissions individuelles et collectives comme moyen de pression ; il souligne que le « vidage » général d'un bureau, d'un atelier ou d'une entreprise sans action syndicale a pour triple effet : de gaspiller les efforts accomplis par le syndicat pour la création de ce groupe, de faire perdre une occasion de former des militants expérimentés au cours d'une action véritable et enfin de mobiliser brutalement les disponibilités du service de placement dont l'usage doit être fait au mieux de la collectivité des techniciens.

PLACEMENT

Le Conseil Fédéral estime que le placement syndical doit être utilisé principalement pour répartir les militants au mieux des besoins de l'action, et par conséquent considéré définitivement comme un accessoire de l'action syndicale. Il signale toutefois que son usage pour les techniciens de très petites entreprises peut donner des résultats syndicaux utiles en soulignant par la même occasion que si dans celles-ci l'action syndicale directe par entreprise est souvent impossible par contre elle est possible dans l'ensemble des petites entreprises d'une même industrie.

LES SECRETAIRES — PERMANENTS

Le Conseil fédéral, constatant que les secrétaires permanents de l'U. S. T. emploient une partie considérable de leur temps aux occupations rédactionnelles et même purement bureaucratiques, demande qu'un appel systématique soit fait à tous les militants de l'U. S. T. pour que les permanents soient déchargés le plus possible des occupa-

tions précitées de façon à pouvoir jouer effectivement le rôle de régulateurs de la vie quotidienne de l'U. S. T. et de remplir les tâches qui leur incombent principalement (réunions, délégations, etc...) restant entendu que rien n'est changé dans le principe du contrôle de leur travail par les organismes réguliers de l'U. S. T.

RENTRÉE DES COTISATIONS ET QUESTIONS D'ORGANISATION

Le Conseil Fédéral attire l'attention des organismes de l'U. S. T., des militants et de l'ensemble des adhérents sur la nécessité qu'il y a d'assurer la perception régulière des cotisations et en général de ne pas négliger, comme cela est fait trop souvent, les questions dites d'organisation.

Le Conseil fédéral estime que la réussite de la propagande et la continuité de l'action syndicale proprement dite sont à ce prix.

UNIFICATION DES COTISATIONS

Le Conseil Fédéral constate que la cotisation mensuelle varie suivant les Syndicats et les Sections régionales.

Il estime d'une part, que pour un Syndicat donné, la cotisation devrait être uniforme, et d'autre part, que, étant donné la nécessité pressante de pousser la propagande au maximum, tous les Syndicats devraient relever leur cotisation à la valeur de celle du Syndicat des Dessinateurs, qui est le Syndicat de beaucoup le plus expérimenté de l'U. S. T.

La cotisation du Syndicat des Dessinateurs (Lille, Maubeuge, Paris, Troyes, Valenciennes), se répartit comme suit :
Cotisation proprement dite 5 50
Caisse fédérale de solidarité (U. S. T.) 0 50
Caisse syndicale nationale de chômage .... 1 »

Total .... 7 »

Le Conseil Fédéral recommande :

1° Pour le Syndicat des Dessinateurs, l'unification de la cotisation aux valeurs qui précèdent.

2° Pour les autres Syndicats :

a) Le relèvement immédiat de la cotisation comme suit :
Cotisation proprement dite 5 50
Caisse fédérale de solidarité (U. S. T.) 0 50

Total .... 6 »

b) *La mise à l'étude de la création d'une caisse de chômage fédérale nationale.*

REPARTITION DE LA COTISATION UNIFIEE ENTRE LES ORGANISMES INTERESSES

Caisse locale du Syndicat	4	»
Caisse nationale du syndicat	1	»
Caisse fédérale nationale de l'U. S. T.	0	50
Caisse fédérale nationale de solidarité	0	50
Total	6	»

A noter que les sections locales de syndicats d'une même localité doivent se constituer en Union locale fédérale et faire caisse commune pour faciliter la propagande et la trésorerie ; d'autre part, plusieurs Unions locales fédérales peuvent se constituer en Unions régionales fédérales. (Ex. : Lille, Valenciennes, Maubeuge, etc... constituent l'Union régionale du Nord).

L'Union régionale fédérale s'entendra avec les Unions locales pour constituer une caisse régionale qui recevra des Unions locales une fraction des 4 francs qui leur reviennent sur chaque cotisation.

Le siège de la région parisienne étant le même que celui de l'U. S. T. et des syndicats nationaux, la caisse régionale de Paris recevra une indemnité spéciale de 0 fr. 20 par cotisation, dont 0 fr. 10 des caisses nationales de syndicats et 0 fr. 10 de la Caisse Fédérale Nationale de l'U. S. T.

PROCHAIN CONGRES DE L'U. S. T.

Le prochain Congrès de l'U. S. T. aura lieu en septembre 1930 à Paris.

Le Conseil Fédéral charge le Conseil Exécutif de fixer la date précise du congrès, d'établir un projet d'ordre du jour et de le faire parvenir aux unions régionales 6 mois avant le congrès.

L'établissement de l'ordre du jour définitif et l'envoi des rapports des conseils syndicaux et du Conseil exécutif de l'U. S. T. devront avoir lieu 3 mois plus tard.

LE VERSEMENT DU QUART DE L'AUGMENTATION

Le Conseil Fédéral approuve l'initiative heureuse des camarades de la Région du Nord qui ont décidé unanimement de verser à l'organisation une somme égale au quart de la valur de chaque augmentation de salaire.

Le Conseil Fédéral recommande à tous les syndiqués de l'U. S. T. de suivre cet exemple. Il y aura là une source très importante pour l'extension rapide de notre propagande.

La répartition de cette contribution se fera comme suit :

1/8 à la Caisse Fédérale locale.

1/8 à la Caisse Fédérale Nationale.

***

Les autres résolutions portent sur :

Organisation de la région du Nord, organisation de la région de Lyon.

Syndicat de Métier
ou Syndicat d'Industrie

La plupart de nos syndicats peuvent être appelés des syndicats de métier par opposition à nos deux seuls syndicats d'industrie : Les Techniciens des Industries chimiques et les Techniciens de la Construction et des Travaux publics.

Nous avons donné précédemment les raisons qui ont déterminé cette dernière forme syndicale sans pouvoir pourtant conclure que la valeur du Syndicat d'industrie ait été démontrée par les résultats obtenus.

Par contre, les liaisons très fécondes effectuées par les différentes catégories de techniciens sur la base de l'entreprise constituent les embryons de véritables syndicats d'industrie.

La première en date fut le « Comité Mixte », dessinateurs, ingénieurs, agents de maîtrise de l'Alsthom, Comité qui assura la simultanéité de la remise des pétitions, mais qui ne joua qu'un rôle épisodique.

Au contraire, à la Compagnie des Téléphones Thomson-Houston et par la suite, dans la plupart des maisons de téléphones la solidarité « intertechniciens » a pris un caractère permanent : pétition commune, assemblées générales d'entreprise communes, réunions communes de délégués, délégation syndicale commune, moyens de pression concertés et exercés en commun.

Voici pour donner une idée exacte de ce mouvement encore unique par son envergure, la reproduction de deux documents :

Appel au meeting de la Téléphonie du 5 juin 1920, extrait de l' « Union des Techniciens » de mai 1920 :

TECHNICIENS DES ENTREPRISES DE TELEPHONIE

Ingénieurs, dessinateurs, agents de maîtrise
Chefs monteurs, agents Techniques

Vos camarades des Téléphones Thomson-Houston vous appellent à leurs côtés

Amenés dans une situation intenable par le renchérissement incessant du prix de la vie (20 % environ en un an — 75 % depuis 1924) et las de voir nos réclamations individuelles rejetées par la Direction de la maison, qui applique l'échelle mobile à ses prix de vente, mais non aux salaires de ses employés, nous venons dans le courant du mois d'avril de nous syndiquer au nombre de 250, soit dans la proportion de plus de 95 % du personnel technique aux trois syndicats professionnels de l'Union des Syndicats de Techniciens.

50 ingénieurs techniques et comme   ʳ. et agents faisant fonction d'ingénieurs ont adhéré ᴜ..   ndicat des Ingénieurs et Techniciens assimilés ;

50 dessinateurs et chefs d'équipes au Syndicat national des Dessinateurs de l'Industrie ;

75 chefs d'atelier, contremaîtres, chefs d'équipes, chefs monteurs, d'une part ;

Et 80 agents techniques des divers services de fabrication, méthodes, production, achats, etc., d'autre part, au Syndicat des agents de maîtrise et assimilés.

Dans des réunions par catégories et dans des assemblées générales, après des discussions larges et approfondies, nous avons arrêté à l'unanimité nos revendications respectives dont l'essentielle est la *revalorisation des salaires au niveau d'avant-guerre*, devant débuter *par une augmentation uniforme immédiate de 400 francs.*

Des lettres rédigées avec l'aide des délégués de nos syndicats et revêtues de nos signatures ont été portées par ceux-ci à la Direction générale.

La Direction a lu les lettres, mais n'a pas voulu recevoir les délégués. Huit tentatives d'entrevue ont abouti à *une conversation « officieuse » avec un des administrateurs de l' « International Telegraph and Telephone Corporation ».* Fort courtoisement, nos revendications furent jugées par lui comme exagérées.

C'est ainsi, par exemple, qu'en ce qui concerne les ingénieurs débutants, il a estimé « illogique » que ceux-ci gagnent « beaucoup » : ce serait, d'après lui, leur faire

faire un bond trop brutal que de les amener d'un seul coup de la situation d'élèves-techniciens entièrement à la charge de leurs familles depuis des années — à la situation des salariés autonomes. (La nature n'aime pas les bonds).

Il n'a pas contesté, par contre, que les techniciens les plus expérimentés sont en même temps les plus dévalorisés.

Il a reconnu que les affaires ont repris et qu'actuellement le *marché du travail est favorable aux techniciens, surtout aux dessinateurs.* Il a promis de demander une entrevue à l'Administrateur délégué, directeur général de l'I. T. T. C.

Et pour conclure, il a posé cette question à titre « officieux », bien entendu :

— Si vous n'obtenez pas cette entrevue, que compte faire le personnel technique ?

Nos délégués lui répondirent :

— Nous ferons un compte rendu de nos démarches à l'Assemblée générale, qui prendra les décisions qu'elle jugera utiles.

Or, il n'y a pas eu d'entrevue.

Mais quelques-uns d'entre nous ont été appelés par la Direction qui leur a dit :

— Vous n'aurez pas d'augmentation avant juillet.

« Vous n'aurez d'augmentation que si vous augmentez la production ou bien si le prix de la vie continue à croître. »

On a voulu aussi nous diviser en faisant des promesses à certaines catégories.

Enfin, une suprême habileté : envoyez-nous des délégués choisis dans le personnel.

Dans notre assemblée générale du 20 avril, au cours de débats passionnés, nous avons décidé à l'unanimité des 200 présents :

1° De maintenir en toutes circonstances la solidarité entre toutes les catégories de techniciens de la C. T. T. H., *ainsi que la confiance la plus complète à nos délégués syndicaux, seuls susceptibles de discuter avec la direction d'égal à égal, sans risque de défaillance ;*

2° *D'inaugurer à partir du 2 mai, et jusqu'à nouvel ordre de l'Assemblée générale, une méthode efficace d'action dont les modalités d'application ont été fixées ;*

3° *D'organiser avec l'aide de nos syndicats un meeting de la téléphonie.*

Voilà où l'intransigeance aveugle de la Direction générale nous conduit. Sous peu, la Direction saura estimer à sa valeur véritable le rôle du technicien. Car le souci continuel d'initiative, de prévoyance, de coordination des efforts, la recherche opiniâtre du perfectionnement, l'amour-propre technique, toutes ces qualités dont l'existence est la condition primordiale de la bonne marche de l'entreprise, et que nous prodiguons généreusement sans compter, toutes ces qualités incompatibles avec les soucis pécuniaires qui nous préoccupent de plus en plus, souffriront gravement de la mauvaise volonté persistante de la Direction. Mais pour que celle-ci le comprenne vite et bien, *il est nécessaire que tous les techniciens du trust de la Téléphonie concertent leur action avec nous.*

Camarades du Matériel Téléphonique, de la Société Industrielle des Téléphones et de la Société Régina-Grammont, vous qui êtes également des salariés plus ou moins directs du trust de la Téléphonie, vous devez venir à nos côtés (1).

Notre effort commun fera céder le trust, pour nos augmentations communes.

Et surtout pas de crainte vaine.

Si le Trust peut faire des compressions de personnel, il les fera d'autant plus dures que nous serons moins forts. Unissons-nous pour faire monter nos salaires et nous serons unis quand il s'agira de résister aux compressions.

Venez au grand meeting des Techniciens de la Téléphonie, pour mettre au point un programme commun de revendications et d'action.

Le Comité mixte des Techniciens de la C. T. T. H.

(Ce texte a été approuvé à l'unanimité par l'Assemblée générale du 14 mai des techniciens de la C. T. T. H.).

Autre appel tiré de l'Union des Techniciens d'octobre 1929, montrant tout le chemin parcouru en 5 mois.

TECHNICIENS DES ENTREPRISES DE TELEPHONIE

Ingénieurs, dessinateurs, chefs d'atelier, contremaîtres, chefs d'équipe, chefs monteurs, agents techniques de fabrication production, contrôle et tous cadres d'atelier.

700 d'entre nous sont syndiqués aux trois syndicats des ingénieurs, des agents de maîtrise et des dessinateurs re-

---

(1) Le trust I. T. T. C. avait de fortes « participations » à la S. I. T. et chez Grammont. Mais déjà en mai 1929, Grammont était « libéré » de l'I. T. T. C° par... la Siemens-Berliner .Nous l'ignorions (janvier 1930).

présentant les maisons suivantes : C. T. T. H. (unanimité), L. M. T. Boulogne et Breteuil, Régina-Grammont (unanimité), S. I. T. (Bezons, Entrepreneurs et Levallois), S. E. L. T. (unanimité), C. G. T. T. (unanimité).

Au cours des six derniers mois, nous avons adressé des pétitions aux directions de ces maisons. En plus d'une augmentation immédiate uniforme de 400 francs destinée à avantager les salaires les plus bas, voici ce que nous demandions dans l'ensemble (1) :

DESSINATEURS

Apprentis (petites mains)	Minimum	1.000 fr.
Calqueurs	—	1.400 fr.
Dessinateurs d'exécution et détaillants	—	1.750 fr.
Dessinateurs mixtes	—	1.950 fr.
Dessinateurs d'études et calculateurs	—	2.200 fr.
Chefs d'équipe	—	2.450 fr.

INGENIEURS ET FAISANT FONCTION

Ingénieur débutant dans l'industrie ..	Minimum	1.800 fr.
Après 5 ans d'industrie	—	2.800 fr.
Chef de bureau d'ingénieurs, sous-chef de service ou faisant fonction ..	—	4.000 fr.

(Ces chiffres se rapportent aux traitements globaux, prime comprise pour les ingénieurs intéressés au chiffre d'affaires).

AGENTS DE MATRISE ET AGENTS TECHNIQUES

Chefs d'équipe et faisant fonction	Minimum	1.800 fr.
Agents techniques assimilables aux chefs d'équipe	—	1.800 fr.
Chefs monteurs	—	1.800 fr.

Frais de déplacement journaliers : Paris 10 fr. ; province, 40 francs.

Après 5 ans maximum de fonction ..	Minimum	2.300 fr.
Contremaîtres et faisant fonction, agents techniques ou chefs de service d'atelier assimilés	—	2.300 fr.
Après 5 ans maximum de fonction ..	—	2.800 fr.
Chefs d'atelier et faisant fonction, chefs de service d'atelier assimilés	—	2.800 fr.

---

(1) Chiffres à relever actuellement dans le rapport de 7,5 à 7 (Janvier 1930).

Les autres revendications communes à toutes les catégories portent sur :

Suppression de tout mode de paiement autre que le paiement au mois ;

Semaine de 44 heures maximum ;

Suppression des heures supplémentaires (occasionnellement heures supplémentaires au tarif double même pour les travaux d'entretien et de mise en route) ;

Trois semaines de vacances payées minimum ;

A travail égal, salaire égal pour les jeunes avant régiment et pour les femmes.

L'importance des résultats obtenus varie avec les maisons: à la C. T. T. H., augmentations générales, bien qu'à échelle réduite ; à la S. I. T., chez Grammont, au L. M. T., augmentations partielles et également très réduites.

La direction de Régina-Grammont a accueilli la démarche de nos délégués syndicaux à peu près en ces termes :

« Vos desiderata ne nous paraissent pas exagérés... mais nous ne pouvons pas les satisfaire... pas même accorder les 400 francs demandés si nous sommes seuls à le faire. Vous êtes déjà une force... Quand vous tiendrez en mains l'ensemble de la téléphonie, nous serons bien obligés de céder... »

Les dessinateurs du L. M. T. Breteuil (Laboratoires Standard) avaient déjà obtenu cette réponse.

C'est ainsi que les patrons nous dictent eux-mêmes la marche à suivre... tout en se concertant.

Dans la construction téléphonique la concurrence sur le marché de vente est pratiquement limitée à trois trusts :

En tête, le trust américain, l'International Telegraph and Telephone Corporation, qui s'est intégré le Matériel Téléphonique, les Téléphones Thomson-Houston, et qui a pris de fortes participations à la Société industrielle des Téléphones ;

Puis la Société Suédoise Ericsson ;

Enfin, le groupe des Etablissements Grammont et de la Compagnie Générale de Télégraphie et de Téléphonie (trust franco-allemand Siemens-Berliner).

Du reste, ces trois groupements ne semblent pas entièrement indépendants les uns des autres, puisque deux de leurs sociétés composantes : la S. I. T. d'une part et Grammont d'autre part, ont créé, avec l'Alsacienne une Société d'Etudes et de Liaisons Téléphoniques et Télégraphiques (S. E. L. T.).

Quoi qu'il en soit, les dirigeants de la téléphonie groupés dans la même *Chambre syndicale patronale* s'unissent étroitement lorsqu'il s'agit de leur intérêt commun : la résistance aux revendications des salariés.

C'est pourquoi, nous aussi, augmentés et non augmentés, nous sommes d'accord pour nous solidariser étroitement en remettant aux patrons et à leur chambre syndicale *Notre pétition générale* établie sur les bases qui précèdent. Cette pétition portera 1.300 signatures. Nous sommes déjà syndiqués à plus de 50 %.

Les techniciens de la firme Ericsson n'ont pas encore été touchés en grand. Dans quelques-unes des autres maisons, certaines catégories sont sans liaison avec le syndicat.

Dessinateurs de la S. I. T. Levallois, agents de maîtrise de la S. I. T. Bezons, ingénieurs et contremaîtres du L. M. T., il faut qu'à la fin du mois de novembre, nous soyons tous syndiqués.

Le succès est à ce prix

Techniciens de toutes catégories de la Société Ericsson, n'attendez pas les déceptions de janvier, pour nous rejoindre et agir.

Des réunions sont prévues à partir de la Toussaint pour les différentes entreprises. Elles seront annoncées en temps voulu par des circulaires spéciales.

Le Comité de la Téléphonie.

LES LEÇONS DU MOUVEMENT DE LA TELEPHONIE

La pétition générale de la téléphonie n'a pas répondu aux espoirs du Comité en raison des difficultés matérielles qui se sont opposées à notre propagande, difficultés d'autant plus sensibles que le nombre de militants actifs n'a pas été suffisant.

Dans plusieurs maisons, il a fallu envisager la propagande par catégorie séparée, alors que les journaux et tracts avaient été prévus sous la forme « tous techniciens ».

Le Comité de la téléphonie composé de délégués de toutes les catégories et de toutes les entreprises s'est montré un organisme lourd, difficile à manier.

D'autre part, à la S. I. T. Entrepreneurs, comme aux Laboratoires Standard (L. M. T. Breteuil), les dessinateurs se sont vite trouvés très « en avant » des autres techniciens de la maison.

Au L. M. T. (Usine de Boulogne), c'est au contraire les

testeurs (agents techniques des essais) qui d'abord réfractaires ont rapidement pris la tête du mouvement.

Les ingénieurs, d'ailleurs difficiles à toucher, se sont tenus complètement à l'écart dans certaines maisons.

Partout ils se sont révélés les plus sensibles aux remontrances directoriales.

Même à la C. T. T. H., tout en n'attribuant pas une grosse importance à la démission de 3 ingénieurs qui, provisoirement découragés, reviendront certainement aux côtés de leurs camarades, il est à noter qu'il y a un certain flottement parmi les ingénieurs, parmi les commerciaux notamment et même quelque tendance à l'amicalisme encouragée par la Direction.

Tout cela n'est pas grave et s'explique par l'extrême jeunesse du mouvement, mais il y a pourtant des conclusions à tirer.

Tout d'abord pourquoi le mouvement a-t-il pris la forme « Intertechniciens » à la C. T. T. H. ?

A l'ordinaire, ce sont partout les dessinateurs qui « démarrent » les premiers. Groupés d'habitude en grand nombre dans de vastes bureaux, les dessinateurs en viennent rapidement aux formes collectives d'action. Au contraire, les agents de maîtrise sont disséminés dans les ateliers ; quant aux ingénieurs, ils sont isolés par 2, 3 ou 4 et en moyenne mieux payés que les autres techniciens, dès qu'ils atteignent une certaine ancienneté.

Or à la C. T. T. H. (Vaugirard), ingénieurs, dessinateurs, agents techniques étaient mélangés dans des petits bureaux de 5, 6 de sorte que les relations de subordination technique coexistaient avec des relations de camaraderie d'autant plus que tous les techniciens étaient très mal payés.

A la C. T. T. H., il n'y avait pas de mouvement dessinateurs ; quand les dessinateurs sont venus à l'action syndicale ils ont entraîné tous les autres, sauf comme on l'a vu les chefs monteurs qui étaient déjà groupés depuis plus de six mois et qui ont joué eux-mêmes un rôle très actif dans l'extension du mouvement.

Pourtant au cours de l'action entreprise par les 260 techniciens de la C. T. T. H., action qui a été tout à fait efficace, puisqu'après avoir constaté un retard de deux mois dans les commandes la Direction a été obligée de céder, les dessinateurs se sont montrés rapidement impatients de supporter la discipline collective et ont agi plus énergiquement. Faut-il les blâmer d'avoir usé d'un moyen efficace à leur portée : l'arrêt complet du travail alors qu'il était difficile à employer pour les autres techniciens ?

A noter avant toute chose que les dessinateurs ont été de loin les plus augmentés de tous (200 à 330 francs en juin 1929). Il est certain que l'action tenace bien que moins brutale des 260 techniciens a aidé les dessinateurs eux-mêmes. Mais réciproquement nous pensons que le geste spontané et « indiscipliné » des dessinateurs a fait une impression profonde sur la Direction et l'a obligée à céder rapidement à tous les techniciens, voyant qu'aucune manœuvre n'avait de prise sérieuse sur eux.

Voici donc la conlusion essentielle que nous devons tirer de ce mouvement, conclusion qui serait encore plus vraie pour les entreprises où les dessinateurs sont groupés dans de grands bureaux :

Les actions solidaires et simultanées des différentes catégories de techniciens d'une même entreprise ou industrie sont très utiles pour l'ensemble des techniciens mais il ne faut pas qu'elle soient liées d'une manière trop rigide, il suffit qu'elles soient coordonnées, les moyens d'action pouvant être les mêmes ou différents.

Du reste de nombreux échanges d'idées ont été faits à la suite du mouvement de la téléphonie qui a véritablement créé notre syndicat d'ingénieurs et considérablement développé celui des agents de maîtrise.

Il en est ressorti que d'une façon générale il vaut mieux donner une indépendance de mouvement complète aux différents syndicats dans leur propagande. Les ingénieurs syndiqués d'une firme ou d'une industrie, agissant en tant que Syndicat des Ingénieurs toucheront facilement les ingénieurs d'autres firmes ou industries, qui déjà bien perplexes à l'idée d'adhérer à un syndicat sont franchement réfractaires lorsque sollicités par les agents de maîtrise ou les dessinateurs.

Il en est un peu de même pour les agents de maîtrise, les contremaîtres et chefs d'atelier surtout, bien que peut-être dans une mesure moindre.

Cela s'explique par toutes les considérations de différence d'éducation technique, parfois d'origine sociale, et surtout de conditions de travail.

Est-ce à dire que jamais les ingénieurs et agents de maîtrise n'arriveront au degré de « maturité » syndicale que les dessinateurs atteignent facilement ? Nullement ; mais trois facteurs sont à considérer :

1° De par leurs postes dans la production, les agents de maîtrise et surtout les ingénieurs ont un chemin plus long que les dessinateurs à parcourir pour arriver à une concience collective, à une clairvoyance syndicaliste.

Il en résulterait donc, d'une interpénétration étroite des mouvements, une gêne, une déperdition d'énergie, et par suite une méfiance réciproque pour les uns et pour les autres.

2° Si, d'une part, il est impossible de faire « brûler les étapes » aux ingénieurs et aux agents de maîtrise, par contre une organisation syndicale digne de ce nom ne peut songer à « freiner » les dessinateurs pour que les autres puissent les rattraper.

3° En dehors de toute question de « maturité syndicale » il ne faut pas perdre de vue que tel moyen d'action, tel moyen de pression convient mieux à une catégorie plutôt qu'à une autre parce que plus ou moins facile à employer.

En résumé il faut considérer ces questions froidement, objectivement ; il ne faut pas que chacun de nous critique l'action des techniciens d'une autre catégorie à travers ses propres possibilités.

Pour l'instant, une liberté de mouvement complète, tant dans la propagande générale (meetings, presse, etc...) que dans l'action sur la base des entreprises, mais aussi une solidarité assurée par la coordination aussi étroite que possible, des actions des différentes catégories.

C'est certainement la meilleure méthode pour arriver peut-être bientôt et tout naturellement à une véritable communion syndicaliste de tous les techniciens. Le Syndicat d'industrie ou plutôt la fédération d'industrie, sera alors un fait, les syndicats de métier devenant au sein du syndicat d'industrie de simples sections ayant pour objet l'étude des revendications particulières à chaque catégorie.

Indices du prix de la vie

Le ministère du Travail public chaque mois un indice national des prix de gros et des indices régionaux des prix de détail ; chaque trimestre des indices régionaux du coût de la vie.

L'indice des prix de gros porte sur 45 denrées classées d'une part en : matières premières, produits manufacturés, produits alimentaires ; d'autre part en : produits nationaux, produits importés. Il ne présente qu'un intérêt purement statistique.

Treize articles ont été choisis de telle sorte que « leur désignation est assez précise pour ne pas correspondre à des qualités trop différentes et dont la consommation ne varie pas trop suivant les régions ». (Statistique générale de la France.)

On a admis qu'une famille ouvrière de quatre personnes consommait annuellement :

Pain	kilos	700
Viande		200
Lard		20
Beurre		20
Œufs	douzaines	20
Lait	litres	300
Fromage	kilos	20
Pommes de terre		250
Haricots		30
Sucre		20
Huile comestible		10
Pétrole	litres	10
Alcool à brûler	litres	10

A ces quantités, on applique les prix unitaires actuels et on fait la somme des dépenses partielles. Le rapport du montant ainsi obtenu au montant calculé de la même façon pour 1914 donne l'indice cherché.

Comme on le voit cet indice ne représente pas le coût de la vie, mais seulement les variations de prix de treize articles puisque les articles comme : chauffage, habillement, transports, logement, etc., né figurent pas dans son établissement.

Une volonté bien arrêtée transparaît à la lecture des chiffres qui nous sont fournis par le « Bulletin de la Statistique générale de la France » : masquer la course à la hausse des produits d'alimentation (voir graphiques ci-après).

Nous lisons, par exemple, qu'en novembre 1926 (maximum de l'année), l'indice est 628. Il dégringole ensuite progressivement jusqu'en novembre 1927 pour atteindre 500. Quelle bonne blague ! Le coût de la vie aurait alors diminué de 20 %. Qui s'en est aperçu ?

Après avoir suivi, en 1928, les fluctuations les plus diverses, atteint le maximum de l'année 1929 au mois de mai avec 626, il se retrouve égal à 614 en décembre. Soit une hausse officielle, mais bien au-dessous de la réalité, de 22,9 % de mai 1929 par rapport à novembre 1927.

Aussi partial que cela puisse paraître aux économistes distingués qui défendent le point de vue patronal, nous n'hésitons pas à affirmer que l'indice réel d'alimentation est au moins égal à l'indice maximum de 1926, multiplié par le coefficient qui résulte de cette dernière hausse, soit :

$$6,28 \times 1,22 = 7,7$$

INDICE DU COUT DE LA VIE

Dans le calcul de cet indice, on fait entrer en ligne de compte les chapitres suivants : alimentation, chauffage et éclairage, habillement, logement, dépenses diverses (soins médicaux, transports, etc.).

Il a été fixé, pour chacun des articles entrant dans chaque chapitre, une consommation type pour une famille de quatre personnes.

On applique les prix unitaires constatés au moment du calcul, on fait la somme totale par chapitre des dépenses partielles ainsi obtenues et l'on recherche l'indice correspondant à chaque chapitre.

Pour le quatrième trimestre 1929, ces indices ont été fixés comme suit :

Alimentation, 589 ; chauffage et éclairage, 602 ; logement, 350 ; habillement, 610 ; dépenses diverses, 600.

C'est alors qu'intervient une façon de calculer on ne peut plus baroque.

Nos augures officiels ont fait cette trouvaille que, dans un budget tel qu'ils l'ont composé, les dépenses par chapitre respectent dans leur variation des pourcentages immuables par rapport à l'ensemble du budget ; ces pourcentages sont fixés comme suit pour la région parisienne :

Alimentation	60 %
Chauffage et éclairage	5 %
Loyer	12 %
Habillement	15 %
Dépenses diverses	8 %

On effectue les opérations suivantes :

$$\frac{589 \times 60}{100} = 353,40$$

$$\frac{602 \times 5}{100} = 30,10$$

$$\frac{350 \times 12}{100} = 42,00$$

$$\frac{610 \times 15}{100} = 91,50$$

$$\frac{600 \times 8}{100} = 48,00$$

Total   565,00

565 serait donc l'indice général du coût de la vie pour le quatrième trimestre 1929.

Rien n'est plus arbitraire que ce calcul.

Le véritable indice du coût de la vie serait déterminé ainsi :

Indice = total des dépenses de 1914 évaluées aux prix de 1929 divisé par le total des dépenses en 1914.

L'indice général ainsi trouvé serait, en principe, le seul auquel on puisse accorder quelque crédit. Mais pour que nous l'adoptions faudrait-il encore s'assurer que la commission s'est fixée au départ des bases tout à fait sérieuses.

Or, dans la rubrique alimentation, il n'est pas tenu

compte du vin, du café, des légumes (choux, carottes, etc.), et d'une quantité d'articles de première nécessité.

On réduit à des chiffres vraiment ridicules la consommation de certaines denrées. Ainsi chacun des quatre membres de la famille ne mange par jour que 150 grammes de « viande crue », un œuf par semaine. On accorde généreusement 10 kilos de beurre par an et il en est ainsi pour beaucoup d'autres articles.

Passons au chapitre logement : indice 350 (indice légal). Cet indice n'est valable que pour ceux qui ont conservé leur logement d'avant-guerre, et encore ! D'ailleurs 90 % des techniciens consultés à nos diverses réunions ont emménagé après la guerre.

Beaucoup d'entre nous logent à l'hôtel ; ils savent que les chambres louées de 25 à 40 francs en 1914 sont louées maintenant à des prix variant de 250 à 400 francs. En ce qui concerne l'indice réel des loyers non meublés, s'il n'atteint pas 10, il est bien compris entre 5 et 8.

Quant à la rubrique habillement, nous ne nous appesentirons pas sur l'absence volontaire d'articles essentiels comme bas et chaussettes, par exemple. Il nous suffira de rappeler que, « grâce » à l'indice officiel (6,10), nous ne payons un complet que 350 francs ! La réalité est toute autre ; l'indice, pour cette catégorie, oscille entre 10 et 12, et encore la qualité n'y est-elle plus !

Enfin, examinons, pour terminer, le chapitre : dépenses diverses.

En juillet 1914 : 100 francs par an, dit la commission (toujours pour une famille de quatre personnes).

Appliquons l'indice 6, cela nous fait 600 francs par an. Cette somme est destinée à payer le blanchissage, les soins médicaux et pharmaceutiques, les soins corporels (coiffeur, etc.), les transports en commun, les articles de ménage, les journaux et les assurances !

Cela encore se passe de commentaires.

En résumé, nos griefs principaux portent sur les points suivants :

1° Calcul illogique par l'introduction de pourcentages arbitraires de consommation ;

2° Nombre trop restreint des articles sur lesquels se basent les Commissions gouvernementales pour établir les indices généraux ;

3° Évaluation fantaisiste du prix des logements et des dépenses diverses.

4° Enfin falsification globale de la variation de l'in-

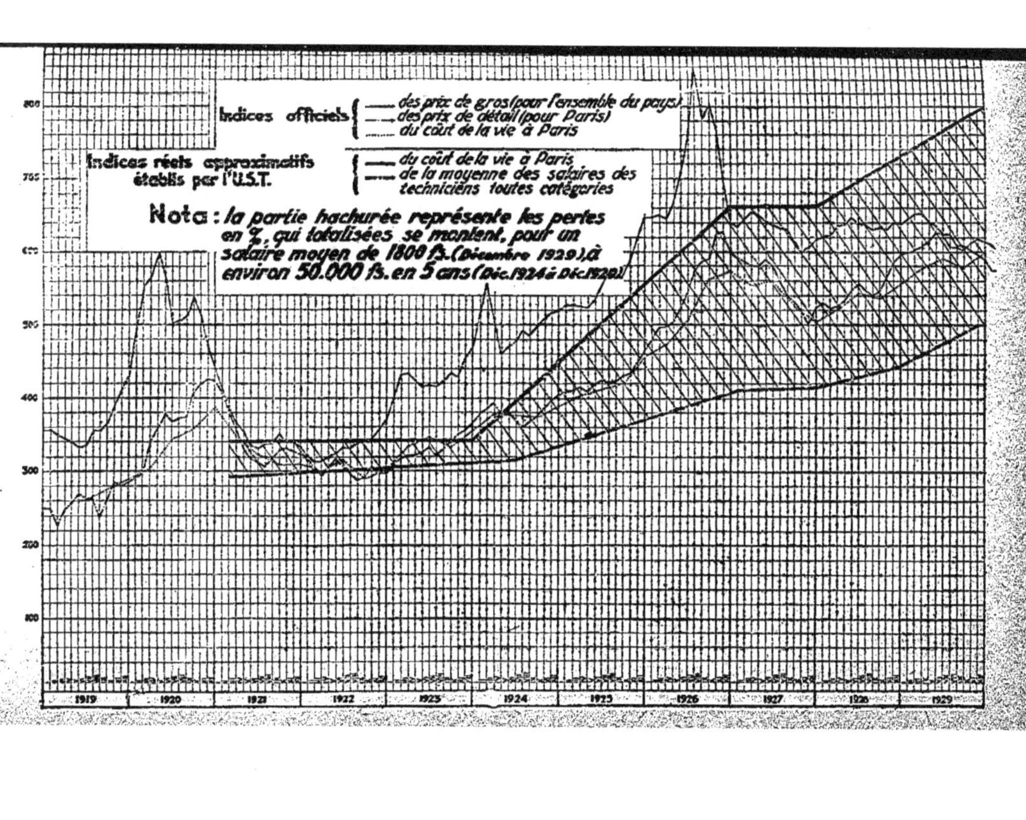
Indices officiels { des prix de gros (pour l'ensemble du pays)
des prix de détail (pour Paris)
du coût de la vie à Paris
Indices réels approximatifs établis par l'U.S.T. { du coût de la vie à Paris
de la moyenne des salaires des techniciens toutes catégories
Nota : la partie hachurée représente les pertes en %, qui totalisées se montent, pour un salaire moyen de 1800 fs. (Décembre 1929), à environ 50.000 fs. en 5 ans (Déc. 1924 à Déc. 1929)
800
700
600
500
400
300
200
100
1919
1920
1921
1922
1923
1924
1925
1926
1927
1928
1929

dice en 1927, comme pour l'indice des prix de détail ; falsification qui interdit tout usage objectif des indices officiels.

NOTRE INDICE

L'U. S. T. peut-elle dès lors avoir son indice ?

Après avoir critiqué les chiffres gouvernementaux, pouvons-nous en établir d'autres aussi « mathématiques », mais plus logiques et plus objectifs ?

Théoriquement, cela est évidemment faisable, mais il nous aurait fallu réunir une documentation d'une telle ampleur et nous livrer à des opérations tellement fastidieuses pour obtenir un indice « juste » que nous avons jusqu'à présent écarté cette besogne comme pratiquement trop difficile à réaliser.

Outre qu'elle devrait être recommencée continuellement pour suivre les fluctuations du coût de la vie, nous devrions aussi avoir un indice par Syndicat, étant donné que nous groupons les catégories de techniciens les plus diverses.

Nous nous contenterons donc de choisir un indice approximatif un peu inférieur à l'indice réel probable tel qu'il ressort des hausses constatées par les techniciens sur les objets d'usage courant : pain, vin, beurre, sucre, viande, chaussures, vêtements, loyer, etc., etc.

C'est ainsi qu'il y a un an, nous avons adopté l'indice 7, considérant que l'indice réel était voisin de 7,5. Actuellement nous estimons que celui-ci dépasse 8 et nous basons nos revendications de salaires sur 7,5.

Nous sommes certains que cette approximation est tout de même plus proche de la réalité que l'indice même très « étudié » du coût de la vie que nous fournissent les organes gouvernementaux.

Service de Placement

L'expérience acquise au cours de ces dernières années, par nos syndicats, et avant tout par le syndicat des Dessinateurs, nous permet de formuler aujourd'hui une véritable « doctrine » du placement syndical.

Tant que nos syndicats n'avaient pas une vie professionnelle active, nous n'avons pu mettre sur pied un service de placement digne de ce nom ; et nous *ne savions pas* au juste ce que pourrait être ce service. Maintenant nous le savons.

Nous savons que le placement syndical n'a guère de commun que le nom avec le placement paritaire ou le placement amicaliste.

Ceux-ci n'existent en effet qu'en vue du service immédiat individuel rendu à celui que l'on place, et *à l'employeur chez qui on le place*. Le placement syndical lui n'est pas à double face ; nous reviendrons plus loin sur ce caractère essentiel. Mais surtout il dépasse de loin le cadre étroit du service individuel. Cela parce que les fins du syndicat sont essentiellement collectives. Même du point de vue individuel, notre service de placement affirme déjà sa supériorité. En effet, nous avons pu faire embaucher des jeunes dessinateurs qui gagnaient 400, 500 et 600 francs, dans des maisons où ils obtiennent 900, 1.000 francs et même plus. Des camarades mal payés ont pu être casés avec 300 et 400 fr. de plus par mois.

Le secret de cette supériorité est bien simple, et nous ne risquons rien à le dévoiler, car ni les offices paritaires, ni surtout les Amicales ne nous imiteront. Étant uniquement au service du technicien salarié, *nous lui indiquons le salaire qu'il doit demander*, et cela lui permet généralement d'être embauché à quelques 50 francs près, au taux indiqué par le syndicat, c'est-à-dire en fait par les camarades des maisons intéressées, auxquels ainsi il n'est fait aucun tort.

Un exemple : un gadz'arts est envoyé par son Amicale dans une grosse firme de construction électro-mécanique à raison de 1.300 francs. D'après les indications de nos camarades des bureaux de la maison nous arrivons à placer nos camarades gad'zarts à des tarifs variant de 1.700 à 1.800 fr. Ils gagnent 300 à 400 francs rien que par le fait de s'être renseignés **auprès du syndicat**.

Quel service de placement publiera des annonces d'emplois vacants, comme le fait notre *Bulletin hebdomadaire*, avec au bout le chiffre à demander et le minimum à accepter ?

Bien au contraire, la plupart des Amicales, non seulement ne renseignent pas le « camarade » à la recherche d'un emploi, mais l'engagent à accepter le chiffre offert par l'employeur, et s'arrangent pour donner l'avantage du choix non au premier, mais au second.

Mais ce n'est là que le petit côté de la question. L'intérêt du placement n'est pas pour nous de rendre service à tel ou tel camarade, mais de contribuer à élever le niveau général des salaires.

Nous avons acquis une sérieuse expérience de ce que peut donner le placement comme moyen d'action syndicale.

Un service de placement bien organisé donne au syndicat une position dominante sur le marché de la main-d'œuvre technique. Bien utilisé, il permet d'appuyer les mouvements de revendications ; il peut aussi jouer un rôle défensif, en permettant de parer les coups portés à nos militants par les patrons. Toutefois, il faut se garder de le considérer comme moyen d'action exclusif ou même principal, et de prendre, sans l'avis du syndicat, l'initiative de démissions collectives entraînant l'intervention du service de placement.

Deux exemples concrets :

A la S. E. V. F. G. R. E., les dessinateurs déposent leur cahier de revendications. La Direction reçoit leur délégation avec la dernière brutalité, menace de jeter dehors le premier qui bouge. Prévenus par leurs délégués, les dessinateurs opposent l'inertie la plus complète aux provocations patronales qui n'ont pas tardé à suivre les menaces. Aux attaques individuelles, nos camarades résistent collectivement. La Direction change de tactique, choisit des « boucs émissaires » et les congédie. Nos camarades se sentent dans l'obligation de riposter à un acte de force par un acte de force, immédiat, aussi brutal, et démissionnent en bloc. Le service de placement leur procure à tous non seulement des emplois, mais des salaires supérieurs de 200 à 500 francs à ceux qu'ils avaient.

La S. E. V. F. G. R. E. n'arrive que difficilement à reconstituer son bureau d'études et doit subir tous les inconvénients que représente la mise au courant d'un personnel entièrement nouveau.

A la S. I. T. (Société Industrielle des Téléphones), les dessinateurs, las de leurs salaires de 1.000 et 1.100 francs par mois, quittent le travail ; le lendemain matin, leurs délégués syndicaux présentent à la Direction une lettre, rappelant leur pétition antérieure, protestant contre une série de brimades, et demandant une entrevue pour discuter des revendications des dessinateurs. La Direction refuse même la lecture de la lettre. Les Dessinateurs répliquent par une démission collective.

Là encore le service de placement est mis en action et procure à tous des emplois mieux rétribués.

Le syndicat, loin de se laisser griser par des succès incontestables a compris la nécessité de mettre les dessinateurs en garde. A la suite de l'affaire de la S. I. T., le Conseil syndical a publié une note très nette, montrant que la démission collective n'est pas une méthode d'action syndicale, parce que le bureau « vidé » de dessinateurs l'est en même temps de syndiqués, et que tout est à recommencer ensuite. Au contraire, lorsque l'on obtient des avantages par l'action menée à l'intérieur de la maison, on y fortifie la position du syndicat. Si le « vidage » employé comme moyen de pression, peut obliger les patrons à céder, on peut être certain qu'ils ne résisteront pas davantage aux autres moyens de pression, dont le syndicat dispose. D'autre part, le service de placement, une fois qu'il a casé l'ensemble des démissionnaires, risque de se trouver à court d'offres.

L'acte des dessinateurs de la S. E. V. F. G. R. E. s'imposait, comme réplique à l'agression patronale ; celui de leurs camarades de la S. I. T. se justifie encore comme cas d'espèce, par leurs salaires ridicules et l'insolence avec laquelle leur délégation avait été reçue. Mais il ne faut pas penser que « tout le monde devrait en faire autant », Cela pourrait même être dangereux.

*
**

Une méthode rationelle d'utilisation du placement est forcément liée à une analyse de son influence possible sur les salaires.

Une grande activité des services de placement se traduit en somme par une grande mobilité des techniciens, par une grande facilité pour ceux-ci de trouver des places, et aussi par une grande facilité pour les employeurs de compléter leur personnel. Il tend donc à se produire ce que les physiciens appellent un « équilibre statistique », un nivellement des salaires dans chaque catégorie au taux du salaire moyen de cette catégorie. Les employeurs peuvent difficilement conserver des techniciens à des taux inférieurs à la moyenne; par contre, ils peuvent profiter de toutes les occasions pour éliminer les salaires supérieurs.

Tout dépend donc du sens dans lequel la moyenne tend à varier sous l'influence des différents facteurs : prépondérance de l'offre sur la demande ou inversement et pression syndicale plus ou moins forte.

S'il y a équilibre parfait, à un moment donné, entre l'offre et la demande, seule l'action syndicale est capable d'élever la moyenne des salaires ; le placement parachève l'action syndicale, en ramenant vers cette moyenne les entreprises où l'action syndicale n'a pu s'exercer.

Si le marché est favorable aux techniciens, le placement active la montée des salaires, mais ne fait que les amener plus vite au niveau qu'ils auraient atteint plus lentement sans lui. Par contre, c'est le meilleur moment pour faire de l'action syndicale, et pour conquérir grâce à elle un niveau de vie plus élevé.

Enfin, si l'équilibre économique est rompu dans le sens défavorable aux salariés, les salaires tendent à baisser sous la pression patronale : menaces, congédiement, lock-out, chômage. Si dans ces conditions le service de placement met à la disposition des employeurs des techniciens pour remplacer ceux qu'ils congédient, il active la baisse des salaires. Il faut donc, en pareil cas, supprimer complètement le « placement de circulation », se borner à placer les camarades licenciés, et, d'autre part, mener plus énergiquement que jamais l'action syndicale pour conserver les avantages acquis et défendre notre sécurité d'existence.

En définitive, la méthode d'action peut se schématiser ainsi :

1° L'action collective à l'intérieur des maisons importantes, où le syndicat peut constituer des groupes d'entreprises ;

2° Les améliorations une fois obtenues, utilisation du placement pour obliger les petites entreprises à élever les salaires au niveau des grosses maisons : donc extension et généralisation des résultats de l'action syndicale proprement dite ;

3° Si les conditions sont défavorables et si l'action syndicale est réduite à la défensive, limiter également l'activité du placement à un rôle défensif.

Ajoutons que le placement peut encore favoriser l'action syndicale en permettant de répartir les militants actifs là où leur présence est utile.

Dans tous les cas, c'est au syndicat lui-même qu'il appartient de diriger l'action auxiliaire du placement comme l'action générale elle-même.

Le Conseil Fédéral de l'U. S. T. des 2 et 3 novembre 1929 a d'ailleurs adopté les résolutions suivantes :

Le C. F. recommande de renoncer en règle générale aux démissions individuelles et collectives comme moyen de pression ; il souligne que le « vidage » général d'un bureau, d'un atelier ou d'une entreprise sans action syndicale a pour triple effet de gaspiller les efforts accomplis par le syndicat pour la création de ce groupe, de faire perdre une occasion de former des militants expérimentés au cours d'une action véritable et enfin de mobiliser brutalement les disponibilités du service de placement dont l'usage doit être fait au mieux de la collectivité des techniciens.

Le C. F. estime que le placement syndical doit être utilisé principalement pour répartir les militants au mieux des besoins de l'action, et par conséquent considéré définitivement comme un accessoire de l'action syndicale. Il signale toutefois que son usage pour les techniciens des très petites entreprises peut donner des résultats syndicaux utiles en soulignant par la même occasion que si dans celle-ci l'action syndicale directe est souvent impossible, par contre elle est possible dans l'ensemble des petites entreprises d'une même industrie.

Service Juridique

Sommaire :

CONSIDERATIONS GENERALES

Les différends survenant entre patrons et salariés peuvent être portés devant trois sortes de juridictions : Tribunal de Prud'hommes (ou juge de paix si la localité ne possède pas de Conseil de Prud'hommes), Tribunal de Commerce et Tribunal Civil, toutefois les Prud'hommes sont seuls compétents en première instance lorsque le montant de la demande ne dépasse pas 2.000 francs. C'est pour cette raison que la plupart des affaires sont jugées par eux.

Il est intéressant d'étudier les caractères distinctifs de chacune de ces juridictions ; cela nous permettra d'indiquer dans quels cas et pourquoi le salarié devra s'adresser à l'une plutôt qu'à l'autre.

1° Le Tribunal des Prud'hommes et le Tribunal de Commerce comportent des magistrats élus ; mais alors que les juges du Commerce sont élus par une seule catégorie d'électeurs : les commerçants, le Tribunal des Prud'hommes est composé, par parties égales, de représentants des salariés et de représentants des patrons.

Le Tribunal Civil, lui, comporte des juges nommés par le Ministre de la Justice.

2° Les Tribunaux de Commerce jugent tous les procès dérivant d'un acte commercial, que les parties aient qualité, ou non, pour élire les magistrats ; ils appliquent la loi écrite représentée par le Code de Commerce et ont un pouvoir propre de décision dans tous les cas.

Au contraire, les Prud'hommes ne peuvent juger que si les parties ont qualité pour prendre part à l'élection ; ils combinent la loi écrite représentée par le Code du Travail avec la loi coutumière qui comprend à la fois les usages locaux de la profession et la jurisprudence, c'est-à-dire l'ensemble des décisions rendues par les diversese juridictions en matière de conflit du travail. Ce sont surtout des tribunaux arbitraux qui doivent chercher à concilier les parties ; si la chose est impossible et si les avis des conseillers patrons et ouvriers sont également partagés, le Conseil ne peut prendre aucune décision ; celle-ci appartient à un magistrat de carrière imposé par la loi ; c'est ordinairement un juge de paix.

Le Tribunal Civil applique à la fois le Code civil et le Code du Travail.

D'une façon générale les salariés ont tout avantage à s'adresser aux Prud'hommes où ils ont des représentants parmi le Tribunal ; ils doivent éviter absolument le Tribunal de commerce.

3° Le Tribunal de Commerce a une procédure plus expéditive que le Tribunal des Prud'hommes ; jugeant surtout des conflits entre commerçants et rarement entre patrons et salariés, il se montre en général plus généreux quand il alloue des indemnités ; mais il faut que le « bien fondé » de la demande soit incontestablement établi et appuyé de preuves écrites ; ce Tribunal a du reste une certaine tendance à se déclarer incompétent lorsque le salarié n'est pas intéressé d'une manière quelconque à la marche de l'affaire dirigée par le patron attaqué (participation aux bénéfices, à la gestion, etc...)

Quant au Tribunal Civil, il est plutôt utilisé comme juridiction d'appel pour les jugements rendus par le Conseil des Prud'hommes ; en matière de droit ouvrier, il adopte une procédure sommaire et les délais y sont réduits au minimum. — En principe, rien n'interdit de porter l'affaire directement devant lui ; mais il est préférable, comme nous l'avons déjà dit, d'aller d'abord devant la juridiction paritaire des Prud'hommes, quitte à faire appel du jugement, si l'on est mécontent ; il ne faut pas perdre de vue en effet, que *le Tribunal des Prud'hommes est compétent, quel que soit le chiffre de la demande.*

Nous ne nous attarderons donc pas sur les autres juridictions et nous étudierons principalement la juridiction prudhomale, mais auparavant, nous dirons quelques mots des lois du Travail qu'elle a pour mission d'appliquer.

LE CODE DU TRAVAIL

Nous avons dit que les Prud'hommes appliquaient la loi écrite représentée par le Code du Travail. Ce code n'a rien de comparable avec le Code Civil et le Code Pénal, ou même le Code du Commerce, qui contiennent un ensemble de dispositions qu'il serait peut-être excessif de qualifier de rationnelles, mais qui, néanmoins, sont coordonnées et présentent une certaine unité ; le Code Civil, par exemple, malgré sa complexité, peut être résumé dans cette formule : « Quiconque a causé un préjudice à autrui est tenu de le réparer » ; c'est le fondement même de notre Droit Civil.

Dans le Code du Travail, au contraire, l'incohérence est le caractère dominant. Après une disposition précise, surviennent des dérogations qui fournissent dix moyens de la tourner ; la plupart des prescriptions renvoient à des règlements d'administration publique édictés par le Ministre et qui varient suivant chaque profession. En matière de contrat de travail, il y a simplement consécration des usages ; or, ceux-ci, datant pour la plupart d'une époque où l'action syndicale des salariés n'était qu'embryonnaire, sont le plus souvent défavorables aux salariés ; de plus ils varient suivant la profession et le lieu, de sorte qu'il est impossible de dire qu'il existe un Code du Travail ; il y en a une quantité.

Parmi ce chaos, les Conseils de Prud'hommes ont fort à faire pour rendre des sentences « équitables », et ils s'en tirent généralement en s'inspirant de leurs propres décisions rendues antérieurement dans chaque catégorie et dans chaque région.

Le Code du Travail se divise en 4 parties appelées Livres. Le Livre I traite des conventions relatives au travail : contrat d'apprentissage, contrat de travail, salaire, placement des travailleurs.

Le Livre II a trait à la réglementation du travail : conditions du travail, hygiène et sécurité des travailleurs, inspection du travail.

Le Livre III concerne les Groupements Professionnels : syndicats et coopératives ouvrières.

Le Livre IV traite de la juridiction du travail, de la conciliation et de l'arbitrage et de la représentation professionnelle.

Seuls, les Livres I et IV concernent les Prud'hommes ;

les faits visés par les Livre II et III ne sont pas de leur ressort.

Le Livre I du Code du Travail, établi en 1910, a été modifié par la Loi du 19 juillet 1928, qui concerne principalement l'article 23 relatif au contrat de travail : désormais, celui-ci devra être conforme aux usages locaux de la profession ; toute clause contraire étant nulle de plein droit ; de plus, l'indemnité de délai-congé aura un caractère privilégié comme le salaire lui-même, et en cas de faillite, par exemple, elle prendra rang avec les autres créances privilégiées ; la faillite n'est plus un cas de force majeure déliant l'entreprise de ses obligations vis-à-vis de ses employés, non plus que la vente ou la fusion avec une autre entreprise.

Enfin, la loi de juillet 1928 interdit le débauchage des salariés d'une entreprise par une autre entreprise et interdit également à un employeur de conserver un employé s'il sait que celui-ci a rompu illégalement son contrat de travail avec un autre employeur.

LES CONSEILS DE PRUD'HOMMES

Historique

La « préhistoire » des Conseils de Prud'hommes remonte au Moyen Age. Des ancêtres portant le même nom et exerçant des fonctions plus ou moins semblables peuvent être retrouvés à différentes époques et dans différentes villes.

La Révolution les supprima purement et simplement en même temps que les corporations.

Les Conseils de Prud'hommes modernes furent institués sous le premier Empire, par la loi du 18 mars 1806 ; leur fonctionnement fut réglé par les deux décrets du 17 juin 1809 et 3 août 1810. Exclusivement composés de patrons ou de représentants patronaux, ils appliquaient évidemment un droit foncièrement hostile aux ouvriers. Ce fut la Révolution de 1848 qui donna aux Conseils de Prud'hommes leur caractère paritaire.

A noter cette disposition particulière du décret du 27 mai 1848 : les présidents des Conseils, élus par les conseils eux-mêmes pour 3 mois, avaient voix prépondérante ; disposition corrigée par le fait que la présidence devait être occupée alternativement par un conseiller patron et un conseiller ouvrier.

Sous le Second Empire il y eut un sérieux recul pour les salariés ; les postes des présidents et vice-présidents cessèrent d'être électifs ; devenus agents du pouvoir central, tout comme les préfets, les présidents et vice-présidents purent même être désignés en dehors des conseils.

Le retour à l'électivité paritaire ne date en fait que de la loi de 1884. Cette même année vit la reconnaissance légale du droit syndical. L'histoire du mouvement ouvrier dont nous donnons un raccourci dans le chapitre « Syndicalisme ouvrier et Syndicalisme des Techniciens » montre qu'il n'y a pas là une simple coïncidence.

La juridiction prudhomale actuelle a été mise au point par la loi du 27 mars 1907 et par le livre IV du Code du travail paru en 1910.

Actuellement il existe en France environ 300 Conseils de Prud'hommes. Celui de Paris juge environ 20.000 affaires par an.

Attributions et Composition

Les attributions des Conseils de Prud'hommes sont de deux sortes : administratives et judiciaires.

Au point de vue administratif, ils donnent leur avis en matière de législation ouvrière ; ils sont représentés dans certaines commissions notamment celles qui ont pour objet la surveillance du travail des femmes et des enfants.

Les secrétariats de Prud'hommes effectuent l'enregistrement de certains actes : contrats d'apprentissage, contrats collectifs, etc...

Au point de vue judiciaire, leur rôle est beaucoup plus important. Ils concilient ou jugent les différends dérivant du travail et de ses conditions d'exécution.

Cependant, ils ne sont pas compétents en ce qui concerne les indemnités relatives aux accidents du travail et les infractions aux lois protectrices du travail, notamment celles concernant les maladies professionnelles ; ces deux points sont du ressort des tribunaux de droit commun.

Les conseillers prud'hommes tant patrons qu'ouvriers, sont élus par leurs pairs, dans chaque catégorie d'industrie ou de commerce. La durée de leur mandat est de 6 ans ; ils sont renouvelables par moitié tous les trois ans.

Pour être électeur, il suffit d'avoir exercé la profession pendant un an dans le ressort du Conseil et d'avoir au moins 25 ans.

Pour être éligible, il faut : 1° avoir qualité pour figurer sur la liste électorale prudhomale ; 2° avoir exercé la profession de sa catégorie pendant 3 ans, ou avoir été inscrit sur les listes pendant 5 ans, dans le ressort du Conseil ; 3° être âgé d'au moins 30 ans.

Quelques remarques s'imposent : hommes et femmes

peuvent être également électeurs ou éligibles ; on doit se faire inscrire à la mairie de son lieu de travail et non de son domicile. Enfin les gérants, directeurs, chefs de service, chefs d'ateliers, ingénieurs, bien que salariés, sont électeurs patrons.

Les listes électorales prudhomales sont revisées chaque année dans les vingt jours qui suivent la revision des listes électorales politiques.

Les catégories d'industrie ou de commerce dont nous avons parlé plus haut portent le nom de « sections ». Le Tribunal de Prud'hommes de la Seine se compose de cinq sections : Commerce, Tissus, Métaux et Industries diverses, Bâtiment et Produits Chimiques.

A noter que les ingénieurs ressortissent généralement de la Section du Commerce ; toutefois les ingénieurs chimistes sont admis à la section des produits chimiques.

Chaque section organise :

1° Un bureau de conciliation, composé d'un patron et d'un ouvrier ou employé ;

2° Un bureau de jugement, composé de deux patrons et deux ouvriers ou employés, au minimum.

Le bureau de jugement est présidé alternativement par un conseiller patron et un conseiller ouvrier ou employé.

Les séances du bureau de jugement sont publiques, mais non celles du bureau de conciliation.

Signalons que le bureau de conciliation, qui devrait comprendre un patron et un ouvrier, est constitué la plupart du temps par un seul conseiller ; ce point a son importance ; lorsque c'est un conseiller patron, il peut influencer le salarié non expérimenté et l'amener à abandonner sa demande en partie ou même en totalité ; en effet, la plupart du temps, le salarié se présente à la conciliation sans être assisté, ni par le secrétaire de son syndicat, ni par un avocat. Il convient donc pour le salarié de résister à toute tentative d'intimidation, s'il estime être dans son droit d'après les directives qui lui auront été fournies soit par son avocat, soit par le Conseil juridique du Syndicat.

Chaque section du Conseil des Prud'hommes comprend en outre un secrétaire nommé par le préfet, sur une liste de trois candidats proposés par le Conseil.

Competence

Les Conseils de Prud'hommes peuvent être compétents à deux points de vue :

1° en raison de la nature de l'affaire ; 2° en raison du lieu où s'effectue le travail.

1° Pour que les Prud'hommes soient compétents il est nécessaire :

a) Qu'il y ait un contrat de travail, verbal ou écrit ;

b) Que l'employeur soit commerçant ou industriel ;

c) Que le commerce ou l'industrie qu'il exerce soit compris dans l'énumération du décret d'institution du Conseil.

Nota. — Il faut également que le contrat de travail existe en raison de l'industrie et du commerce ; en vertu de quoi sont exclus de la juridiction prudhomale les domestiques attachés à la personne, les apprentis et salariés de l'Etat, du département et des communes, des établissements publics et des fondations de bienfaisance. Par contre, y sont assujettis les représentants et voyageurs de commerce et les préparateurs en pharmacie (pas les élèves).

La compétence du Conseil ne s'étend qu'au contrat de travail et à ses conséquences directes.

2° Le Conseil ne peut juger que les affaires qui se font dans son ressort. Il y a deux cas à distinguer :

a) Le travail a lieu dans un établissement : dans ce cas le Conseil compétent est celui du ressort de l'établissement ;

b) Le travail s'effectue hors d'un établissement ; c'est alors le Conseil dans le ressort duquel est établi le contrat qui est compétent.

Fonctionnement

Le salarié qui veut attaquer son patron devant le Conseil des Prud'hommes se rend au Secrétariat du Conseil où il expose son affaire ; il lui est délivré une assignation, à comparaître devant le bureau de conciliation, assignation qu'il fait parvenir à son patron. En principe les parties doivent se présenter en personne devant le Conseil ; toutefois, en cas de maladie ou d'empêchement, elles peuvent se faire représenter par un salarié exerçant la même profession, s'il s'agit d'un salarié, et par un gérant, un fondé de pouvoir ou un employé de la maison s'il s'agit du patron. Ces mandataires doivent être munis d'un pouvoir établi sur papier libre.

Les parties peuvent également se faire représenter par un avocat ou un avoué ; dans ce cas le pouvoir n'est pas nécessaire.

Les parties peuvent si elles se présentent en personne, se faire assister par un avocat ou un avoué. En outre, le salarié est autorisé à se faire assister par le secrétaire de son syndicat.

Quatre cas peuvent se produire :

1° Les deux parties comparaissent, les prud'hommes essaient de les concilier ; s'ils y réussissent, il est dressé procès-verbal de conciliation qui a force de jugement ; s'ils ne réussissent pas, les parties sont renvoyées devant le bureau de jugement.

2° Le demandeur comparaît seul. L'affaire est renvoyée devant le bureau de jugement.

3° Le défendeur comparaît seul. L'affaire est supprimée.

4° Les deux parties sont absentes. L'affaire est également supprimée.

Devant le bureau du jugement les mêmes cas peuvent se produire :

1° Les deux parties sont absentes : l'affaire est supprimée.

2° Le défendeur est seul présent, l'affaire est supprimée.

3° Le demandeur est seul présent : la plupart du temps, le conseil prend un jugement en sa faveur, par défaut.

4° Les deux parties comparaissent ; elles exposent leurs raisons. Si le Tribunal se juge suffisamment éclairé, il rend son jugement après avoir délibéré en secret ; le plus souvent le jugement est rendu le même jour... Il peut arriver que le Conseil se juge insuffisamment éclairé ; il peut alors ordonner l'enquête, c'est-à-dire la preuve par témoins, ou l'expertise, l'expert pouvant être soit un Prud'homme choisi en dehors du conseil, soit une autre personnalité désignée par le conseil. Celui-ci peut également ordonner une vérification d'écritures ou une visite des lieux, ces derniers cas se présentent rarement.

A noter que les parties peuvent déposer des conclusions écrites.

Défaut - Opposition - Appel - Cassation

Le jugement rendu par défaut est susceptible d'opposition de la part du défendeur ; celui-ci doit la faire par huissier. L'opposition est recevable pendant les trois jours qui suivent la signification du jugement. L'affaire revient alors devant le bureau de jugement ; si le défendeur est encore absent il ne peut pas faire opposition au nouveau jugement. Si le jugement porte sur une demande principale supérieure à 1.000 francs, ou sur une demande sons contenu pécuniaire (certificat de travail par exemple), il peut être fait appel ; lorsque c'est le défendeur qui fait appel, celui-ci doit être formé entre le quatrième jour qui suit le jugement et le dixième jour qui suit la signification du jugement par huissier. L'affaire est alors portée devant le Tribunal Civil, où les débats se déroulent comme devant le Conseil de Prud'hommes.

Le jugement rendu par le Tribunal Civil est susceptible d'opposition comme le jugement en premier ressort.

Les jugements des Conseils des Prud'hommes et ceux du Tribunal Civil peuvent être portés devant la Cour de Cassation ; celle-ci peut les casser pour les motifs suivants : excès de pouvoir ou violation de la loi et incompétence ; mais dans ce dernier cas, seulement s'il s'agit d'un jugement du Tribunal Civil.

Le pourvoi en cassation doit être introduit dans les cinq jours qui suivent la signification du jugement.

En général les affaires ne dépassent pas le bureau de jugement ; ce n'est qu'exceptionnellement qu'elles vont devant le Tribunal Civil et encore plus rarement en Cassation.

On peut être amené à poursuivre la cassation d'un jugement lorsque, par exemple, des conseils de prud'hommes différents rendent des décisions contradictoires sur des affaires de même nature. Le cas s'est produit récemment au sujet de la rétroactivité de la loi du 19 juillet 1928.

La Cour de Cassation a décidé que la loi avait un effet rétroactif parce qu'elle était d'ordre public.

LES CONFLITS COURANTS

Délais de préavis

Suivant l'usage généralement établi le délai de préavis pour la plupart des catégories de techniciens est de 1 mois (3 mois pour les chefs de service, ingénieurs, chefs d'atelier). Certains patrons avaient cherché à établir un nouvel usage en payant leurs dessinateurs à l'heure et en introduisant dans les contrats un préavis de 15 jours ou même de 8 jours.

Depuis la loi du 19 juillet 1928 ces clauses sont nulles de plein droit et le délai de préavis est dans tous les cas d'au moins 1 mois. Toutefois le patron peut congédier sans préavis dans le cas de faute grave ; sont considérés comme fautes graves : l'insubordination, la malveillance et tous actes relevant du droit commun commis envers le patron ou ses préposés tels qu'injures, voies de fait, vol, sabotage, etc.

Le salarié qui veut quitter un emploi doit également observer le délai-congé.

Pour congédier un employé le patron doit avoir un motif suffisant ; faute de quoi il y a rupture abusive et il peut être condamné à des dommages et intérêts, même s'il a observé le préavis, les dommages et intérêts se cumulant avec l'indemnité de délai-congé. Nous reviendrons plus loin sur la question de la rupture abusive.

Un chef de service n'a droit à 3 mois de préavis que s'il a réellement sous ses ordres un personnel important ; un chef de bureau d'études ayant 3 ou 4 dessinateurs sous ses ordres n'y aurait pas droit (Prud'hommes - Commerce - Seine : Jugement du 16-6-28). Cependant un chef d'équipe traceur a obtenu 3 mois de préavis (Prud'hommes - Métaux - Seine - 12-1-29).

Le patron ayant renvoyé un employé ne peut pas l'obliger par la suite à revenir faire son mois de préavis.

Période d'essai

En principe, la période d'essai doit être égale au délai-congé ; c'est le point de vue généralement admis par les Prud'hommes ; mais rien ne les y oblige : la loi du 19 juillet 1928, elle-même, est muette à ce sujet. Le seul moyen d'obtenir une jurisprudence en ce sens est donc de refuser énergiquement de signer des contrats dans lesquels la période d'essai est supérieure au délai-congé. Lorsque le contrat ne prévoit rien à ce sujet, les Prud'hommes appliquent l'usage, soit la même durée pour la période d'essai que pour le délai-congé.

Maladie

La maladie n'autorise jamais un patron à renvoyer un employé sans préavis. La maladie de courte durée (moins de 4 jours en général) n'est pas un motif suffisant pour le renvoi.

Les journées de maladie doivent être payées, le salaire au mois ayant un caractère forfaitaire (il en serait autrement au cas de paiement à l'heure). Toutefois, la Section du Commerce de la Seine n'admet pas ce point de vue admis partout ailleurs et n'accorde pas le paiement des jours de maladie.

Le patron peut exiger un certificat médical.

Gratifications, Vacances

Sauf lorsqu'il y a une clause précise à ce sujet dans le contrat la « gratification » et les vacances sont en général considérées comme des faveurs ; cependant il a été accordé dernièrement 1.000 francs de gratification à un dessinateur, partant avant la fin de l'année (Prud'hommes - Seine - 29-12-28).

En ce qui concerne les vacances les demandes ne sont pas admises ; mais lorsqu'il est visible que le patron a renvoyé un employé avant la période des vacances pour éviter de les lui donner, il pourra être introduit une demande de dommages et intérêts, pour rupture abusive, qui a des chances d'être accordée.

Rupture abusive

Il est nécessaire de donner quelques explications sur ce que l'on entend par rupture abusive.

En général, l'employeur peut toujours invoquer un motif pour justifier le renvoi d'un employé ; mais il faudra que ce motif soit admis par le Tribunal ; la jurisprudence tend à adopter le principe suivant : le motif devra être suffisant pour justifier le renvoi ; de plus il devra découler du travail ou de l'objet de l'entreprise.

Sont considérés comme abusifs :

1° Le renvoi d'un employé parce que celui-ci a eu quelques jours de maladie.

2° Le renvoi d'un employé après quelques mois de travail alors que l'employeur lui avait promis du travail pour de longues années.

3° Le renvoi d'un employé pour insuffisance professionnelle alors qu'il travaillait dans l'entreprise depuis de nombreuses années, pendant lesquelles l'employeur avait pu se rendre compte de ses capacités.

4° Le licenciement du personnel pendant une période de chômage, alors que l'entreprise savait depuis longtemps que sa situation précaire ne lui permettrait pas de le garder pendant cette période.

5° La fermeture d'une entreprise par le patron pour faire pression sur son personnel (Lock-out).

6° Le renvoi d'un employé parce qu'il a signalé à l'inspecteur du travail des infractions aux lois ouvrières commises par l'entreprise.

7° Le renvoi d'un employé parce qu'il a déposé en justice d'une manière défavorable à son patron.

8° Le renvoi d'un employé en raison de son action syndicale, par exemple parce qu'il est secrétaire d'un syndicat, etc...

Comme on le voit, le champ d'application du terme « Rupture abusive » est extrêmement large.

Le cas N° 3 mérite d'être développé : on croit communément que le fait d'être demeuré pendant de longues années au service d'un patron confère un droit à un préavis de délai-congé supérieur à celui en usage ; il n'en est rien ; mais cette ancienneté de services fait présumer de l'abus commis par le patron qui peut difficilement invoquer des griefs valables contre un employé qu'il a conservé si longtemps à son service ; il s'ensuit donc un droit à des dommages et intérêts ; toutefois le bien fondé de cette demande ainsi que le montant de l'indemnité sont laissés à l'appréciation du tribunal.

Règlements d'atelier

Les clauses contenues dans un règlement d'atelier et qui ne sont pas contraires à la loi sont valables, à condition toutefois que le règlement ait reçu une publicité suffisante, c'est-à-dire qu'il ait été affiché dans les locaux où se fait le travail ; par exemple, un règlement affiché uniquement dans les ateliers n'engage pas les dessinateurs du bureau d'études ; il faut qu'il soit affiché également dans le bureau d'études.

Clauses d'interdiction ou de « non-concurrence »

Certains patrons font signer des contrats dans lesquels une clause interdit à l'employé, en cas de départ de la maison, d'entrer au service d'une maison concurrente. Une telle clause est jugée valable par les Tribunaux pourvu qu'elle soit limitée quant au temps ou quant au lieu. Par exemple, interdiction d'entrer dans une maison similaire pendant 3 ans, sur toute l'étendue du territoire, ou sans limitation de durée, mais dans un rayon déterminé ; il appartient au tribunal d'apprécier si la limite est acceptable et si elle n'expose pas par exemple le salarié à ne plus pouvoir exercer sa profession.

En outre, la clause ne joue pas si l'employé est congédié.

Cette clause qui tend à asservir complètement le technicien est des plus dangereuses ; il importe donc de la faire disparaître des contrats et de refuser de signer ceux-ci lorsqu'ils la contiendront.

Les « Deux heures »

Lorsqu'un employé doit quitter une maison, il a le droit, pendant la durée du délai-congé, de prendre deux heures par jour pour se chercher un autre emploi, qu'il ait été congédié ou qu'il ait donné sa démission. Cette faculté cesse dès qu'il a trouvé un emploi ou plutôt dès qu'il a cessé de chercher un emploi, car il peut en avoir trouvé un et continuer à en chercher un meilleur. Les deux heures sont prises un jour à la convenance de l'employé, un jour à la convenance du patron. Une jurisprudence qui tend à s'établir sous l'influence patronale décide que l'employé n'a pas le droit de prendre ses deux heures le samedi, lorsque la maison fait la semaine anglaise, sous prétexte que pendant l'après-midi il peut se chercher du travail. L'argument ne vaut rien, car la pratique de la semaine anglaise se généralisant, toutes les maisons, ou presque sont fermées le samedi après-midi, et il est à peu près impossible de faire des recherches. Il convient donc de combattre vigoureusement cette tentative de jurisprudence.

Heures supplémentaires

Cette question demande des éclaircissements particuliers ; les deux points principaux à élucider sont les suivants :

1° Le patron peut-il obliger son ouvrier ou son employé à faire des heures supplémentaires ?

2° Ces heures doivent-elles être payées ?

En ce qui concerne le premier point, il a été décidé que le patron ne peut pas obliger le salarié à faire des heures supplémentaires et que le refus du salarié ne constitue pas une faute autorisant son brusque renvoi, sans préavis (Tribunal Civil - 7° Chambre - 1ᵉʳ juillet 1926).

En l'absence de clause spéciale dans le contrat, il est admis que le salarié ne s'est engagé qu'à accomplir le nombre normal d'heures de travail, soit 8 heures par jour. Le fait que le patron a obtenu de l'inspecteur du travail l'autorisation de faire faire des heures supplémentaires n'entraîne pas l'obligation pour le salarié de faire ces heures.

En ce qui concerne le deuxième point, il a été longtemps admis que les heures supplémentaires devaient être payées dans le cas de salaire à l'heure et non payées dans le cas de salaire au mois, celui-ci ayant un caractère forfaitaire.

Toutefois, il semble se produire un revirement dans la jurisprudence, et il a été décidé que les heures supplémentaires devaient être payées dans tous les cas (Tribunal Civil 7° Chambre - 8 avril 1927).

La Cour de Cassation semble vouloir faire une différence entre les heures nécessitées par les besoins de la défense nationale ou les surcroîts de travail extraordinaires et momentanés, et les heures supplémentaires faites normalement au simple bénéfice du patron, ces dernières seules étant payées.

En résumé, en l'état actuel de la jurisprudence :

Le refus d'un employé de faire des heures supplémentaires n'autorise pas le patron à le renvoyer sans préavis, mais il peut le renvoyer avec préavis, il n'y a pas alors rupture abusive.

Les heures supplémentaires doivent être payées lorsqu'elles ne sont pas nécessitées par les besoins de la défense nationale ou par un autre surcroît extraordinaire et momentané du travail.

CRITIQUE DE LA JURIDICTION PRUDHOMALE

Considérations générales

La juridiction des Prudhommes est peu coûteuse. Elle est généralement rapide et même expéditive. C'est un gros avantage lorsqu'il s'agit d'une affaire simple, courante (telle que préavis d'un mois, non respecté pour un employé au mois subalterne). Le Tribunal dans ce cas remplit infailliblement sa fonction d'appliquer les usages ; à l'unanimité, conseillers patrons et ouvriers en plein accord, il rappelle gentiment à l'ordre le patron qui a trangressé. Et celui-ci, quoique ayant sciemment commis un véritable attentat à notre sécurité d'existence, comptant sur l'ignorance ou l'inertie de son employé, s'en tire en payant simplement son dû.

Voici par contre une affaire complexe : elle heurte les prérogatives patronales, elle porte sur une « rupture abusive » ; la vitesse du jugement reste la même, les témoins du salarié sont entendus à condition qu'ils ne soient pas trop nombreux, le salarié est brusqué par le secrétaire qui, bien que n'ayant pas le droit de vote, est le véritable président du conseil. Il ne faut pas perdre de vue, en effet, que nommé par le préfet, c'est-à-dire agent du pouvoir central, le secrétaire a sa carrière à faire, les conseillers changent par roulement, le secrétaire reste. Il est le seul à connaître à fond l'affaire qui se juge.

Au moment opportun où l'affaire risque de tourner mal pour l'ordre établi, il fait des signes désespérés au président et celui-ci lève la séance rapidement en laissant en plan le salarié tout éberlué et... indigné.

Au cours de la « suspension de séance pour délibération » que se passe-t-il ? Sans doute à l'aide de savantes démonstrations, et en s'appuyant sur le procès-verbal établi par le secrétaire lui-même, celui-ci parvient-il à faire la majorité nécessaire, malgré que les conseillers ouvriers aient été en séance nettement favorables au demandeur.

Oui, nous avons vu des procès-verbaux « arrangés », nous ne craignons pas de le dire. Nous avons vu aussi d'opportuns « vices de procédure » se révéler au moment psychologique.

Mais est-il nécessaire que tous les secrétaires soient aussi peu scrupuleux et aussi habiles que celui — nullement imaginaire — que nous venons de décrire ?

Non, même dans le cas où il ne s'agit que d'appliquer des usages reconnus, les conseillers ouvriers se laissent parfois influencer par les arguments des conseillers patrons ; ceux-ci ont à leur disposition toute une documentation établie par les Chambres syndicales patronales qui depuis quelques années ont fait un gros effort pour réunir les décisions et les usages favorables au patronat, en passant, bien entendu, sous silence tous les arguments en faveur des salariés ; de leur côté, les salariés n'ont pu établir une documentation semblable faute de moyens financiers et de coordination des efforts...

Enfin, supposons cependant un cas bien clair, violation du droit syndical du salarié par exemple. Que se passe-t-il en général ? Automatiquement les voix des conseillers se partageront à égalité : les conseillers ouvriers pour le salarié, les conseillers patrons pour le patron. Le tribunal est dès lors au « point mort » et la décision appartient à un magistrat de carrière imposé par la loi. Et là encore... Suivant que vous serez puissants ou misérables...

Comment on crée un usage :

Le conseil des prud'hommes, avons-nous dit, a pour fonction d'appliquer les usages. Mais par qui ceux-ci sont-ils créés ?

Voici un exemple typique : le délai-congé pour les ouvriers métallurgistes. Il était constant avant la guerre, que ce délai-congé était de 8 jours, mais tout dernièrement les patrons ont fait une enquête au moyen de laquelle ils ont démontré que ce délai-congé est en réalité d'une heure. En effet, depuis de nombreuses années c'était l'usage pratiqué par les employeurs sans que les ouvriers aient songé à protester. Or, la loi du 19 juillet 1928 a stipulé qu'il serait fait état des usages *effectivement* suivis. Les patrons ont donc réussi à créer un usage en leur faveur. D'autre part, la loi a décidé qu'il s'agit des usages *locaux* ; si donc un patron tient toute une région sous sa coupe, comme Schneider au Creusot et de Wendel dans l'Est, il crée l'usage à lui seul.

Un conseil des prud'hommes de la région du Nord a essayé dernièrement d'unifier les usages en indiquant quels sont ceux dont il s'inspirerait pour rendre ses jugements. Cette décision a été cassée par la Cour de Cassation pour abus de pouvoir et violation de la loi ; il n'appartient pas aux Prud'hommes de créer des dispositions réglementaires ou légales ; ils ont seulement pour mission d'appliquer les lois et les usages existants.

Critiques particulières aux techniciens

1° Le dessinateur est électeur salarié. Par contre on a vu que l'ingénieur, le chef d'atelier sont électeurs patrons. Survivance d'une époque bien passée, où ils représentaient vraiment le patron. Aux yeux des conseillers ouvriers, travaillant dans de petites entreprises, un grand nombre de techniciens risquent donc de passer pour agents patronaux; d'autre part, pour les conseillers patrons ils sont évidemment des salariés. Et dans des cas douteux, l'ensemble du conseil aura tendance à leur être hostile, ils auront contre eux une unanimité résultant de sentiments contraires.

Ainsi, les indemnités demandées par les techniciens qui gagnent sensiblement plus que les ouvriers pourront paraître souvent exagérées aux conseillers ouvriers.

2° Le tribunal des Prud'hommes est compétent sans appel jusqu'à 1.000 francs, somme déjà ridicule en regard des salaires des ouvriers. Certains syndicats ouvriers réclament son relèvement à 3.000 francs.

Pour les techniciens le plafond de 1.000 francs est tout à fait absurde. Il ne correspond même pas à un mois de préavis pour les moins payés d'entre nous, et un patron est presque toujours en mesure de traîner le technicien en appel.

Aussi le fait que le tribunal d'appel n'est pas paritaire est-il en principe encore plus préjudiciable pour le technicien que pour l'ouvrier.

CONSEILS AUX TECHNICIENS

Vous avez un différend avec votre patron ou bien vous sentez que vous êtes sur le point d'en avoir un, n'hésitez pas, venez immédiatement au siège du syndicat. Un conseil donné à temps pourra être d'un secours précieux.

Ne manquez pas de bien étudier le contrat qu'on vous

donne à signer et demandez un peu de réflexion si certains points vous paraissent suspects. Venez vous renseigner aussitôt.

Lorsque votre employeur trangresse l'usage à votre égard (non payement de jours d'absence, par exemple, pour un employé payé au mois), vous n'avez pas le droit de vous laisser faire pour « être tranquille ». A force de négligence, d'incurie répétée, c'est tout le niveau de notre existence que nous risquons d'abaisser.

L'U. S. T. possède une commission juridique qui étudie, une permanence qui conseille, un avocat spécialisé et lui-même syndicaliste, qui assiste au tribunal.

L'ACTION DE L'U. S. T.

L'U. S. T. ne possède pas encore de doctrine étudiée et discutée sur la question prudhomale.

Pourtant, en ce qui concerne ceux des techniciens qui sont électeurs salariés, notamment les dessinateurs, les traceurs, les chefs d'équipe, il est évident que l'U. S. T. ne peut que leur conseiller de participer aux élections prudhomales, avant tout comme électeurs et faute de candidats présentés *par les syndicats* correspondants de l'U. S. T. de voter provisoirement pour les candidats ouvriers.

L'U. S. T. doit évidemment agir pour obtenir que tous les techniciens salariés deviennent électeurs salariés ; toute une série de nouvelles catégories d'électeurs salariés doit être créée, de façon que les techniciens de chaque catégorie soient jugés par leurs pairs.

Le plafond de 1.000 francs doit être relevé notablement et il serait logique que le nouveau plafond varie selon la catégorie intéressée.

Enfin, le tribunal d'appel paritaire est une autre revendication que nous avons en commun avec les ouvriers.

Notre propre expérience du prud'homme nous enseigne également la nécessité d'introduire comme « observateur » au tribunal un représentant de notre syndicat, autorisé à assister à toutes les délibérations.

Mais en supposant que nous arrivions à réaliser un conseil de prud'hommes parfaitement « équitable », c'est-à-dire appliquant avec une bonne foi complète les usages établis y a-t-il là de quoi se montrer satisfaits ? Non, notre véritable tâche est l'amélioration constante des usages. Celle-ci ne peut être obtenue que par notre action revendicatrice dans les entreprises.

De nombreux dessinateurs n'ont que 10 jours de vacances, quantité de chefs d'équipe, des chefs de chantier sont payés à l'heure, la plupart des contremaîtres et ingénieurs n'ont que 15 jours de vacances. La semaine de 44 heures est loin d'être générale. Or, ou cours de plusieurs de nos mouvements, en plus du rajustement des salaires, nous avons obtenu des améliorations pour le congé annuel ou pour le mode de paiment.

C'est cela la vraie action juridique.

Entreprise après entreprise, industrie après industrie, nous établirons des « usages », ceux qui sont inscrits dans nos cahiers de revendications.

A ce moment nous serons forts et nous saurons imposer au cours de nouvelles luttes, menées de front par tous les syndicats de salariés, une refonte complète de la juridiction du travail.

Il faut en conclusion que chacun de nous se débarrasse de cette notion de la justice juste et indépendante et la remplace par la claire notion que les jurisprudences, les lois qui en découlent, les codes et l'application de l'ensemble dépendent essentiellement de l'action des salariés, bref que notre droit, c'est avant tout notre force.

Les Assurances Sociales

La loi de huit heures, revendication ouvrière déjà très ancienne, a été accordée sitôt après la guerre sous la pression formidable du mouvement ouvrier. Presque en même temps, le projet de loi des Assurances sociales était mis à l'étude ; il voyait le jour en 1921. L'affaiblissement de la poussée ouvrière fit que ce projet se promena pendant sept ans entre la Chambre et le Sénat en subissant des amputations successives. C'est le 5 avril 1928 que le texte « définitif » de la loi des Assurances sociales fut voté.

LES BENEFICIAIRES DE LA LOI

Sont assurés obligatoirement les salariés des deux sexes ne gagnant pas plus de 15.000 francs par an ; ce chiffre est élevé à 18.000 francs s'ils ont un enfant à leur charge, à 20.000 francs s'ils en ont 2, etc... en augmentant de 2.000 francs par enfant.

LES RESSOURCES

Les ressources sont constituées par un prélèvement de 10 p. 100 sur le salaire : 5 p. 100 étant payés par le salarié et 5 p. 100 par l'employeur ; pendant les premières années de fonctionnement l'Etat accordera, pour parer aux difficultés de la mise en route une subvention qui sera supprimée par la suite :

LES RISQUES ASSURES

Les risques assurés sont les suivants : maladie, maternité, invalidité, décès et vieillesse.

Maladie. — Demi salaire pendant 6 mois : 80 à 85 pour 100 des frais médicaux et 85 pour 100 des frais pharmaceutiques.

Maternité. — Mêmes avantages, le demi-salaire est payé

6 semaines avant l'accouchement et 6 semaines après mais seulement si l'accouchée est elle-même salariée et soumise à la loi.

Invalidité. — En cas d'incapacité de travail des 2/3, pension de 40 pour 100 du salaire. Toutefois, ce taux ne sera accordé qu'à ceux qui ont été affiliés avant l'âge de 30 ans ; pour les autres, la pension sera réduite d'autant de trentièmes qu'il y aura d'années entre 30 ans et l'âge d'affiliation, à condition toutefois qu'ils aient cotisé pendant 6 ans. Dans ces conditions, le minimum de pension est de 1.000 francs par an. Toutefois, ce minimum peut encore être réduit si l'assuré n'a pas 6 ans de versements ; il ne peut cependant pas descendre au-dessous de 600 francs par an.

Décès. — Versement aux ayants droit d'une somme égale à 20 pour 100 du salaire avec minimum de 1.000 fr.

Vieillesse. — Pension égale à 40 pour 100 du salaire aux assurés justifiant de 30 ans de versements ; dans le cas contraire, la pension versée est égale à autant de trentièmes de la pension normale que d'années de versement avec minimum de 600 francs par an.

Le chômage n'est pas assuré : toutefois, pendant les périodes de chômage, la Caisse verse pour le compte de l'assuré la cotisation de 10 pour 100, soit celle de l'assuré et celle de l'employeur ; cette disposition ne joue que pendant 3 mois par an.

Majorations pour charges de famille :

Les charges de famille donnent droit à des majorations. En cas de maladie : 1 fr. 50 par jour et par enfant ; en cas de maternité, mais pour l'assurée seulement : 1 fr. 50 également par jour et par enfant, plus une prime d'allaitement de 100 francs par mois pendant 2 mois, 75 francs le troisième mois, 50 francs du quatrième au sixième mois, 25 francs du septième au neuvième mois, 15 francs du dixième au douzième mois.

En cas d'invalidité : majoration de 100 francs par an et par enfant — en cas de décès, majoration du capital versé de 100 francs par enfant.

La loi prévoit également des pensions pour les orphelins de père et de mère ; ces pensions ne peuvent être inférieures à 90 francs par an et par enfant.

CRITIQUES DE LA LOI

1° Tout d'abord, la valeur trop basse du salaire limite : le chiffre de 15.000 francs correspond à un salaire de 1.250 francs par mois, pour le salarié payé à l'heure, à la semaine ou à la quinzaine et de 1.150 francs par mois pour un employé au mois, si l'on tient compte du « mois double » qui est ordinairement donné en fin d'année et qui compte dans le salaire limite ; c'est dire qu'un grand nombre de salariés et presque tous les techniciens seront exclus des Assurances sociales, sauf les jeunes débutants ; ceux-ci d'ailleurs, seront encore plus mal partagés, puisqu'ils verseront pendant quelques années, et perdront l'avantage de ces versements dès que leur salaire dépassera la valeur limite.

Le seul moyen pour les techniciens de « profiter » des Assurances sociales, c'est d'avoir beaucoup d'enfants !!! Ou bien encore de faire des « économies » !

Les avantages accordés aux familles nombreuses ne sont d'ailleurs qu'apparents ,ainsi qu'on le verra plus loin en examinant les majorations pour charges de famille.

2° La participation de l'Etat est limitée aux premières années de fonctionnement ; elle sera supprimée par la suite et l'organisme devra vivre par ses seules ressources; comme les patrons n'accepteront pas le prélèvement de 5 pour 100 à leur détriment et que le prix de toutes les choses nécessaires à l'existence sera majoré en conséquence, toutes les charges financières retomberont en définitive sur les salariés.

3° En cas d'invalidité, la pension ne sera versée que si le taux d'invalidité est de 66 pour 100. Le barême adopté sera celui en usage pour les pensions militaires ; c'est dire que le taux de 66 pour 100 ne sera atteint que très rarement ; pour une invalidité de 50 pour 100, par exemple, aucune pension ne sera accordée ; cependant, le travailleur, ayant perdu la moitié de sa puissance de travail, se trouvera dans une situation très défavorable sur le marché du travail : il ne pourra pas, la plupart du temps, continuer son ancien métier et par conséquent gagner un salaire normal.

En admettant que la pension soit attribuée, elle ne peut être égale à 40 pour 100 du salaire que si l'assuré a été affilié avant l'âge de 30 ans. Un assuré affilié à l'âge de 40 ans ne touchera que 25 pour 100 du salaire quand bien même, il serait atteint d'incapacité totale.

4° En ce qui concerne les pensions de vieillesse, elles n'atteindront le taux de 40 pour 100 que si l'assuré compte

30 ans de versements, c'est-à-dire qu'aucune pension au taux de 40 pour 100 ne sera versée avant 1960 !

5° La bienveillance du législateur se manifeste cependant pour le salarié sans travail : le chômeur voit ses cotisations automatiquement versées aux frais de la caisse — jusqu'à concurrence de 3 mois de chômage par an. Trois mois sans inquiétude pour l'avenir ! Il n'en faut pas plus pour mourir de faim, car *aucune indemnité de chômage n'est accordée.*

Ce fait donne son plein sens à la loi des Assurances sociales qui est un bluff sans précédent faisant partie intégrante de la propagande rationalisatrice.

6° Des majorations sont prévues pour charges de famille dans le cas de maladie, maternité, invalidité, décès. Le taux en est dérisoire, mais le maximum du ridicule est cependant atteint en ce qui concerne les pensions d'orphelins de père et de mère, qui ne pourront pas être inférieures à 900 *francs par an ;* encore ne seront-elles servies que jusqu'à l'âge de 18 ans, c'est-à-dire l'âge auquel l'enfant sortira de l'école primaire ; plus généreuse, la loi sur les pensions militaires accorde les majorations jusqu'à l'âge de 16 ans.

7° Enfin, l'application des Assurances sociales dépend dans une certaine mesure des médecins ; le fonctionnement est basé, en effet, sur des tarifs-types qui devront être acceptés par leurs syndicats. Mais un grand nombre de médecins sont hostiles à la loi des Assurances sociales, dont ils craignent les répercussions : diminution des honoraires, transformation des médecins en salariés, etc... Leur opposition n'a cependant rien de comparable avec celle du grand patronat.

Rien n'est donc sûr, en ce qui concerne le fonctionnement de la loi sur les bases prévues. Dailleurs, le gouvernement a pris ses précautions à ce sujet : la loi précise qu'en aucun cas l'Etat n'aurait à supporter de charges supplémentaires éventuelles ; lesdites charges retomberont donc sur les assurés, sous forme soit d'augmentation des cotisations, soit de diminution des avantages.

GESTION DES ASSURANCES SOCIALES

La gestion des Assurances sociales est assumée par divers organismes; on trouve d'abord, au sommet, l'Office National et le Conseil supérieur des Assurances sociales; dans chaque département un Office départemental, et enfin, les Caisses primaires ; celles-ci pourront être :

1° Des caisses locales d'Etat ;

2° Des caisses patronales ;

3° Des caisses syndicales ;

4° Des caisses fondées par des groupements d'assurés.

Ces dernières correspondent au cas des Sociétés de secours Mutuels se transformant en caisses primaires.

Les Caisses patronales, syndicales ou mutuelles ne pourront assurer contre les risques maladie, maternité et décès que si elles comptent au moins 500 adhérents, dont au moins 50 pour 100 de moins de 40 ans ; pour couvrir le risque vieillesse, elles devront avoir au moins 8.000 adhérents ; pour couvrir les risques vieillesse et invalidité au moins 100.000 adhérents.

Ces conditions sont atténuées si les fondateurs prennent l'engagement :

1° De pourvoir éventuellement à l'insuffisance des ressources de gestion.

2° De combler les déficits résultant du fonctionnement technique.

3° De déposer à cet effet, un cautionnement à la Caisse des Dépôts et Consignations.

On conçoit immédiatement que seuls les patrons créateurs de caisses seront en mesure de répondre à ces exigences qui constituent donc une véritable prime en faveur des caisses patronales.

⁎

C'est la caisse départementale qui reçoit les cotisations versées par les employeurs et les répartit entre les caisses primaires. D'après le projet rectificatif de 1929 ce rôle appartiendrait à l'Office départemental, la Caisse Départementale étant ramenée au rang de simple caisse primaire.

Le Conseil d'administration de la Caisse départementale ou d'une caisse patronale, est composé comme suit, d'après la loi de 1928 :

18 membres au moins dont la moitié au moins d'assurés;

6 employeurs au moins et 2 praticiens.

Les caisses fondées par les assurés sont administrées uniquement par les assurés.

Avec le projet rectificatif, les conseils d'administration de toutes les caisses, y compris les caisses fondées par les assurés, seront composés comme suit :

18 membres au moins, dont la moitié d'assurés, élus par les adhérents, la moitié d'employeurs, élus par les employeurs, et 2 praticiens.

Depuis la promulgation de la loi, une vive activité s'est manifestée dans tous les milieux, pour la création de Caisses primaires ; les plus actifs ont été les syndicats patronaux, qui ont créé, en plus d'innombrables caisses locales d'usines, une vaste société à l'allure de société de secours mutuels, appelée l'Interprofessionnelle.

On peut se demander pourquoi les employeurs tiennent tant à fonder des Caisses, au lieu de laisser agir l'organisme d'Etat ; c'est que les caisses primaires ont, dans une certaine mesure la libre disposition des fonds qu'elles reçoivent et que, dans le cas des caisses patronales, en particulier, ces fonds pourront être utilisés à des œuvres sociales que l'employeur subventionnait auparavant de ses propres deniers et qui lui servaient à s'attacher ses salariés à peu de frais et surtout à les empêcher de formuler et de défendre leurs revendications en toute indépendance. Ces dites œuvres sociales lui rapportant plus qu'elles ne lui coûtent, il en aura le bénéfice intégral, puisque les charges seront supportées par la caisse primaire.

CONCLUSION

En résumé, si la loi ne rapporte que des « garanties » dérisoires aux salariés et leur fait supporter des charges immédiates importantes, elle tend par contre, par la propagande faite sous son égide, à leur communiquer une confiance passive en l'avenir et elle permet au patronat d'accaparer le plus grand nombre de caisses primaires et de contrôler toutes les caisses sans exception, réalisant ainsi un asservissement encore plus complet des salariés.

L'U. S. T. ET LES ASSURANCES SOCIALES

Dès que les premières dispositions de la loi furent connues les techniciens s'alarmèrent, constatant qu'ils n'allaient pas en bénéficier. Une délégation de l'U. S. T. exposa l'injustice d'une telle disposition au ministre intéressé qui promit de tenir compte des desiderata des techniciens ainsi formulés :

1° Etendre le bénéfice des Assurances Sociales à tous les salariés sans limite de salaire ;

2° Faire porter l'assurance sur la totalité du salaire pour les salaires inférieurs à 20.000 francs ; sur 20.000 francs seulement pour les salaires supérieurs à cette somme.

Quelque temps après, il fut effectivement question de porter à 18.000 francs le salaire limite assuré, mais ce chiffre fut par la suite de nouveau ramené à 15.000 francs. Les techniciens étaient en majeure partie « définitivement » écartés de la loi. Il a fallu que le prix de la vie augmentât de près de 30 pour 100 depuis 1927 pour que le gouvernement fût amené à envisager dans son dernier rectificatif de relever le plafond à 22.000.

Les techniciens se consoleront en songeant que leurs salaires sont loin d'avoir varié dans cette proportion.

L'U. S. T. est intervenue à diverses reprises auprès des pouvoirs publics aux côtés des autres organisations de la « Confédération des Travailleurs Intellectuels », ou même d'organisations de techniciens extérieures à la C. T. I., telles que la « Fédération des Agents de Maîtrise de la Métallurgie » et cela encore en 1929.

Notre intervention a-t-elle eu quelque efficacité ? Il est permis d'en douter et nous ne l'avons faite que pour acquit de conscience, pour « prendre date ». Si l'U. S. T. s'est considérablement développée, en nombre dans le cours de ces dernières années, elle a encore une force insuffisante pour imposer des Assurances Sociales, assurant vraiment quelque chose.

A vrai dire, l'intervention des techniciens, qui ne constituent qu'une partie minime et peu inquiétante de l'ensemble des salariés, ne peut agir que sur l'application de la loi aux techniciens eux-mêmes, mais non sur ses dispositions essentielles.

Différente en cela de toutes les autres organisations de techniciens, l'U. S. T. entend ne pas déguiser la vérité. Nous devons d'abord devenir forts par l'action syndicale quotidienne que nous menons dans un nombre croissant d'entreprises et de branches d'industries. Forts en face des patrons individuels ou des groupes patronaux, nous le serons devant l'ensemble des Chambres syndicales patronales et le pouvoirs publics.

D'ici là allons-nous créer une caisse primaire ?

La commission des Assurances sociales de l'U. S. T. avait envisagé l'organisation d'une mutuelle des Techniciens salariés syndiqués ou non à l'U. S. T. Des avantages auraient été consentis aux syndiqués et la propagande syndicale aurait pu s'exercer en toute liberté dans la Mutuelle.

Mais un examen approfondi a fait conclure à la commission que la gestion de la caisse demanderait une somme de travail importante risquant de gêner d'autant plus sensiblement notre action syndicale que nos militants sont encore peu nombreux.

En définitive, la tâche de l'U. S. T. se limite actuellement en cette matière une critique de la loi des soi-disant Assurances sociales et une mise en garde contre l'affiliation aux caisses patronales.

La Rationalisation

Au pays des hauts salaires
LES DEUX METHODES

Vérité au delà de l'Atlantique. Mensonge en deçà

Des pèlerins français, gros industriels ou directeurs d'entreprise y sont allés. Et la presse, la grande aussi bien que la technique, nous a raconté avec insistance les effusions du retour : des auditoires composés de « hauts techniciens » très enthousiastes leur firent réciter les meilleures pages des livres de Ford.

Pas une fois nos pèlerins ne se trompèrent. Ils n'avaient sans doute pas cessé de lire pendant les deux traversées.

« Hauts salaires, d'où grande capacité d'achat de l'ouvrier et du pays, d'où production en supersérie, d'où bas prix de revient, d'où bénéfices plus grands, d'où encore plus

(1) Extrait de l' « Union des Techniciens de mai 1928.

hauts salaires. (*Bis!*) » Mais dès la première réunion de fabrication dans leurs propres usines ils avaient déjà tout oublié du « grossier matérialisme américain » et à leur personnel anxieux de changement, ils reprirent la douce et vieille chanson :

> *Salaires toujours plus petits;*
> *Exportons, exportons à outrance.*
> *Français, freinez vos appétits,*
> *Point n'est besoin de vente en France.*

MEDITATIONS ECONOMIQUES

Comparant les deux méthodes ,l'américaine et la française, nous nous sommes dit : à leur différence profonde, il faut rechercher des raisons matérielles et non de vagues raisons psychologiques.

Les Etats-Unis, pays ausi vaste que l'Europe, mais trois fois moins peuplé (118 millions d'habitants) avec des richesses naturelles immenses de toutes sortes dont la circulation n'est entravée par aucune frontière intérieure, jouissent de conditions particulièrement favorables et il n'est pas étonnant que leurs habitants de toutes les classes en profitent. Les salaires relativement élevés dans les débuts de l'industrie par manque de « bras », le sont encore aujourd'hui grâce à l'absence du chômage. Aussi les industriels américains peuvent-ils vendre à la « classe aisée » formée par leurs salariés, classe qui constitue la masse de la population.

Mais cet état de choses va-t-il se perpétuer? Comme les bénéfices bruts du capital américain ne servent très certainement que dans une faible proportion à augmenter les salaires, il est à peu près fatal que le capital croisse plus vite que la capacité de son marché intérieur. Son avance sur celle-ci s'accentue de plus en plus vite et il vient un moment où les capitalistes sont obligés d'exporter leurs fonds disponibles à l'étranger pour éviter leur accumulation improductive ou leur gaspillage.

Ce moment est arrivé. Le capital américain a déjà conquis le Canada et largement pénétré en Amérique du Sud, en Chine et dans de nombreux pays d'Europe. Les entreprises américaines de ces pays deviennent des concurrents des entreprises indigènes et le marché européen le premier, qui était jadis lui-même fournisseur du monde entier, achève rapidement de se saturer.

Mais alors il ne reste qu'à conclure que le marché américain se saturera à son tour et les capitaux devenant de moins en moins rémunérateurs, les salaires baisseront et seront fatalement ramenés au niveau des salaires concurrents des « pays pauvres ». Cela se passera quand? Dans cinq ans? Dans dix ans?

LES OUVRIERS ET LE CHOMAGE

Nous étions arrivés à peu près à ce point de nos méditations, lorsqu'une nouvelle renversante nous en tira brutalement :

Un sénateur américain bien connu annonçait 4 millions de chômeurs aux Etats-Unis. Peu après, le ministre du Travail démentait le chiffre en le ramenant à... 3.374.000, dont 1.874.000 chômeurs proprement dits, le restant 1.500.000 constituant le « fond de chômage constant » : malades, travailleurs occasionnels, saisonniers à hauts salaires, travailleurs changeant d'emploi, etc... Nous apprenons donc du même coup qu'un fort chômage sévit normalement aux Etats-Unis et qu'une crise venait de l'aggraver notablement. Peu de temps après, un autre sénateur surenchérissait sur le premier et certains de nos journaux nous annonçaient, sur la foi de ses déclarations, 7 millions de chômeurs. Nous sommes tout disposés à croire que ce chiffre est fortement exagéré. Mais nos illusions se sont envolées et Ford, Siegfried et les industriels français ne nous suffisent plus. Nous voulons creuser.

Très opportunément pour notre documentation, M. André Philip, professeur agrégé à la Faculté de droit de Lyon, fait paraître son livre « Le problème ouvrier aux Etats-Unis », résultats d'une enquête de deux ans.

Ici tout autre son de cloche :

1° *D'abord le bien-être*. — La plupart des centaines d'usines visitées par M. Philip n'ont pas été réorganisées; mais en vertu des théories de rationalisation, on a imposé un « juste temps » par trop juste, obligeant l'ouvrier à produire exagérément. On a donc laissé de côté la partie scientifique du système, mais on a augmenté à toute force la production. La surexploitation des ouvriers est telle qu'elle met en danger leur santé et l'auteur arrive à cette conclusion catégorique : « d'une façon générale, l'industrie américaine, avec ses hauts salaires enrichit peut-être le travailleur, mais elle le tue ».

2° *Les assurances sociales*. — Des mesures « philanthropiques » (restaurants, salles de lecture, etc.) ont été prises par certains établissements individuellement; elles ne sont pas générales. *Les pensions ne sont pas un droit,*

comme on a pu le dire; et là où elles existent, elles ne sont
généralement accordées qu'à 65 ans pour les hommes et
60 ans pour les femmes.

3° *La proverbiale paix sociale.* — Dans la métallurgie,
au cours de la grève de 1921, le trust de l'acier avait pris
les mesures suivantes : fortification des usines entourées de
fils de fer barbelés chargés d'électricité, mitrailleuses dans
les cours. A présent encore, dans les mines du Colorado, le
moindre conflit prend rapidement l'allure de guerre civile.

4° *Enfin les hauts salaires.* — Le standard minimum de
vie (minimum nécessaire pour vivre sans assurances, médecin, tabac, distractions) était en 1924 de 1.164 dollars par
an, soit 29.000 francs au cours du change actuel. Retenez
ce chiffre et vous comprendrez pourquoi on dit qu'en Amérique un manœuvre gagne autant qu'un chef de service en
France.

Avaient un salaire supérieur au standard de vie : le
bâtiment, l'imprimerie (1.340 dollars), l'habillement (1.680
à 2.000 dollars). Par contre, les salaires étaient égaux ou
légèrement inférieurs dans la métallurgie et dans les mines
(1.128 dollars).

Nous avons d'autre part compulsé diverses statistiques
plus générales et plus récentes : Bureau de statistique du
travail, agence du gouvernement de Washington (1926),
Bureau International du Travail de Genève (1927), etc...

Les chiffres qu'elles nous donnent divergent très peu de
ceux de M. Philip si l'on tient compte que depuis 1924 le
prix de la vie a augmenté de 10 %.

Le standard minimum de vie actuel serait de 1.400 dollars (35.000 fr.) par an, correspondant à 27 dollars hebdo-
madaires sans morte-saison ni maladie. Et plus d'un tiers
des familles ouvrières disposent d'un gain inférieur pouvant
descendre jusqu'à 16 dollars par semaine.

Nous concluons ce chapitre par un jugement de
M. Davis, ministre du Travail, qui, dans un discours prononcé le 22 juin 1927 à Washington, estimait à plusieurs
millions le nombre des travailleurs non qualifiés dont les
salaires sont si bas qu'ils constituent une véritable « infor-
tune morale et économique. »

QUEL EST LE SORT DES TECHNICIENS?

Un des pèlerins précités, M. Detœuf, directeur général
de la Thomson-Houston, nous avait rapporté en 1926 la
vision d'un personnel technique pléthorique et en apparence peu occupé par contraste avec les ouvriers. Loin de

critiquer ce fait il avait conclu à juste titre que pour étudier, organiser, diriger, il faut avoir la tête claire, il faut avoir le temps de réfléchir. Aussi les dernières compressions des techniciens effectuées à la Thomson-Houston ont-elles dû lui donner bien des regrets ! !

Pour les salaires, citons les chiffres donnés par M. Bellouard, directeur des usines de... la Thomson-Houston encore (séance du 23 mars 1928 de l'Union Sociale d'Ingénieurs catholique. Extrait de l'*Usine* du 6 avril 1928).

Voici ce que paie la General Electric C° :

Traitement annuel de début : 12.000 à 15.000 francs;
Traitement moyen à l'âge de 30 ans : 32.000 francs;
Traitement moyen à l'âge de 40 ans : 50.000 francs;
Traitement moyen à l'âge de 50 ans : 70.000 francs;
Traitement moyen à l'âge de 60 ans : 75.000 francs.

Le standard de vie minimum pour une famille ouvrière est donc atteint à 33 ans environ par le technicien qui progresse ensuite jusqu'à 60 ans (?). C'est tout de même mieux qu'à la Thomson, où, comme on le verra par ailleurs, M. Bellouard congédie ses techniciens vers l'âge de 45 ans.

Avant de terminer, signalons que l'*Usine* a joué un sale tour à M. Bellouard.

Immédiatement à la suite du compte rendu de sa conférence, aussi américaniste que possible, elle publie sur la même page celui d'une conférence de M. Aucuy, professeur au Conservatoire National des Arts et Métiers, dont les observations essentielles sur les « méthodes américaines » sont :

Usure prématurée de l'ouvrier;

La sélection à l'embauchage conduit souvent à rejeter les individus intelligents et à leur préférer les passifs;

En fait de collaboration confiante des ouvriers et des patrons américains, l'emprise patronale s'exerce intensément, non seulement dans la vie professionnelle, mais encore sur la vie familiale de l'ouvrier;

Et ces mêmes patrons industriels ne sont que les hommes de paille, les prête-noms des banquiers.

O Ford, toi qui symbolises l'Amérique aux yeux du grand public français! Toi le technicien créateur et le chef milliardaire de ta propre entreprise, toi qui considères ta fonction comme un « service social », un sacerdoce, et non comme une source de revenus! Toi qui, par principe, ne fis jamais appel à l'aide des banques pour n'en pas subir les aveugles et néfastes directives, tu serais décidément une exception? Mais résisteras-tu longtemps encore au puissant trust de la General Motors Corporation? Et, d'ailleurs, si tu as si bien résisté, n'est-ce pas parce que tu eus le « courage », lors de l'étude de ta nouvelle voiture, de *mettre sur le pavé pendant un un* :

*80.000 travailleurs directement,
et près de 200.000 indirectement?!!*

Bibliographie 1929

Un an et demi s'est écoulé depuis la publication de l'article précédent. Le chômage intense, que nous avaient révélé les polémiques électorales aux Etats-Unis, ne s'est nullement résorbé. Des statistiques précises montrent que malgré l'énorme développement de la production, le nombre absolu des ouvriers occupés n'a cessé de diminuer au cours des cinq dernières années, si bien que pour enrayer une crise sociale profonde dont des échos nous parviennent de temps en temps, le capital américain a dû se résoudre à arrêter à peu près complètement l'immigration de la main-d'œuvre. Par contre l'exportation des capitaux américains n'a cessé de s'étendre ; ainsi la lutte entre la General Motors et Ford se continue en Europe, en s'abritant notamment derrière les marques « françaises » Citroën et Peugeot. Tout ce que nous disions dans notre article « Au pays des hauts salaires » nous apparaît donc actuellement comme confirmé, du fait même que les phénomènes signalés ont duré et se sont accentués.

Pourtant un livre très optimiste vient de paraître : « Standards », par M. Henri Dubreuil. Il est lui aussi le résultat d'une enquête — de 15 mois — aux Etats-Unis ; et il porte en sous-titre : « Le travail américain vu par un ouvrier français ».

M. Dubreuil a vu le chômage, il en parle, mais comme d'un phénomène secondaire et que la « coopération » entre patrons et salariés fera disparaître... Du reste, au moment même où Ford licenciait son personnel, l'enquêteur était embauché comme outilleur pour participer à la préparation de la fabrication de la nouvelle voiture.

Là est la clé de son optimisme.

Comme il l'explique lui-même, l'ouvrier qualifié, remplacé dans la production en série par le manœuvre, retrouve sa place dans la production de l'outillage. Il l'y retrouve avec un haut salaire tandis que les bas salaires guettent la masse ouvrière à la faveur du chômage.

Le livre de M. Dubreuil est un hymne à la production. Comme tel il a certainement une valeur de propagande.

Les techniciens salariés qui le liront, ne pourront par contre en tirer aucune leçon d'action syndicale, si ce n'est que la lutte doit être remplacée par la « coopération ».

Le livre de M. A. Philip, ainsi que sa toute récente « Réponse à Dubreuil » imposent des conclusions radicalement opposées.

On trouvera au siège de l'U. S. T. tous les livres cités dans ce chapitre (Ford, Siegfried, Philip, Dubreuil, etc.).

Nous possédons également un livre paru comme « Standards », en 1929 : « La formule allemande de production rationnelle dans l'industrie », de Charles Roy, ingénieur civil des mines, docteur en Droit.

Cet ouvrage montre d'une façon très claire et détaillée la base matérielle de la rationalisation en s'appuyant sur de nombreux exemples et statistiques, tirés de l'histoire de l'économie allemande d'après-guerre. Il explique les avantages du travail à la chaîne et ses conditions d'application.

La conclusion est une théorie néo-individualiste et néo-libre-échangiste, extrêmement ingénieuse qui synthétise en cinq points la rationalisation allemande :

Premier point : L'individualisme ouvrier. — Alors que les progrès du machinisme et particulièrement le taylorisme ont achevé de tuer l'individualité de l'ouvrier en le transformant en manœuvre, le fordisme et le travail à la chaîne retransforment l'ouvrier en artisan. Comment ? Très simplement : chaque *équipe de chaîne* fabriquant un objet complet, est un artisan composé. Voilà une fiction qui ne peut manquer d'enthousiasmer l'équipe artisanale.

Deuxième point : L'individualisme patronal. — A l'origine de l'industrie, le patron était un, puis plusieurs patrons se sont associés pour diriger en commun leurs entreprises. Enfin apparut la Société anonyme dont l'assemblée générale des actionnaires était maîtresse.

Hélas ! désormais l'entreprise échappait des mains des patrons — de ceux qui s'intéressaient à sa prospérité réelle, pour tomber sous l'influence de vulgaires épargnants, de spéculateurs quelconques.

Au contraire, maintenant, le « Konzern », qui groupe financièrement plusieurs entreprises d'une même branche d'industrie est redevenu un patron unique. En effet, si les actions des entreprises composantes sont dans les mains de n'importe qui, par contre les actions du Konzern sont possédées par les entreprises, personnes morales. De plus le Konzern est dirigé par un groupe d'administrateurs choisis parmi les « meilleurs » hommes des Conseils d'administration de chaque entreprise composante. Ce groupe élu au 2° degré, échappe en pratique complètement au contrôle des assemblées générales de chacune des entreprises, il a une individualité propre, c'est un « patron individuel composé » !

Ce point de vue sera-t-il du goût des petits actionnaires?

Troisième point : La liberté du marché des marchandises. — Le cartel de vente, entente commerciale entre toutes les entreprises concurrentes d'une branche d'industrie, a généralement pour but de maintenir des prix de vente élevés, par taxation uniforme, par limitation de la production, contingentement, etc...

La constitution du cartel, c'est la suppression de la liberté du marché.

L'auteur, qui n'est pas tendre pour les cartels, indique que ceux-ci toujours provisoires, finissent par donner naissance aux Konzerns, par groupement financier, par fusion des entreprises du cartel. Un cartel cède généralement la place à plusieurs Konzerns.

Et la libre concurrence est retrouvée.

Oui, mais si comme dans les matières colorantes le cartel se transforme en Konzern unique, en trust, les consommateurs doivent-ils croire encore à la liberté du marché ?

Quatrième point : La liberté du marché de la main-d'œuvre. — La Révolution allemande avait donné aux salariés la loi de huit heures, les contrats collectifs, les comités d'entreprise contrôlant l'embauche et la débauche, etc...

Avec le licenciement en masse, le chômage s'installe, les salaires baissent, la semaine est portée de 48 heures à 60 heures, l'institution de l'arbitrage obligatoire supprime en fait les contrats collectifs, les comités d'entreprise perdent toute autorité.

L'auteur du livre conclut :

« ... La rationalisation, c'est-à-dire, répétons-le, l'application du taylorisme, n'aurait pas été possible sans la présence de cette armée de chômeurs qui a rendu les salariés dociles aux injonctions de leurs patrons et a redonné à ces derniers une indépendance et une autorité que la Révolution avait entamées... »

Nous n'ajouterons pas de commentaires à ce quatrième point.

Cinquième point : Contrôle de l'Etat. — « ... Nous allons assister au renversement de la situation... l'Etat maintiendra son intervention dans le règlement des conditions de travail, mais cette fois au bénéfice des employeurs... »

Sans commentaires également.

La Rationalisation

Nous nous proposons ici d'indiquer seulement les aspects essentiels de cette question.

I. L'ASPECT TECHNIQUE

A l'usine, la rationalisation est le *travail des techniciens*, orienté avec une attention soutenue vers l'abaissement du prix de revient, à qualité égale. Elle comporte, par exemple, dans une usine de constructions mécaniques :

L'étude des formes permettant les procédés de fabrication les plus économiques.

La réduction du nombre de types de pièces de façon à augmenter les séries.

Quand les séries sont assez grandes, la division du travail en opérations élémentaires chronométrées, avec spécialisation des machines et des ouvriers, disposition la plus économique des machines-outils, travail à la chaîne, etc...

Au fur et à mesure de la croissance de l'entreprise, la spécialisation de plus en plus grande des ateliers et services d'études, l'organisation générale des magasins, de la manutention, l'emploi de transports rapides, au besoin la reconstruction complète, etc., etc...

Conséquences pour les salariés :

Transformation des ouvriers qualifiés en manœuvres spécialisés, sauf une certaine partie des ouvriers qui est désormais affectée à la fabrication de l'outillage ou des pièces et appareils types — têtes de séries ; phénomène analogue pour les dessinateurs d'études et les dessinateurs d'exécution ;

Remplacement des vieux cadres d'atelier « sortis du rang », agents de maîtrise ou agents techniques, par de jeunes techniciens des écoles professionnelles ou techniques;

Spécialisation extrême pour le plus grand nombre des ingénieurs, etc...

II. L'ASPECT ECONOMIQUE

Comme nous l'avons montré dans notre article : « les organisations économiques et syndicales du patronat », la rationalisation est, de même que tous les progrès techniques, imposée aux industriels par la concurrence, concurrence qui atteint depuis la guerre une acuité extrême en raison de la saturation des marchés.

La concentration industrielle, les fusions, les ententes, donnent les bases réelles d'une rationalisation profonde.

Car, dès lors qu'une branche d'industrie est entièrement trustée, la standardisation devient très facile ; les « séries » deviennent formidables. Ce n'est plus des ateliers qu'on spécialise, mais des usines entières.

Tout se centralise et se simplifie : Services commerciaux, publicité, stocks, bureaux d'études, laboratoires, etc... Et les prix de revient s'abaissent.

Mais à la concentration industrielle, à la trustification, les financiers demandent autre chose que la baisse des prix de revient, quelque chose de plus immédiat et de plus certain, du reste : le maintien ou même la *hausse des prix de vente sur le marché intérieur.*

Grâce au trust, la concurrence s'éteint. La loi de l'offre et de la demande devient bonne pour le musée. Le trust est maître du marché intérieur pour toute une branche d'industrie et parfois pour plusieurs branches et impose ses prix aux consommateurs.

Il les impose même d'autant plus élevés qu'il veut rattraper ses pertes sur le marché extérieur, où il est concurrencé de plus en plus âprement par les trusts des autres pays ou groupes de pays.

Dumping et protectionnisme sont les méthodes des formidables groupements financiers qui se forment par la centralisation bancaire et par la main-mise des banques sur les entreprises industrielles.

III. L'ASPECT SOCIAL

Les admirateurs à toute épreuve de la « rationalisation » sous toutes ses formes ferment les yeux et trouvent encore matière à s'extasier jusque dans la trustification du marché : par l'institution d'un organisme unique, disent-ils, se réalise l'adaptation rigoureuse de la production à la consommation, plus de gaspillage, plus de crises de chômage. Tout cela est exact. Les crises de chômage même disparaissent, grâce à *l'organisation systématique du chômage constant* par la compression du personnel, techniciens compris, comme le prouvent les exemples de l'Amérique et de l'Allemagne.

Mais non, nous répond-on, le chômage dont vous parlez ne peut être que momentané, c'est la dernière crise avant l'instauration de l'équilibre stable définitif. Vous savez bien du reste qu'à chaque technique nouvelle correspond une période de prospérité. Rappelez-vous qu'il y eut des briseurs de machines et ne soyez pas, comme eux, des saboteurs de la « rationalisation ». Arguments à première vue très justes, mais qui, reposant sur la vieille notion de la liberté du marché, deviennent faux quand celui-ci est trusté.

Car le trust, qui est la négation même de la liberté du marché des produits, a tout intérêt à maintenir la liberté du marché du travail, à l'intensifier même par le chômage, pour pouvoir abaisser les salaires. Et, s'il a tout intérêt à le faire, on peut être assuré qu'il le fera.

Au demeurant, la trustification d'une branche d'industrie entière est-elle un phénomène « définitif » ? En réalité, l'étude de l'économie des pays industriels les plus évolués (Etats-Unis, Allemagne) montre que le trust finit par être concurrencé, puis supplanté par un nouveau trust fabriquant un succédané, un « ersatz » moins cher dont la production demande *encore moins de main-d'œuvre*. Le progrès technique, un moment freiné par l'existence d'un monopole, reprend grâce à cette nouvelle concurrence.

Mais les chômeurs n'y gagnent rien, bien au contraire, la crise de chômage s'accentue.

La crise mondiale de surproduction et de chômage, conséquence de la course effrénée des capitalistes au profit aboutit donc à ce résultat :

La sous-consommation de la masse des travailleurs salariés interdit toute extension de la production ; la production restant stagnante, toute économie de main-d'œuvre ouvrière et technique par perfectionnement de l'outillage intensifie le chômage ; car la fabrication de l'outillage nouveau n'exige évidemment qu'un faible contingent de salariés en regard de celui qu'elle économise pour la production proprement dite.

Dans son processus normal, le développement industriel entraîne la diminution de la « main-d'œuvre de fabrication » proprement dite (main-d'œuvre d'extraction de la matière première, des combustibles, etc..., main-d'œuvre de transformation de la matière en objets fabriqués) par rapport à la « main-d'œuvre accumulée » dans les différents outillages.

Par contre, dans l'état de crise actuel, ce n'est plus une diminution relative et continue qui se produit, mais une diminution absolue et brutale de la « main-d'œuvre de fabrication », c'est-à-dire du nombre des salariés en activité.

Tel est le résultat de la croissance anarchique et sans contrepartie (1) des capitaux enfouis aveuglément dans les outillages. Non seulement la « main-d'œuvre accumulée » chasse la main-d'œuvre vivante, mais elle la tue.

Pour les capitalistes, la crise de surproduction et le chômage se traduisent par une surabondance de capital, une baisse du taux de revenu, un besoin accru de débouchés et par conséquent une lutte sans cesse plus aiguë sur le marché mondial. Les conflits armés sont au bout.

IV. — RATIONALISATION ET SUREXPLOITATION

La Rationalisation sert de couverture à toutes sortes d'opérations qui n'ont rien à faire avec le progrès technique; nous en avons déjà parlé dans le chapitre du Syndicat des Dessinateurs et dans l'article « Au pays des Hauts Salaires ». Elles se résument à ceci : pousser le rythme de la production et diminuer les salaires par tous les moyens possibles, sans souci de la santé humaine (surmenage, élimination des plus faibles, des plus vieux, manque de ventilation,

---

(1) Voir sous-chapitre VII « Ce que la Rationalisation devrait être ».

insuffisance de mesures de protection, etc.,.) et même au préjudice de la qualité de la fabrication.

En théorie, la caractéristique technique de la Rationalisation est censée être l'augmentation de la *productivité* du travail du salarié et surtout de l'ouvrier, sans augmentation de sa dépense d'énergie, par la simple amélioration des procédés de fabrication, par la lutte avec la « paresse de la matière ». Par contre, en pratique, la Rationalisation est principalement l'augmentation de l'*intensité* du travail du salarié, la lutte contre la « paresse de la main-d'œuvre ».

Or si le groupement des entreprises est le fait des financiers, ce sont les salariés qui font le reste à l'intérieur d'un trust ou consortium : répartition des fabrications dans les usines par les directeurs et ingénieurs en chef ; organisation de chaque usine par les directeurs, chefs de service, ingénieurs, chefs d'atelier ; perfectionnement continuel de la production par les ingénieurs, les dessinateurs, les agents techniques et les agents de maîtrise.

Ainsi dans les grands trusts modernes l' « œil du maître » n'existe plus et la marche de chaque usine dépend des techniciens.

A eux de s'opposer à la pratique d'une véritable surexploitation dont ils sont dans l'ensemble les auteurs principaux et en grande partie eux-mêmes les victimes.

A eux d'agir en techniciens honnêtes et clairvoyants et non en simples agents patronaux. Ils doivent à la fois respecter la santé des personnes humaines placées sous leur direction technique et la sécurité des consommateurs, des usagers, pour qui ils produisent. Tâche difficile ? Certes, d'autant plus qu'elle est compliquée par le favoritisme et par toutes les combinaisons des administrateurs et des hauts directeurs avec les fournisseurs et même avec les clients. Il n'est pas inutile que le technicien « rationalisateur » ait présentes à l'esprit toutes ces considérations, car il réfléchira avant d'augmenter la souffrance des hommes, et il concluera maintes fois que mieux vaut « rationaliser » lentement. Au demeurant, les techniciens salariés les plus honnêtes et les plus clairvoyants agissant individuellement ne pourront avec la meilleure volonté contrecarrer que dans une faible mesure la spéculation immédiate qui se fait sous l'égide de la « Rationalisation ». Tout dépendra de la situation du marché économique et de la pression collective exercée sur les patrons par les salariés. En luttant pour l'amélioration absolue de leur sort, les techniciens salariés combattent du même coup toute aggravation, qu'elle soit « spéculative » ou non.

V. — CONSIDERATIONS SUR L'AGRICULTURE
ET LE COMMERCE

On entend dire souvent avec une certaine logique apparente : la France est un pays agricole, le trop plein des salariés de l'industrie doit se déverser dans l'agriculture.

Or, c'est une erreur de croire que les produits agricoles sont plus chers que les produits industriels. C'est précisément l'inverse. L'agriculture, à son niveau technique actuel, ne pourrait donc pas payer les chômeurs de l'industrie.

Il faudra qu'elle-même se rationalise, s'industrialise et, par suite, se *concentre*.

Elle subira fatalement cette évolution, tant sous la pression économique de ses fournisseurs de produits industriels (outillage, engrais, etc...), que sous celle des grosses sociétés commerciales, ainsi que sous l'influence de la concurrence des pays agricoles plus évolués.

La petite propriété agricole sera forcée de se concentrer progressivement et une nouvelle tendance au chômage en résultera.

Un processus parallèle possible, facilité par l'extension des réseaux de distribution d'électricité, est le mariage des travaux des champs avec la fabrication industrielle : éparpillement des ateliers dans les campagnes avec emploi saisonnier de la main-d'œuvre paysanne, utilisation des « longues heures inoccupées des soirées », etc...

C'est cela que préconisent Ford et ses émules, parce qu'ils comptent obtenir une main-d'œuvre idéalement disséminée, docile et à bon marché.

***

De même, de plus en plus centralisé par les banques, pour répondre à la concentration de l'industrie et parallèlement avec celle-ci, le commerce tendra à s'organiser en sociétés à « succursales multiples », succursales aussi nombreuses que les boutiques et directement liées aux industriels des usines et de la terre. Ce sera la fin des intermédiaires, mais *non au bénéfice des consommateurs*.

Nous n'examinons pas ici le rôle des coopératives de production ou de consommation qui apparaissent en principe comme des concurrents bienfaisants des grosses entreprises, mais dont l'action pratique sera de plus en plus limitée par l'impossibilité de trouver des crédits suffisants.

VI. — LE ROLE DES POUVOIRS PUBLICS

Dans ce problème de la rationalisation qui domine tous les autres problèmes sociaux et politiques, l'Etat joue-t-il un rôle d'arbitre impartial, conciliant les intérêts particuliers, défendant contre eux l'intérêt général ?

Question délicate, mais que nous ne pouvons oublier de poser, sans risque de camoufler la réalité, d'entretenir des illusions néfastes.

Pour y répondre, résumons en les complétant nos conclusions des chapitres précédents :

Les « indices officiels » du ministère du travail s'écartent de plus en plus de la réalité qu'ils sont employés à masquer. Les frais de la guerre ont été compensés d'abord par des emprunts, puis amortis provisoirement en capital et intérêts à l'aide de l'inflation, qui a eu pour effet la baisse relative des salaires d'une part et l'augmentation de la production d'autre part, amortis définitivement au moyen d'impôts directs frappant principalement les salariés et d'impôts indirects qui sont retombés sur la masse des consommateurs, c'est-à-dire encore essentiellement sur les salariés. La déclaration des salaires au fisc est effectuée par les employeurs qui eux de leur côté se sont ingéniés et ont réussi à lui échapper pour une grosse part, en engageant dans de nouvelles constructions les superbénéfices, dus à l'inflation, en exportant leurs capitaux dans des filiales étrangères, parfois fictives, en créant de nouveaux tiroirs dans leurs bilans.

La concentration financière des entreprises a été facilitée par l'abaissement considérable de la taxe sur les fusions. Par contre, pendant le chômage de 1927, les secours donnés par l'Etat ou les départements aux salariés furent dérisoires.

Nous avons vu par ailleurs l'équité que les techniciens salariés peuvent attendre de toutes les juridictions, civiles ou prudhomales. La loi sur les Assurances sociales, qui est précisément destinée dans l'esprit des salariés à garantir leur sécurité d'existence au moment où elle est menacée par la rationalisation n'assure rien du tout dans sa forme actuelle, sinon un renchérissement nouveau du prix de la vie et des charges nouvelles pour les salariés : les retraites n'atteindront 40 pour 100 du salaire qu'en 1960, leur valeur immédiate serait de 600 francs par an, aucune indemnité pour le chômage n'est prévue ; de plus le plafond du salaire assuré est si bas que la plupart des techniciens sont exclus du « bénéfice » de la loi.

**

Autre problème où l'Etat « oublie » l'intérêt des salariés: la formation des ingénieurs et des techniciens en général. Le nombre des élèves sortant des écoles techniques et professionnelles ainsi que des instituts universitaires augmente à toutes les promotions. Des écoles de plus en plus spécialisées — fonderie, textiles, cours de contremaîtres, de dessinateurs, etc... — sont créées chaque année sur l'initiative des organisations patronales intéressées et avec l'aide de subventions de l'Etat. Pourtant aucun plan ne règle cette production de techniciens pour l'adapter aux besoins réels de l'industrie. Le patronat intervient souverainement dans les conseils d'administration de toutes les écoles et instituts et détermine tous les actes du Secrétariat de l'Enseignement technique, afin de s'assurer une « main-d'œuvre technique » en surnombre et par suite à bon marché. D'autre part, l'intérêt social exigerait le recrutement suivant les capacités et non suivant la fortune. Pourtant le nombre de bourses accordées aux élèves est relativement très réduit, celui des bourses complètes (entretien compris) est infime. Du reste, on tend de plus en plus à remplacer les bourses par des « prêts d'honneur », dont l'avantage est de constituer une lourde charge pour l'avenir des élèves techniciens.

Le budget ne permet pas mieux, dit-on. Or, il permet bien autre chose, son analyse amènerait à des considérations sur l'inutilité ou même la nocivité de certaines dépenses. Il est admis maintenant que la concurrence des grands trusts exacerbée par la suproduction et la rationalisation, est à la base des antagonismes entre les pays ou groupes de pays ; les armements intensifs en découlent et cela au bénéfice des mêmes trusts qui reçoivent de chaque Etat des commandes de matériel de guerre venant grever lourdement les budgets, tandis que les discussions sur le désarmement se prolongent d'année en année.

Au reste, protectionnisme douanier, payement des « dettes » en espèces ou en nature, rivalités colonialistes, alliances militaires ou navales, etc... ne sont que l'aspect superficiel des rapports profonds et variables qui lient ou opposent entre eux dans la course aux débouchés les groupes financiers de tel ou tel pays, maîtres économiques incontestables de ces pays.

**

Il existe depuis quelques années un Conseil National Economique où patrons, ouvriers, techniciens et gouvernement sont représentés (bien ou mal) et dont il a été question, dès le début, d'étendre les pouvoirs, notamment dans le sens du contrôle général de la rationalisation.

A l'Union des Syndicats de techniciens nous ne nous sommes guère fait d'illusions sur la capacité de ce Conseil national économique à prendre des mesures dégagées de l'influence des puissances financières. Nous pensions bien qu'il ne pourrait pas imposer aux puissances financières des mesures de *rationalisation vraiment rationnelle*, vraiment au service de la collectivité. Nous étions à peu près persuadés que ce C. N. E. se bornerait fatalement à être un cercle d'études théoriques et un enregistreur de faits pratiques qu'il ne lui serait donné de « contrôler » qu'après coup.

Et, cependant, nous estimions que les techniciens, ne laissant échapper aucune possibilité d'action, devaient y être présents pour être renseignés, pour y exercer leur propre influence, pour empêcher ce C. N. E. de se transformer par la force des choses en organe de propagande patronale dans le milieu des techniciens salariés.

Actuellement nous sommes entièrement fixés.

Lorsque en 1927-1928, des fusions de sociétés importantes en traînaient la compression du personnel ouvrier et techniciens, et que nous organisions notre grand meeting de protestation et d'action, le C. N. E. tenait des séances au cours desquelles les représentants patronaux, les grands dirigeants de la métallurgie, assuraient les représentants des salariés que la Rationalisation respecterait la sécurité d'existence de ceux-ci !!!

*
**

Il est vrai que les pouvoir publics se penchent parfois avec « sollicitude » sur notre sort ; ainsi sentant mûrir les conflits entre employeurs et salariés, il préparent une loi sur l'arbitrage obligatoire ou sur la conciliation obligatoire.

Désormais, dit-on, les patrons ne pourront plus refuser de parler avec les syndicats et bien des conflits seront évités.

Rappelons, à ce sujet, l'exemple de la C. T. T. H. : des délégués avaient suggéré de solliciter l'arbitrage du ministre du Travail, mais en se souvenant que celui-ci avait été le principal actionnaire de la maison ils ont dû y renoncer immédiatement.

C'est là un fait d'expérience qui montre ce que les salariés peuvent attendre d'une loi sur l'arbitrage obligatoire. Celle-ci n'empêchera du reste jamais un patron de prononcer un lock-out ou de congédier un à un et sous un prétexte quelconque les militants du mouvement syndical, mais elle arrêtera toute réaction d'ensemble du personnel... à moins que le personnel passe outre et se défende par tous les moyens à sa disposition sans s'occuper de la loi.

La loi, nous l'avons vu au chapitre « Service juridique », ne fait que sanctionner en général un état de fait et cela sous la pression du plus fort.

Si les salariés laissent faire, la loi sur l'arbitrage ou la conciliation obligatoire sera une arme de plus dans les mains du patronat. Pour tout dire c'est une loi d'inspiration patronale.

VII. — CE QUE LA RATIONALISATION DEVRAIT ETRE

Organisation de la production et des échanges suivant un plan d'ensemble basé sur les besoins de la collectivité humaine. Fabrication abondante des produits de première nécessité : alimentation, vêtements, logement avant tous autres produits de luxe qui ne servent qu'à une minorité.

Suppression de toute fabrication qui vise à la destruction des existences humaines.

Réglage de la cadence de la production et limitation du temps de travail de façon que la production serve à faire vivre les hommes, mais non à les surmener et les abrutir ou les tuer prématurément. Suppression du chômage par la diminution du nombre d'heures de travail au fur et à mesure du développement de la production. En même temps augmentation de la capacité d'achat de chacun.

Instruction professionnelle pour tous suivant capacités individuelles et suivant besoins réels de l'industrie ,etc... C'est-à-dire, remplacement du désordre actuel qui ne profite qu'aux puissants par une organisation collective au service de la collectivité.

Nous sommes sortis du domaine étroitement syndical et tombés dans celui de la construction sociale ? Peut-être mais il le fallait !

Toutes les questions de l'amélioration de nos conditions d'existence (salaires, assurances sociales, défense juridique) sont liées à l'ensemble de la « Rationalisation vraiment rationnelle ».

VIII. — QUE FAIRE ?

Les trusts seront les maîtres. Les pouvoirs publics, déjà sous l'emprise des Chambres syndicales patronales et des banques, seront encore plus complètement dominés par eux.

La concentration financière et la rationalisation sous toutes ses formes, en y comprenant la propagande patronale si puissante, si tenace et si diverse, et les procédés les plus modernes employés par les patrons pour s'attacher « leur personnel », préparent donc un véritable asservissement de l'ensemble des salariés, asservissement plus ou moins « doré » suivant les professions.

Que faire alors ?

« Empêcher » la concentration industrielle ?

Non, nous ne devons pas nous ranger dans cette catégorie d'utopistes, les décentralisateurs à outrance, qui, critiquant à juste titre l'action néfaste des grosses entreprises sur la situation des salariés, appellent de leurs vœux l'avènement d'un artisanat moderne. Ces hommes, et il y a des techniciens parmi eux, croient qu'un outillage léger permettra à des salariés, à l'aide d'un crédit providentiel, de s'établir « à leur compte » et de produire, l'un tous les dés à coudre du pays; l'autre, tous les rasoirs...

Il est certain que bien des grosses entreprises gagneraient dans leur rendement à être décentralisées. Et il est fort possible que la *concentration financière* toujours croissante finisse par provoquer elle-même, dans certaines branches où cela sera reconnu utile, une *décentralisation technique* de plus en plus poussée en petits ateliers spécialisés, ne fabriquant qu'une pièce ou qu'un appareil déterminé et tendant à la limite théorique, dans quelques cas particuliers, vers un véritable *salariat* à domicile.

La théorie du néo-artisanat a aussi son application aux techniciens. D'aucuns voient dans l' « inventeur » et plus généralement dans l'ingénieur-conseil « indépendant » l'avenir de l'ingénieur salarié. D'autres considèrent le « tâcheron » et le « margoulin » comme les successeurs prochains des chefs de chantier et des agents de maîtrise ; c'est là simple réaction idéologique contre l'instauration de plus en plus générale du salariat, retour désespéré par la pensée au « bon vieux temps », au libéralisme, au libre-échangisme. La théorie libérale : « laissez faire, laissez passer »... « les crises trouvent leur solution en elles-mêmes », etc..., toute la doctrine de la libre concurrence est bien morte. Pour la faire revivre, il faut avoir la cécité de nos ingénieurs-conseils qui se raccrochent aux branches, avant de choir dans le salariat, ou toute la mauvaise foi cynique des « Rationalisateurs » bourreurs de crânes.

Pour notre part, nous ne prétendons pas donner ici une solution profonde de la question. Elle dépasse notre compétence de syndicats.

Les problèmes soulevés sont, comme on l'a vu, de vastes problèmes sociaux. Aussi, examinons-les simplement sous l'angle de notre propre situation immédiate sans rien préjuger d'un avenir lointain.

Lutter contre la concentration financière est une utopie; c'est vouloir marcher contre le cours de l'histoire.

En tant que techniciens, nous serons tous appelés à organiser techniquement l'industrie superconcentrée

En tant que salariés et consommateurs, nous serons les victimes de la superconcentration.

Nous en serons les victimes si nous ne savons pas nous défendre.

La concentration de l'industrie ayant pour effet de nous grouper en grand nombre, facilite notre défense syndicale. Mais il ne faut pas attendre que le trust soit tout-puissant.

Il faut, dès maintenant, nous organiser le plus possible sur la base des entreprises, des trusts et des consortiums pour protéger notre standard de vie, pour améliorer nos conditions d'existence tombées déjà trop bas.

« Je ne peux pas vous accorder ce que vous demandez », nous a dit au cours d'une récente entrevue l'administrateur-délégué d'une très grosse entreprise... « Je mènerais la maison à la faillite... la concurrence étrangère, la concurrence allemande nous gêne... Il faut signer au moins une trêve provisoire entre patrons et salariés *français* pour leur intérêt commun... Plus tard chacun de nous reprendra sa liberté... Votre action syndicale pour la revalorisation des salaires risque d'amener la hausse de nos prix de revient... la mévente... le chômage... les tarifs protectionnistes ne seraient qu'un expédient... la guerre économique, la guerre serait au bout... »

L'entreprise en question, l'Alsthom, est une filiale du formidable trust international dont la tête est la banque Morgan et qui comprend la General Electric C°, l'Alsthom « française », les Thomson-Houston de divers pays d'Europe, l'A. E. G. « allemande », etc... La concurrence allemande dont il est question est tout simplement celle des autres trusts internationaux Siemens-Schuckert ou Westinghouse, Brown-Boveri, Compagnie Electro-Mécanique.

Que reste-t-il dès lors de toute la démonstration sur la concurrence étrangère ? Que les trusts internationaux emploient des raisons « nationales » pour démontrer *dans chaque pays* par l'intermédiaire des administrateurs nationaux à leurs salariés nationaux qu'ils doivent se tenir nationalement tranquilles !

A nous d'avoir la clairvoyance nécessaire. A nous de

comprendre au contraire qu'aux trusts nationaux ou internationaux présents et futurs, nous devons opposer la solidarité de tous les techniciens des entreprises, que ces techniciens soient français ou étrangers, et la solidarité internationale des salariés de tous les pays déjà réalisée par notre syndicat des Dessinateurs et notamment par les dessinateurs du Nord avec nos camarades de Belgique.

Conseils aux Militants

Militants, Multipliez-vous !

Il y a les détracteurs du syndicat.

Il y a les réfractaires au syndicat.

Il y a les syndiqués qui oublient de payer leurs cotisations.

Il y a les syndiqués dont la seule activité est de cotiser régulièrement.

Il y a les syndiqués qui payent et qui viennent aux réunions du groupe d'entreprise, mais n'ouvrent pas la bouche.

Tous ceux-là sont le nombre.

Les autres sont les militants : il y a celui qui défend le syndicat contre les détracteurs, celui qui syndique les réfractaires, celui qui ramasse les cotisations, celui qui établit les statistiques de salaires de son usine, celui qui pense à organiser l'action au moment opportun, celui qui prend la parole aux réunions d'entreprise, celui qui participe aux réunions du conseil syndical, celui qui rédige des tracts, des articles pour nos journaux, celui qui plie les journaux et qui les met sous bande, celui qui tire les tracts à la Ronéo, celui qui distribue les tracts à la porte des entreprises, celui qui organise les réunions, celui qui travaille dans les commissions, celui qui passe une partie de ses vacances à créer de nouvelles sections régionales. Il y a enfin celui qui est tous les soirs au syndicat... parce que tant d'autres n'y viennent jamais.

Militants, vos « fonctions » sont nombreuses, mais vous l'êtes beaucoup moins.

Aussi vous devez assumer une fonction de plus : formez sans cesse de nouveaux militants.

Entraînez tous vos camarades à travailler régulièrement pour le syndicat d'une façon ou d'une autre, celle qui leur convient le mieux ; faites les venir au siège une fois, deux fois par mois.

Militants, éduquez-vous dans l'action

Militant, pour pouvoir convaincre les autres, sois toi même un convaincu :

Pénètre-toi de l'expérience collective que possède déjà ton organisation ; forme-toi une conscience syndicaliste faite de bon sens positif et matérialiste, d'esprit de lutte collective, d'esprit de camaraderie, de patience.

Tu dois posséder la claire et constante notion que le patron ne cède que contraint ; tu dois chercher les moyens de pression qui ont le plus de chance de réussir. Comme dans toute guerre, tu dois déceler la ruse, la propagande patronale qui sème le pessimisme, qui répand de fausses nouvelles ou qui au contraire cherche à amadouer provisoirement pour asservir définitivement.

Syndicaliste convaincu, sois patient : si l'ensemble de tes camarades n'acceptent pas dès l'abord ton point de vue d'action, accepte quant à toi de passer par toutes les étapes intermédiaires.

Sache laisser s'exprimer le point de vue de chacun, sache canaliser les suggestions utiles, sache tirer une conclusion unanime dans le sens d'un premier pas. Le plus petit acte syndicaliste, décidé collectivement et accompli collectivement fait progresser la conscience collective et permet la continuité de l'action syndicale.

Sache reconnaître les erreurs. Loyalement, honnêtement tire les leçons de ton expérience propre, discute-les avec tes camarades d'entreprise, apporte-les au syndicat.

Critique les erreurs... amicalement.

Excuse les défaillances passagères si elles ne sont pas entachées de déloyauté.

Combats les lâcheurs professionnels, impitoyablement.

Ne commets pas d'imprudence inutile.

Le syndicat a besoin de toi dans ta place.

Tu n'as pas le droit de démissionner par lassitude de la maison où tu travailles. Arme-toi de patience et agis. Tu auras raison et ta lassitude passera.

Tu te plains de l'inertie du grand nombre ? C'est que tu n'as pas su te faire comprendre.

Tu préfères quelques « bons » à une majorité de passifs?

Les « bons » sont de la pâte de militants, pétris-les.

Avec eux entraîne les passifs et ceux-ci changeront aussi.

*
* *

La documentation est la base de l'action, documente-toi, documente le syndicat.

Militant, quel que soit ton travail syndical, aussi simple soit-il, le syndicat compte sur toi. Tu dois sentir *ta responsabilité*.

CONSEILS PRATIQUES

Pour une pétition :

1° Il est inutile de signer au bas du texte même de la lettre. C'est un formalisme qui complique les choses.

On signera sur une feuille séparée, préparée comme suit:

Groupe des .... de la Société ....

Lettre à la Direction Générale du ....(date)

Liste des Signatures

Noms	Signatures	Noms	Signatures

On écrira les noms lisiblement, *par ordre alphabétique.*

On pourra faire autant de listes qu'il y a de services ou d'usines dans l'entreprise pour faciliter l'établissement des listes et activer la signature.

2° Il est préférable d'établir une pétition lorsque la grosse majorité est syndiquée. Cela donne ·des garanties pour le succès et pour la continuation du mouvement.

3° Pourtant, il ne faut pas se buter. Le simple fait d'avoir signé unanimement une pétition est déjà un acte collectif qui porte à la fois sur le patron et sur les signataires.

L'étape suivante, et nécessaire, sera l'adhésion au syndicat, qui pourra se faire au fur et à mesure de la pétition ou sitôt après en profitant de l'effervescence des esprits.

4° Le plus tôt possible faire une liste des salaires et la tenir à jour. L'habitude de se communiquer les salaires est vite prise, c'est une preuve de l'esprit de camaraderie.

Manœuvres patronales

1° *« Cuisinage ».* — En cas de cuisinage, ne vous lancez pas dans des discussions de principe sur le droit syndical.

Il est inutile que les patrons ou directeurs reconnaissent les militants dans ceux qui discuteront avec le plus de courage.

Faites le mort tous ensemble. Ce sera au moins aussi impressionnant.

2° *Division*. — En prévision d'augmentations partielles, « à la tête », aux meilleurs, aux plus qualifiés, aux plus payés, etc..., prenez d'avance l'engagement collectif de continuer à revendiquer tous ensemble.

3° *Silence patronal*. — Les délégués syndicaux ne sont pas reçus — aucune suite n'est donnée — exercez des moyens de pression et parallèlement étendez le mouvement soit à l'ensemble de la firme, du consortium, du trust ou de l'industrie, soit aux catégories de techniciens non touchées encore dans la maison ou dans l'industrie.

A la diplomatie répondez par l'action.

A la brutalité qui spécule sur votre faiblesse pour vous provoquer, répondez par la souplesse et reforcez-vous.

4° *Succès*. — La caisse du syndicat est pauvre, elle ne sera jamais assez riche. Faites-là profiter de vos augmentations (tant pour cent de chaque augmentation).

Pour une réunion de propagande
(Réunion d'entreprise, meetings, etc...)

Les réunions devront être aussi courtes que possible.

Militants, préparez soigneusement la réunion.

Pas de grands discours sentimentaux : des faits, des méthodes. Faites parler la salle. Répondez par des arguments précis. Ayant convaincu l'auditoire des nécessités du syndicalisme, faites voter l'adhésion en masse et passant de la parole aux actes, ramassez immédiatement les bulletins d'adhésion remplis.

De chaque réunion doit sortir un programme d'action, une résolution votée s'il y a lieu.

Après les réunions faites rester des délégués des différentes maisons ou services intéressés et d'accord avec eux, convoquez-les à une réunion prochaine qui poussera la propagande en profondeur et le recrutement, ou qui commencera l'action.

Avant de lever la séance, distribuez des paquets de bulletins d'adhésion aux délégués pour qu'ils fassent entre temps l'effort maximum dans leurs entreprises ou services.

Pour une assemblée générale de syndicat ou d'entreprise

Ordre du jour - Discussion - Résolution - Procès-verbal.

Vérification à l'entrée des cartes syndicales.

Conseil syndical, Comité régional, Réunion de comité d'usine, de firme ou d'industrie

Chacun des délégués présents doit apporter un mandat ou les cartes syndicales des camarades qu'il représente.

Les procès-verbaux

Ne pas manquer d'établir des procès-verbaux de *toutes* les réunions ; ils constituent la base de notre documentation, ils facilitent la rédaction des articles relatant les mouvements.

La discipline des réunions

Commencer à l'heure. Eviter les répétitions inutiles. Ne pas prolonger inutilement. Respecter l'ordre... de l'ordre du jour.

Ne pas multiplier les réunions de militants, chaque militant a lui-même des réunions ou un autre travail à faire.

Rédaction d'un tract ou d'un article

Réunir la documentation. Faire un plan. Rédiger. Phrases courtes. S'il y a des phrases longues, les couper. Pas de lyrisme. Pas de mots savants. Des arguments et non des affirmations. Démonstrations d'abord, conclusions ensuite, mais non l'inverse. Récits concrets et fidèles. Tirer les conclusions syndicalistes.

Aux délégués des groupes d'entreprise

N'oubliez pas que vous êtes la liaison entre l'ensemble du syndicat et les camarades de votre groupe. Faites circuler régulièrement bulletins, journaux régionaux, circulaires, etc...

Souvenez-vous que le Service de placement ne fonctionne bien que grâce à vous. Signalez sans retard les places vacantes.

Syndicalisme Ouvrier
et Syndicalisme des Techniciens

Les préjugés développés par la propagande quotidienne du patronat sont tels que certains camarades techniciens auront eu un mouvement de recul, d'effroi presque, en lisant ce titre.

Parler du syndicalisme des techniciens passe encore, il entre maintenant dans les mœurs; même en France les techniciens les plus sceptiques, les plus réfractaires ou les plus timorés sont amenés par la force des choses à se syndiquer. Mais oser faire un rapprochement — ne fût-ce que dans le titre — entre notre action syndicale et celle des ouvriers! Et cependant cette brochure serait une œuvre bien peu objective, bien plate, si cédant au souci mesquin de ménager le lecteur, nous nous interdisions de parler de l'expérience des ouvriers, expérience si longue, si riche et... si douloureuse.

Au reste, notre propre expérience déjà réelle, mais combien sommaire, ne peut que profiter de cette étude.

Il existe une erreur assez répandue dans le public : celle de considérer le syndicalisme comme une des « conquêtes de la grande Révolution française ».

En fait, l'immense révolte paysanne de 1789-1794 contre la dictature de l'aristocratie foncière a apporté exactement le contraire des libertés syndicales aux ouvriers encore peu nombreux à l'époque. Si les payans, serfs, métayers, fermiers ou propriétaires misérables ont pu, dans une certaine mesure, s'affranchir et améliorer leur existence en acquérant la terre, par contre, l'installation au pouvoir du « Tiers-Etat », dominé par la bourgeoisie commerçante, manufacturière et financière, a eu pour résultat une oppression accrue des ouvriers.

L'Assemblée Nationale avait bien dissout les corporations de métier, qui groupaient depuis des siècles les ouvriers (apprentis et compagnons) sous la dépendance étroitement réglementée des patrons (maîtres des jurandes), mais en ce faisant elle avait créé le marché moderne de la main-d'œuvre au bénéfice des manufactures naissantes. Avec l'afflux des manouvriers de la campagne, avec la crise de la vie chère, avec la guerre, une misère terrible atteignit les ouvriers et les força à se grouper et à lutter pour la défense de leurs salaires.

C'est alors qu'intervint en 1791 la fameuse loi Le Chapelier, qui interdit absolument toutes les coalitions et les grèves comme « attentatoires à la liberté du travail », comme « contraires à la souveraineté de l'Etat », comme tendant à opposer « l'intérêt particulier » à « l'intérêt général » personnifié par l'Etat nouveau.

Le Premier Empire affermit encore la domination de la bourgeoisie industrielle et le code pénal aggrava la loi Le Chapelier : la coalition ouvrière, considérée comme un délit, en toutes circonstances était frappée de 1 à 3 mois de prison et de 2 à 5 ans pour les « chefs et moteurs » qui encouraient pour le moindre acte la « surveillance de la haute police ». Il est vrai que le code punissait aussi la coalition patronale de 6 jours à 1 mois d'emprisonnement et de 200 à 3.000 francs d'amende, mais seulement s'il pouvait être prouvé qu'elle tendait à « *forcer injustement* (!) et *abusivement* (!) l'abaissement des salaires ».

Dans ces conditions, les ouvriers se cantonnèrent pendant des dizaines d'années dans les « mutuelles » qui soulagèrent quelque peu leur misère par les indemnités de maladie et chômage et les retraites. Les mutuelles interdites par la loi Le Chapelier, comme toutes les coalitions ouvrières, furent cependant tolérées et prenant un développement considérable, elles forgèrent l'esprit de solidarité des ouvriers. Il est à noter toutefois que les « mutuelles professionnelles », c'est-à-dire celles qui groupaient les ouvriers exerçant le même métier, furent de moins en moins autorisées parce qu'elles avaient tendance à se transformer automatiquement en « résistances », c'est-à-dire à s'occuper de la défense des salaires de la profession. La police obligea les mutuelles professionnelles à fusionner entre elles et n'autorisa plus que les mutuelles interprofessionnelles.

Avec le développement de l'industrie et de la concurrence, la transformation de l'outillage, et en particulier l'introduction de la machine à vapeur, apparurent les premières crises de surproduction qui provoquèrent le chômage, une baisse formidable des salaires, puis l'allongement de la journée de travail. Ainsi en 1830, les salaires des tisseurs lyonnais (les canuts) qui touchaient de 4 à 6 francs pour treize heures de travail, tombèrent à 1 fr. 25 et même 0 fr. 90 pour dix-huit heures. C'est dans ces conditions qu'une misère inimaginable provoqua les insurrections de juillet. Pendant toute la période de 1830 à 1848, par suite de l'attitude intransigeante des patrons, se développent les « résistances » à côté des mutuelles ou sur la base même de celles-ci, et les grèves sont innombrables. L'Etat poursuit systématiquement et dissout aussi bien les « résistances » que les mutuelles. Des condamnations très dures frappent les ouvriers. La répression est parfois sanglante. A plusieurs reprises la troupe est envoyée contre les mineurs et des victimes tombent.

Mais la formation des centres manufacturiers, l'immigration croissante de la population rurale vers les villes entretiennent le chômage et la misère et provoquent une réaction des ouvriers, d'autant plus vigoureuse que ceux-ci sont concentrés en nombre de plus en plus grand dans les usines.

1848 est un nouveau tournant de l'histoire ouvrière :

La Révolution de 1848 qui est une nouvelle révolte de la misère (à cette époque des femmes gagnent 0 fr. 45 par jour!) apporte avec la Deuxième République, une panacée : la coopérative de production, encouragée par l'Etat. Mais la coopération périclite rapidement, les illusions se dissipent et les « résistances » se font plus nombreuses et plus combattives. Des augmentations de salaires en même temps que l'abaissement de la journée de travail à dix heures sont acquis dans de nombreux corps de métier.

La répression reprend très dure et après le coup d'Etat du 2 décembre, c'est de nouveau l'anéantissement méthodique et indistinct de toutes les organisations « mutuelles », « résistances », « coopératives », péniblement édifiées pendant des années. Cependant, sous le Deuxième Empire, les organisations ouvrières se remontent ; l'Etat use d'abord contre elles de violence systématique, puis il tolère les mutualités; les résistances réapparaissent et reprennent la lutte; on cherche à en détourner les ouvriers par la propagande du coopératisme et l'aide des « banques populaires ». Enfin devant la poussée formidable des « résistances » qui se transforment en véritables syndicats exigeant des réformes législatives, le pouvoir use de clémence. Il accorde en principe le droit de grève; des grèves de plus en plus nombreuses éclatent, et on ne réussit plus à les réprimer, malgré toutes les mesures de police : saisie des livres, dissolution, fusillades.

Après la Commune, la répression reprend de plus belle, les syndicats ne sont autorisés que s'ils groupent moins de vingt membres, un agent de police doit être présent à chaque réunion, le syndicat est obligé de déclarer les noms de tous ses membres.

Mais en même temps le développement et la concentration de l'industrie se poursuivant à un rythme accéléré, les ouvriers prennent plus confiance en eux-mêmes et leurs syndicats grandissent et agissent sans se soucier des interdictions. Si bien que par l'octroi de la loi de 1884, le gouvernement est contraint dans un but d'apaisement de sanctionner purement et simplement une situation de fait, en accordant la liberté complète d'association et de grève.

Le développement des syndicats et la pénétration du syndicalisme dans les professions les plus réfractaires se poursuivent d'année en année. Les syndicats se groupent entre eux, soit en fédérations nationales de métier, comme celles des ouvriers mécaniciens, soit en fédérations d'industrie, comme celle du livre. De plus dans la plupart des villes s'organisent les bourses du travail qui groupent les syndicats locaux et qui sont un facteur puissant de développement, de création de nouveaux syndicats, d'unification des efforts des ouvriers de toutes les professions et industries. Enfin en 1895 apparaît la Confédération Générale du Travail; la C.G.T. unit tous les syndicats, fédérations et bourses en une seule organisation. De plus en plus, la « mutualité » et la « coopération » deviennent des attributs secondaires du syndicalisme.

Pendant toute cette période de « syndicalisme légal », les persécutions patronales n'ont jamais cessé et se sont exercées, soit dans le cadre de la loi, soit même au défi de la loi : poursuites des syndicats pour mise à l'index d'une maison, boycott des secrétaires de syndicat, licenciement des syndiqués sous des prétextes quelconques; et plus d'une fois se produisent encore les répressions sanglantes des grèves par la police et la troupe.

En outre, à partir de 1901, le patronat développe des organisations « jaunes », dotées de journaux, *le Travail Libre*, puis *le Jaune*, qu'il emploie, avec peu de succès du reste, à briser les grèves et à disloquer les organisations « rouges ».

*
* *

Examinons maintent les diverses « idéologies » ou « tendances » qui se sont manifestées dans le mouvement syndical ouvrier.

Une remarque essentielle : ce n'est tout d'abord que la misère la plus extrême qui a pu acculer les ouvriers à la grève. Puis celle-ci est devenue peu à peu leur seule arme.

Toutes les professions, les unes après les autres, jusqu'aux plus « privilégiées », aux plus modérées, ont été amenées à abandonner les procédés de supplique, de discussion, de « diplomatie industrielle » pour ceux de « pression » sur les patrons et les pouvoirs publics, pour les méthodes d' « action directe ». Rien ne s'obtient sans la lutte; le patronat ne cède que battu ou s'il craint d'être battu.

De plus, les patrons d'une même industrie s'entendent entre eux ; aux syndicats ouvriers s'opposent les chambres syndicales patronales ; les pouvoirs publics — police, troupe, justice — interviennent au bénéfice des patrons, et la notion que les ouvriers forment une classe opprimée par la classe patronale s'établit dans leur esprit et s'y ancre d'autant plus irrésistiblement que les mêmes phénomènes se passent dans tous les pays industriels et que les nécessités de la lutte amènent les ouvriers à se concerter par-dessus les frontières (exemple typique : grèves des dockers, grève du livre de 1906). La doctrine de la « lutte des classes » est encore renforcée par le fait qu'à chaque crise industrielle des avantages conquis au cours de longues années d'action syndicale sont reperdus soudainement — et parfois tout est à recommencer. La suppression du salariat par la « socialisation » des moyens de production et d'échange (usines, mines, banques, etc...) s'impose en fin de compte à l'esprit des travailleurs comme le seul moyen de supprimer l'anarchie économique, les crises industrielles, l'oppression patronale et d'acquérir d'une manière stable « bien-être et liberté ».

Cette socialisation se passerait pour les uns, d'une façon progressive par l'évolution même des formes de la production et au moyen de la conquête pacifique du pouvoir par les ouvriers devenus l'immense majorité du pays ; pour les autres par une révolution violente dont le moyen essentiel est la grève générale.

C'est ainsi que dans les congrès successifs de la C. G. T. s'affrontent les deux tendances : réformistes et révolutionnaires. Rapidement les révolutionnaires sont la grosse majorité.

Pour que cet exposé soit complet et objectif, il est à souligner que les révolutionnaires n'étaient pas opposés à la poursuite des « réformes immédiates dans le cadre de la société capitaliste », journée de huit heures, etc... mais ils ne considéraient comme efficace que l' « action directe » par opposition aux méthodes parlementaires, aussi bien dans la lutte contre les patrons que dans l'action sur les pouvoirs publics. Il se trouve donc que la minorité réformiste, qui comprenait principalement des corporations un peu « privilégiées » comme la fédération du livre, était en même temps opposée à l'usage de la grève. Mais l'intransigeance patronale poussa la fédération du livre elle-même, après de longs pourparlers stériles, à user en 1906 de la grève généralisée pour imposer des améliorations de salaires.

Avant de clore cette étude sur le « syndicalisme ouvrier » nous devons au moins mentionner les doctrines sociales qui sont nées des luttes ouvrières et qui ont eu une influence capitale sur elles : ce sont les différentes formes de l'anarchie et du socialisme et surtout le marxisme.

Malgré notre désir d'être complets, il nous est difficile — en raison du manque de place et aussi en raison de la neutralité politique de notre propre syndicalisme — de faire ici une analyse sérieuse de ces doctrines qui inspirent les partis politiques ouvriers contemporains.

Pour les mêmes raisons nous ne nous étendrons pas sur l'histoire du syndicalisme ouvrier pendant et depuis la guerre. Rappelons seulement qu'en 1919 forte de 2 millions d'adhérents la C. G. T. a conquis la journée de huit heures, mais que, depuis, les fractions réformiste et révolutionnaire se sont séparées, la fraction réformiste gardant le nom de C. G. T., la fraction révolutionnaire prenant celui de C. G. T. UNITAIRE (C. G. T. U.) et la séparation ayant eu pour conséquences la baisse des effectifs et l'accentuation des tendances : « diplomatie industrielle » et « réformisme » pour l'une, « action directe » et doctrine révolutionnaire pour l'autre. Passons maintenant au syndicalisme des techniciens.

*
* *

A l'inverse des ouvriers notre confédération générale a précédé et créé nos syndicats ; cela est dû aux différents facteurs qui ont retardé le mouvement des techniciens et que nous avons exposés dans les chapitres qui précèdent, mais aussi aux leçons tirées du mouvement ouvrier.

Qu'est-ce que l'U. S. T. ? Un Conseil Exécutif siégeant à Paris au nom du Conseil Fédéral... Quelques commissions. Le rôle de l'U. S. T., bien que d'apparence modeste, est capital : liaison des divers syndicats entre eux, liaison administrative par le secrétariat administratif, liaison dans l'action par le secrétariat de la propagande, coordination des revendications communes aux différentes catégories de techniciens ; liaison d'entr'aide pécuniaire et militante des syndicats forts au syndicats faibles ; liaison éducative par le journal l' « Union des Techniciens », documentation par les commissions intersyndicales que l'U. S. T. organise : Commission juridique, Assurances sociales, documentation économique, etc.

Quelques-uns de nos syndicats rappellent dans une certaine mesure les fédérations de métier : ce sont les syndicats des agents de maîtrise, des dessinateurs, des ingénieurs, des traceurs, des officiers radiotélégraphistes de la marine marchande. Par contre, le syndicat des techniciens de la construction et du bâtiment est un syndicat d'industrie, de même que celui des techniciens des industries chimiques. Le mouvement de la téléphonie qui englobe solidairement toutes les catégories si diverses des techniciens des maisons de téléphonie semble bien prouver que le syndicat d'industrie est la forme de l'avenir, parce qu'il permet une action d'ensemble très féconde. Mais il faudra peut-être longtemps encore pour que cette forme se généralise et entre dans les mœurs. Nous avons aussi, toutes proportions gardées, nos bourses du travail : ce sont les « unions régionales » qui existent déjà dans plusieurs grandes villes.

Continuons la comparaison par l'examen de nos propres expériences :

1° Les techniciens sortant d'écoles professionnelles ou techniques se sont d'abord trouvés groupés sur une base tout à fait spéciale : l' « amicale d'anciens élèves ». A l'origine peut-être, ces amicales ont-elles pu rendre des services à leurs adhérents au moyen du placement par relations de camaraderie, mais maintenant il y a tellement d'écoles et tellement d'anciens élèves ! Quoi qu'il en soit, la camaraderie n'a jamais servi à faire comprendre aux « camarades » patrons qui dirigent généralement les amicales, que les jeunes techniciens ont aussi besoin de vivre ; au contraire la propagande pour l'humilité des salaires de « début » est de rigueur dans ces organisations. Du reste celles-ci n'ont pas pour but la défense professionnelle de leurs membres qui n'ont donc aucune raison de se plaindre d'être abandonnés par elles.

2° L'action propre du personnel technique d'une maison sans appui syndical donne rarement des résultats et jamais elle ne dure ; si des satisfactions minimes sont accordées, les délégués du personnel sont « cuisinés », intimidés ; les plus accommodants d'entre eux sont augmentés, les autres brimés et même congédiés...

Souvent la direction s'empresse d'honorer de son bienveillant patronage l' « Amicale » en formation. S'il est accepté, une ère idyllique de « fêtes de famille » s'ouvre pour les techniciens de la maison. Le mouvement est définitivement émasculé, on ne le craint plus... Encore un pas et l'Amicale se transforme en mutuelle, en société sportive ou simplement... gastronomique. Elle devient ce que d'autres amicales d'entreprise sont dès leur début : une organisation servant à faire régner une atmosphère de « cordialité » dans la maison, c'est-à-dire à faire accepter aux techniciens salariés d'être mal payés.

Par contre, si le patronage de la direction est refusé, c'est soit la désagrégation du groupement, soit... l'adhésion à l'U. S. T.

3° L'action d'un syndicat de l'U. S. T. vis-à-vis du patron, de la direction d'une maison, devient efficace lorsque le syndicat englobe la plus grosse partie du personnel de la maison.

Avant de céder aux demandes de ses techniciens, la direction manœuvre : un à un les signataires de la « pétition » sont interrogés, on leur reproche leur manque de courtoisie, de respect de l'ordre hiérarchique ; on leur déclare que « justement des augmentations étaient en préparation », mais que maintenant elles sont supprimées jusqu'à nouvel ordre. On leur dit qu'ils agissent « comme des ouvriers ». On fait des insinuations sur le caractère soi-disant « politique » du syndicat. Quelquefois on essaye de les obliger à signer par la menace des déclarations de « confiance dans la direction ». Le plus souvent on cherche à s'en tirer en augmentant un petit nombre, bref en divisant le personnel.

Mais, conseillés par leur syndicat, dont l'expérience progresse à l'école des patrons, les techniciens finissent, en tenant bon, par obtenir des satisfactions importantes et générales.

Comme on l'a vu, la grève des bras croisés a été plus d'une fois employée par les dessinateurs ; suivant les cas elle a conduit à des succès plus ou moins importants.

Pour les ouvriers la grève ou la menace de grève constitue vraiment dans l'industrie moderne le seul moyen de pression efficace, car leur production est contrôlée étroitement tant pour la qualité que pour la quantité.

Par contre, le travail du technicien quel qu'il soit est presque incontrôlable, tout au moins d'une façon immédiate; il est fait d'initiative, de coordination d'efforts pour l'ensemble, d'études patientes, de recherches parfois méditatives pour certains, et quand des techniciens d'une entreprise se concertent pour supprimer adroitement ne serait-ce que l'initiative, les conséquences en sont considérables. L'application de la formule : travail correspondant au salaire est peut-être actuellement notre meilleur moyen de pression.

4° Les directeurs des entreprises éconduisent souvent les délégués des syndicats au moyen de la formule : nous ne pouvons parler qu'à notre personnel. Adressez-vous à la Chambre Syndicale.

Parfois, on nous ajoute obligeamment : « Nous voudrions bien augmenter les salaires de notre personnel, mais la concurrence est là. »

Nos syndicats s'adressent donc à la Chambre Syndicale Patronale qui groupe précisément tous les concurrents d'une même industrie. La Chambre Syndicale répond à son tour : « Nous sommes d'accord sur les principes des desiderata que vous nous soumettez, nous faisons parvenir vos demandes aux entreprises intéressées, mais nous ne sommes pas qualifiés pour intervenir auprès d'elles. »

Et le tour est joué. Cependant, il suffirait que nous groupions dans une action commune la plus grosse partie des techniciens d'une branche d'industrie pour que la Chambre Syndicale patronale devienne « qualifiée » et pour que tous les patrons cèdent en même temps.

Que ressort-il en somme de notre propre expérience ?

Que les patrons ne donnent que contraints.

Il est donc nécessaire de les contraindre, soit par une action effective, soit par la crainte d'une action. Les pourparlers ne valent qu'à ce prix.

D'autre part, comme le montrent les études précédentes, notamment les articles : Service juridique, Assurances Sociales, Rationalisation, l'expérience sociale de l'U. S. T. est déjà suffisante pour prouver qu'il faut être fort pour avoir la moindre influence sur les pouvoirs publics, tant législatifs qu'exécutifs et judiciaires.

Les militants de l'U. S. T. qui se sont formés et qui se forment tous les jours dans l'action syndicale ont nettement conscience que l'U. S. T. deviendra bientôt forte numériquement et moralement grâce à son action, claire et nette. Ils sont convaincus qu'à ce moment et à ce moment seulement l'U. S. T. pourra affronter les pouvoirs publics et obtenir des résultats réels en employant les moyens de pression nécessaires.

Ainsi par la force des choses, l'U. S. T. est aussi devenue

dans une certaine mesure une organisation d' « action directe ». De là à la qualifier de révolutionnaire il n'y a qu'un pas que les patrons ne manquent pas de franchir à chaque occasion et cela pour nous démolir.

L'U. S. T. est-elle révolutionnaire dans ses méthodes d'action ? Ceci est une simple question de définition, d'appréciation, chacun est libre d'employer, sous sa propre responsabilité, les termes qui lui plaisent.

L'U. S. T. est-elle révolutionnaire dans sa doctrine ? L'U. S. T. n'a pas encore de doctrine complète. Les techniciens n'admettraient pas que leur organisation eut une doctrine qui ne fut pas tirée de leur propre expérience.

Le seul document qui puisse être considéré comme un rudiment de doctrine, c'est l'ensemble des résolutions adoptées par le dernier Conseil Fédéral de l'U. S. T.

Si les patrons nous refusent des conditions d'existence supportables, si la concentration financière nous paupérise de plus en plus et réduit inexorablement les vieux à la misère, si le bénéfice d' « assurances sociales » dignes de ce nom continue à nous être dénié, si, enfin, nous voyant devenir forts, les patrons reprennent contre nous les procédés de boycott, de violation des lois, de répression policière et judiciaire dont ils ont usé contre l'action syndicale des ouvriers, c'est eux-mêmes qui donneront aux techniciens cet esprit de révolte qui fait comprendre les doctrines révolutionnaires.

Mais les employeurs sont trop instruits par leurs luttes avec les ouvriers pour nous heurter de front. Avant de le faire ils essayeront de concurrencer par des syndicats à leur solde l'Union des Syndicats de techniciens, seule organisation de techniciens salariés, absolument fermée aux patrons ou assimilables. Déjà ils tiennent sous leur influence des « syndicats » régionaux d'agents de maîtrise ou des amicales professionnelles de dessinateurs, de chimistes, etc... Ils pénètrent individuellement dans tous les syndicats d'ingénieurs sauf le nôtre, en nombre très important dans certains dont ils tiennent les comités.

Enfin les patrons viennent de former un groupement bien à eux : « La Fédération des Associations Sociétés et Syndicats d'ingénieurs français » dont la direction ne comprend que des gros patrons à quelques unités près et qui a déjà englobé presque toutes les organisations d'ingénieurs.

L'U. S. T. a seule dénoncé publiquement cette machine de guerre patronale.

L'U. S. T. met en garde tous les techniciens et leur dit :

Débarrassez vos organisation des patrons qui s'y trouvent, puis vous formerez avec nous une Fédération unique des techniciens — ou si le problème vous paraît ardu et risqué, adhérez individuellement à l'U. S. T.

ERRATA

Le Sommaire contient deux titres erronés.

1° au lieu de «*Syndicat des Techniciens des Travaux Publics et du Bâtiment* », lire :

« **Syndicat des Techniciens de la Construction et des Travaux Publics** ».

2° au lieu de « *Syndicat des Officiers Radiotélégraphistes de la Marine Marchande* », lire :

« **Fédération Nationale des Officiers Radiotélégraphistes de la Marine Marchande et de l'Union Intersyndicale des Radiotélégraphistes Professionnels** ».

Union des Syndicats de Techniciens

STATUTS

DENOMINATION — DUREE — OBJET

ARTICLE PREMIER. — Il est formé entre les syndicats de techniciens, constitués sous le régime de la loi du 21 mars 1884, modifiée par la loi du 21 mars 1920, qui adhèrent ou adhéreront aux présents statuts une union des syndicats régie par les dispositions du chapitre 5 du titre Ier, livre II du Code du Travail et de la Prévoyance sociale. Elle prend pour titre : UNION DES SYNDICATS DE TECHNICIENS.

Sa durée est illimitée ainsi que le nombre de ses adhérents,

ART. 2. — Elle a pour but de grouper les syndicats professionnels de techniciens salariés en vue de faciliter leur développement et de renforcer leur action pour l'amélioration des conditions d'existence de leurs membres.

ART. 3. — Sont considérés comme techniciens tous les travailleurs qui :

a) occupent des postes de direction dans la production ou les échanges ;

b) occupent des emplois exigeant des connaissances scientifiques ou technologiques qui peuvent être acquises soit dans les écoles techniques, scientifiques ou professionnelles, soit par la pratique de la profession ;

c) éduquent et forment les techniciens définis ci-dessus.

ART. 4. — Toute discussion politique ou religieuse est interdite dans les congrès, assemblées ou réunions de l'Union ; en dehors de l'Union, chaque adhérent est libre de manifester ses opinions politiques, religieuses ou philosophiques comme il l'entend, à condition de ne pas engager l'Union dans cette activité et de ne pas s'y prévaloir de sa qualité d'adhérent de l'Union.

ADMISSION — RADIATION

ART. 5. — Seront admis à l'Union des Syndicats de Techniciens, les syndicats régulièrement constitués groupant les membres d'une des professions spécifiées à l'article 3.

En demandant leur admission ces organisations doivent donner le numéro du dépôt légal à la préfecture de leur département et déposer un exemplaire de leurs statuts.

Toutes modifications aux dits statuts doivent être immédiatement communiquées à l'Union.

ART. 6. — Les demandes d'admission devront être envoyées au Conseil exécutif dont la décision pourra être soumise au Congrès.

ART. 7. — Tout syndicat associé qui aurait violé volontairement les statuts, ou qui aurait refusé d'exécuter les décisions régulièrement prises par les organismes responsables de l'Union, ou qui aurait causé un préjudice matériel ou moral à l'Union sera déféré devant le Conseil fédéral et radié s'il y a lieu.

Cette radiation ne sera définitive qu'après ratification par le Congrès.

GESTION — ADMINISTRATION — DIRECTION

ART. 8. — L'Union est administrée et dirigée suivant les directives données par les syndicats réunis en congrès.

Les directives du Congrès sont appliquées par le Conseil exécutif sous le contrôle du Conseil fédéral.

ART. 9. — Dans l'intervalle des congrès, l'Union est gérée par le Conseil fédéral constitué par les délégués des syndicats nationaux et des régions et par les membres du Conseil exécutif.

La représentation est fixée par un règlement intérieur.

Le Conseil fédéral se réunit deux fois par an et extraordinairement en cas de circonstances graves.

ART. 10. — Dans l'intervalle des Conseils fédéraux, le fonctionnement de l'Union est assuré par un Conseil exécutif élu par le Congrès.

Ce Conseil exécutif est composé de onze membres titulaires et cinq suppléants choisis parmi les adhérents de la région parisienne syndiqués depuis deux ans au moins.

ART. 11. — Le Conseil exécutif nomme un Bureau composé de : trois secrétaires et un trésorier. Ce Bureau est chargé de l'exécution des décisions du Conseil fédéral et du Conseil exécutif.

Tous les membres du Bureau sont renouvelables.

COMMISSION DE CONTROLE

ART. 12. — Une Commission de contrôle composée de quatre membres sera nommée par le Congrès. Les membres de cette Commission seront choisis en dehors du Conseil exécutif. Les membres sortants ne seront pas immédiatement rééligibles.

Les attributions de la Commission de contrôle consistent dans la vérification des livres et des comptes.

La Commission de contrôle devra se réunir une fois par an sur la convocation de son secrétaire ; elle fournira un rapport au Conseil fédéral.

Le rapport fourni avant le Congrès devra être adressé aux syndicats au moins un mois à l'avance.

CANDIDATURE

ART. 13. — Les déclarations de candidature à la Commission exécutive et à la Commission de contrôle devront être envoyées au Bureau de l'Union par les syndicats et parvenir deux mois au moins avant le Congrès.

Toute candidature pour être valable devra être ratifiée par le Syndicat auquel appartient l'intéressé.

CONGRES

ART. 14. — Les Syndicats adhérents se réunissent en Congrès tous les deux ans dans le deuxième trimestre de l'année.

Toutefois, suivant la nécessité, le Conseil fédéral pourra décider la convocation d'un Congrès extraordinaire.

Pour les Congrès ordinaires, les Syndicats seront consultés par le Conseil exécutif sur les questions qui devront figurer à l'ordre du jour. Cet ordre du jour sera définitivement établi par le Conseil fédéral et communiqué aux Syndicats au moins deux mois à l'avance.

ART. 15. — Le Congrès est constitué par les délégués des Syndicats adhérents.

La représentation est fixée par un règlement intérieur.

ART. 16. — Par les soins du Bureau, le Conseil exécutif soumettra au Congrès un compte rendu moral et un compte rendu financier de sa gestion ainsi que des rapports sur les questions à l'ordre du jour.

Ces rapports devront être communiqués aux Syndicats un mois avant le Congrès.

COMMISSION DES CONFLITS

ART. 17. — Tout conflit qui pourrait surgir entre des organismes de l'Union ou des Syndicats adhérents sera examiné par une Commission composée de un membre par Syndicat adhérent et un membre du Conseil exécutif.

Un rapport sera établi par cette Commission et ses conclusions seront soumises au Conseil exécutif pour décision et exécution.

Les intéressés, s'ils n'acceptent pas cette décision, pourront en appeler au Conseil fédéral et éventuellement au Congrès qui décidera souverainement.

COTISATIONS

ART. 18. — Les Syndicats adhérents devront payer un droit d'entrée et une cotisation qui seront fixés par chaque Congrès.

Tout Syndicat qui ne sera pas à jour de ses cotisations au 1er avril de chaque année sera radié par décision du Conseil fédéral après avis de payer resté sans réponse.

Toute somme versée par les Syndicats adhérents reste définitivement acquise à l'Union.

FUSION — MODIFICATION DES STATUTS — DISSOLUTION

ART. 19. — Les statuts peuvent être modifiés par le Congrès. Les propositions de modifications des statuts seront au préalable soumises au Conseil fédéral au moins quatre mois à l'avance. Elles devront être transmises aux Syndicats adhérents au moins trois mois avant le Congrès.

ART. 20. — L'Union pourra adhérer à d'autres organisation syndicales ou fusionner avec elles après décision par le Congrès suivant les formes prévues à l'article précédent (1).

ART. 21. — La dissolution de l'Union pourra être prononcée sur les conditions fixées à l'article 19 par le Congrès qui décidera de l'emploi des fonds restant en caisse.

SIEGE SOCIAL

ART. 22. — Le Siège social de l'Union est fixé à Paris, 9, rue Notre-Dame de Bonne-Nouvelle (2e).

Il pourra être transféré dans les limites du département de la Seine par décision du Conseil Exécutif et en tout autre lieu par décision du Congrès.

(1) L'U. S. T. est adhérente à la Confédération des Travailleurs Intellectuels C. T. I. (Section des Techniciens).

Statuts-types de Syndicat adhérent à l'U. S. T.

SYNDICAT NATIONAL DES (1)

STATUTS

DENOMINATION — DUREE — OBJET

ARTICLE PREMIER. — Il est formé entre tous les adhérents aux présents statuts une association syndicale, régie par le Livre III du Code du Travail qui prend pour titre :

Syndicat National des... (1).

La durée est illimitée ainsi que le nombre de ses adhérents.

ART. 2. — Le Syndicat a pour but de resserrer les liens de solidarité entre les (1)... salariés ou assimilables de toutes catégories et de les réunir en un bloc pour assurer :

1° La défense de leurs intérêts collectifs et individuels, moraux et matériels ;

2° L'étude des questions techniques dans leurs rapports avec l'organisation économique et sociale ;

3° Leur représentation officielle à l'Union des Syndicats de Techniciens à laquelle il adhère.

ART. 3. — Toute discussion politique ou religieuse est interdite dans les congrès, assemblées ou réunions du Syndicat. En dehors du Syndicat, chaque adhérent est libre de manifester ses opinions politiques, religieuses ou philosophiques comme il l'entend, à condition de ne pas engager le Syndicat dans cette activité et de ne pas s'y prévaloir de sa qualité d'adhérent du Syndicat.

ART. 4. — Le Syndicat est ouvert sans distinction d'origine aux (2)...

GESTION — ADMINISTRATION — DIRECTION

ART. 5. — Le Syndicat est administré par le Conseil exécutif suivant les directives données par l'Assemblée générale et sous le contrôle du Comité Syndical National.

ART. 6. — Dans l'intervalle des Assemblées générales, le Syndicat est géré par le Comité Syndical National constitué par des délégués

---

(1) ...Agents de Maîtrise de l'Industrie,... Dessinateurs de l'Industrie,... Ingénieurs et Techniciens assimilés,... Techniciens des Industries Chimiques et connexes, etc...

(2) Enumération éventuelle des catégories de techniciens groupées par le Syndicat.

choisis dans les différentes régions et les membres du Conseil exécutif.

ART. 7. — Le Comité National se réunit deux fois par an et extraordinairement en cas de circonstances graves. Il se réunit de droit sur la demande du tiers des délégués.

ART. 8. — Dans l'intervalle des Comités Syndicaux Nationaux le fonctionnement du Syndicat est assuré par un Conseil Exécutif élu par l'Assemblée générale.

Ce Conseil est composé de cinq membres au moins et de quinze membres au plus choisis parmi les adhérents de la région parisienne syndiqués depuis plus d'une année.

ART. 9. — Le Conseil Exécutif choisit dans son sein un bureau comprenant au moins un secrétaire général, un secrétaire adjoint et un trésorier.

COMMISSION DE CONTROLE

ART. 10. — Une Commission de contrôle, composée de trois membres au moins et de cinq membres au plus, sera nommée par l'Assemblée générale. Les membres de cette Commission seront choisis en dehors du Conseil Exécutif. Les membres sortants ne seront pas immédiatement rééligibles.

Les attributions de la Commission de contrôle consistent à vérifier les livres et comptes.

Elle devra se réunir au moins une fois par an sur convocation de son secrétaire.

Avant chaque Assemblée générale, elle établira un rapport sur les résultats de ses vérifications et la situation de trésorerie et proposera toutes mesures qu'elle jugera utiles. Ce rapport sera soumis au Conseil Exécutif et adressé aux sections syndicales un mois avant l'Assemblée générale.

CANDIDATURES

ART. 11. — Les déclarations de candidatures au Conseil Exécutif et à la Commission de contrôle devront être envoyées au Bureau. La liste des candidats doit être communiquée aux adhérents un mois avant l'Assemblée générale.

ASSEMBLEES GENERALES

ART. 12. — Le Syndicat se réunit en Assemblée générale tous les ans dans le deuxième trimestre de l'année. Toutefois, en cas de circonstances graves, le Conseil Syndical National pourra décider la convocation d'une assemblée générale extraordinaire. L'Assemblée générale est convoquée d'office à la demande du tiers au moins des adhérents.

ART. 13. — Pour les Assemblées générales ordinaires, les adhérents seront consultés sur les questions qui devront figurer à l'ordre du jour. Cet ordre du jour sera définitivement établi par le Conseil Exécutif et communiqué aux sections syndicales au moins deux mois à l'avance.

Par les soins du Bureau, le Conseil Exécutif soumettra à l'Assemblée générale une compte rendu moral et un compte rendu financier de sa gestion, ainsi que des rapports sur les questions à l'ordre du jour.

Ces rapports devront être communiqués aux adhérents un mois au moins avant l'Assemblée générale.

COMMISSION DES CONFLITS

ART. 14. — Tout conflit qui pourrait surgir entre des organismes du Syndicat ou des adhérents sera examiné par une commission désignée par le Conseil Syndical.

Un rapport sera établi par cette commission et ses conclusions seront soumises au Conseil Exécutif pour décision et exécution. S'ils n'acceptent pas la décision prise, les intéressés pourront en appeler à l'Assemblée générale qui décidera souverainement.

ADHESIONS — COTISATIONS — RADIATIONS

ART. 15. — Tout adhérent au Syndicat devra acquitter un droit d'entrée et une cotisation annuelle fixés par les Assemblées générales. Tout adhérent en retard de plus de six mois de ses cotisations sera considéré comme démissionnaire et pourra être radié du Syndicat après recouvrement par poste resté sans effet.

Sont exempts de cotisations les adhérents malades, chômeurs ou sous les drapeaux s'ils en ont averti le Syndicat.

Toute somme versée par les adhérents reste définitivement acquise au Syndicat.

ART. 16. — Tout adhérent qui aurait porté atteinte au principe, à l'organisation du Syndicat ou aux intérêts matériels ou moraux des adhérents pourra être radié par décision d'une Assemblée générale à laquelle il sera régulièrement convoqué.

MODIFICATION DES STATUTS — FUSION — DISSOLUTION

ART. 17. — Les statuts peuvent être modifiés par l'Assemblée générale. Les propositions de modifications des statuts seront au préalable soumises au Comité Syndical National, au moins six mois à l'avance. Elles devront être soumises aux adhérents au moins trois mois avant l'Assemblée générale.

Le vote aura lieu obligatoirement par mandat et pris à la majorité absolue des présents. Toutefois pour la modification de l'article 2, considéré comme fondamental, la majorité devra représenter au moins les deux tiers des adhérents.

ART. 18. — Le Syndicat pourra adhérer à d'autres organisations syndicales ou fusionner avec elles après décision prise par l'Assemblée générale suivant les formes prévues à l'article précédent.

ART. 19. — La dissolution du Syndicat pourra être prononcée suivant les conditions et dans les formes prévues à l'article 17 par l'Assemblée générale qui décidera de l'emploi des fonds restant en caisse. En aucun cas, ils ne pourront être partagés entre les adhérents.

SIEGE SOCIAL

ART. 20. — Le siège social du Syndicat est fixé à... Il pourra être transféré dans les limites du département de... par décision du Conseil Exécutif et en tout autre endroit par décision de l'Assemblée générale.

Imprimerie Générale, 21, rue Damesme, Paris (13e)

Imprimerie Générale
21, Rue Damesme, 21
--- PARIS (13e) ---

9 782329 042374